云南财经大学哲学社会科学前沿研究丛书

我国边疆少数民族的"中国认同"及其影响因素研究

何 博◎著

WOGUO BIANJIANG SHAOSHU MINZU DE
ZHONGGUO RENTONG
JIQI YINGXIANG YINSU YANJIU

中国社会科学出版社

图书在版编目(CIP)数据

我国边疆少数民族的"中国认同"及其影响因素研究／何博著 . —北京：中国社会科学出版社，2014.6

ISBN 978 – 7 – 5161 – 5100 – 6

Ⅰ.①我… Ⅱ.①何… Ⅲ.①边疆地区 – 少数民族 – 民族意识 – 研究 – 中国 Ⅳ.①K28

中国版本图书馆 CIP 数据核字(2014)第 267297 号

出 版 人	赵剑英
责任编辑	任　明
特约编辑	乔继堂
责任校对	邓雨婷
责任印制	何　艳

出　　版	中国社会科学出版社
社　　址	北京鼓楼西大街甲 158 号（邮编 100720）
网　　址	http://www.csspw.cn
	中文域名：中国社科网　　010 – 64070619
发 行 部	010 – 84083685
门 市 部	010 – 84029450
经　　销	新华书店及其他书店
印刷装订	北京市兴怀印刷厂
版　　次	2014 年 6 月第 1 版
印　　次	2014 年 6 月第 1 次印刷
开　　本	710×1000　1/16
印　　张	17
插　　页	2
字　　数	286 千字
定　　价	55.00 元

凡购买中国社会科学出版社图书，如有质量问题请与本社联系调换
电话：010 – 84083683
版权所有　侵权必究

摘　　要

在以少数民族分离主义为重要特征的第三次民族主义浪潮中，如何强化本国的内部凝聚力是世界各多民族国家所面临的共同难题。面对美国国家特性的不断丧失，著名学者塞缪尔·亨廷顿曾经对美国民众提出了"我们是谁"的拷问。今天，在中华民族伟大复兴的征程中，中国人同样无法回避"我们是谁"的自我追问。对中国人而言，"我们"又是谁？这个"我们"究竟是怎样的我们？是地域共同体的"我们"，民族共同体的"我们"，政治共同体的"我们"，历史命运共同体的"我们"，还是文化共同体的"我们"？是只居其一还是兼而有之？"我们"是如何成为"我们"的？是什么力量不断地促使着"我们"的形成和发展？现实中，我国是存在着边疆与少数民族的一定程度的二位重合的，今天从边疆少数民族的视角出发，来追问上述的问题可能更具意义。

本书认为，"中国认同"是一定个体或群体对自身对"中国"的"归属性"的认知、情感及基于此而产生的对"中国"整体利益自觉维护的行为倾向。"中国认同"才是"中国人"之所以是"中国人"的内在规定性所在。"中国认同"才是中国各民族不断凝聚的最直接精神动力。通过对中国历史发展进程的考察，我们不难发现，"中国认同"不仅是边疆少数民族基于利益驱动而作出的选择，更是他们在长期的历史进程中形成的一种强烈而炽热的、世代传承的不朽传统。边疆少数民族的"中国认同"不仅是一种利益认同，更是一种情感认同和价值认同。"中国认同"才是把作为"少数"的各边疆少数民族与汉族（当然也包括内地少数民族）共同凝聚为不分你我的"我们"的最直接精神力量。当然，边疆少数民族的"中国认同"经历了一个从萌芽到不断发展、从懵懂到逐步自觉的长期历史过程，并且边疆少数民族的"中国认同"在不同历史时期的具体表现形态与中华民族在各阶段的发展状态之间也存在着某种内在的必然联系。影响边疆少数民族"中国认同"的因素是多重的，背景因素、利益因素、传统因素等都在其间共同地发挥着功能。今天我们不仅需要对强化"中国认同"的必要性和紧迫性有一个清醒的认识，同时也需要对强化"中国认同"作出正确的路径选择，还要对"中国认同"在中华民族伟大复兴中的意义给予充分彰显。

具体而言，本书将按照下述框架和章节顺序完成详细论述：

第一章：绪论：我国边疆少数民族"中国认同"问题研究的构想与意义。主要就问题的提出、选题思路、研究内容、研究的方法进路及本研究的理论和现实意义作一总体性交代，重点是对国内外相关理论、观点和研究成果进行介绍、归纳和评述。

第二章：多元一体格局中我国边疆与少数民族的二位重合。为了证明"边疆少数民族"这种提法的合理性，本章将在中华民族多元一体格局中探讨边疆的含义变迁，民族概念的"中国化"及其内涵，通过"认同"与"逃逸"的互动理论，阐释边疆与少数民族二位重合的现实和内在原因。

第三章：我国边疆少数民族"中国认同"的内涵体系。本章着重回答"什么是边疆少数民族的'中国认同'"的问题。通过对中国词义的历史嬗变的梳理，认同本质内涵的归纳，将边疆少数民族的"中国认同"的含义概括为四个大项，每项下包括三个层次的具体内涵。

第四章：我国边疆少数民族"中国认同"的缘起。本章解释的是边疆少数民族"中国认同"的发生原因。认为边疆少数民族"中国认同"的缘起具有天然的地缘基础、雄厚的思想文化基础、强大的政治基础和坚实的社会基础。

第五、六、七章主要以中国历史发展进程为背景，归纳梳理不同历史阶段中边疆少数民族"中国认同"的具体历史表现形态和时代特征，并试图揭示不同时期边疆少数民族"中国认同"的具体表现形态与中华民族各阶段发展状态之间的内在联系。其中，第五章主要考察古代历史中我国边疆少数民族"中国认同"的具体表现形态及与中华民族的孕育和形成的内在联系，第六章主要考察近代历史中我国边疆少数民族"中国认同"的表现形态及对中华民族的觉醒的作用，第七章主要考察社会主义建设的不同阶段中我国边疆少数民族"中国认同"的具体表现形态并试图分析社会制度形态和具体制度安排对其的影响。

第八章：我国边疆少数民族"中国认同"的影响因素。将主要从背景、利益和传统三个维度展开论证。

第九章：余论：强化中国认同 构建民族和谐 实现中华民族伟大复兴。主要包括三方面内容：第一是对当下强化"中国认同"的必要性和紧迫性进行分析；第二是对强化"中国认同"的路径选择给出自己的一种建议；第三是进一步强调今天强化"中国认同"的重要意义。

关键词：边疆 少数民族 中国认同 影响因素

Summary

In a minority separatism as the important characteristics of the third wave of nationalism, how to strengthen the country's internal cohesion is the world's a common problem faced by multi-ethnic country. In the fact of the continued loss of U. S. national identity, the famous scholar Samuel Huntington has questioned the American people that "who we are". Today, on the journey of the great rejuvenation of the Chinese nation, the Chinese people also should not escape "who we are" self-questioning. For Chinese people, who are "we"? Who on earth are we? Are we a geographical community, a national community, political community, historical community or cultural community ? Is only one or the other or a combination? How have we become "us"? What has constantly prompted the formation and development? In reality, the combination of the borders and the ethnic minorities does exist in our country to some extent. Today's visual departing from the ethnic minorities may be more meaningful to pursue the above-mentioned problems.

This paper argues that, "China identity" is definitely the ownership of an individual or a group's cognition, emotion, and the behavioral tendencies to safeguard the overall interests based on that. It is the inherent explanation why we are Chinese, which is the most direct spiritual power to gather all Chinese ethnic groups constantly. Through the examination of the development process of Chinese history, we can easily find, "China identity" is not only the profit-driven choices made by frontier ethnic minorities, bus also their tradition in long historical process of strong and hot, and the immortal transmission from generation to generation. The frontier ethnic minorities in "China identity" is not only an interest of recognition but also a kind of emotional recognition and value of identity, which is the most direct spiritual strength to unit frontier ethnic minorities and the Han (ethnic minority of course, including the Mainland). Of course, it has gone through a long-term historical process from germination to development, from ignorance to consciousness. At the same time, it is intrinsic necessarily related to the Chinese nation at various stages of development. There are multiple factors which work together and influence the frontier ethnic minorities in "China identity", background factors, interest factors, the traditional factors, etc. Today, we not only need have a clear understanding of the necessity and urgency to strengthen the "China identity", and make the right choice, but also need fully demonstrate the significance in the great national rejuvenation.

In particular, this paper completes the detailed exposition according to the following sequence:

Chapter I: Introduction. It mainly focuses on the issues raised, topics of ideas, research content, research methods, a general account of the theoretical and practical significance, in which domestic and foreign-related theories, ideas and research results are introduced, summarized and reviewed.

Chapter II: In the patterns of diversity, unity of ethnic minorities and China's border. In order to prove " frontier ethnic minorities" reasonable, this chapter will explore the changes of the meaning of border based on the structure of diversity and unity of the Chinese nation, ethnic concept of "China" and its connotation, through the "identity" and "escape" of the interaction theory to explain the coincidence of two border areas and minority real and underlying reasons.

Chapter III: The meaning of Chinese identity for China's ethnic minorities. This chapter focuses on answering the question "What the frontier ethnic minorities in 'China identity' is"? Through the history of the evolution of the Chinese word meaning, and the essence of the connotation, the paper divides the meaning of "Chinese identity" of minorities in border areas into four aspects and each of them includes three levels of content.

Chapter IV: The origins of the frontier ethnic minorities in "China identity". This chapter explains the causes of the frontier ethnic minorities in "China identity", which has a natural geographic origins based on a strong ideological and cultural foundation, a strong political base and a solid social foundation.

Chapter V, VI, VII: In the development process of Chinese history, the paper sums up the specific historical manifestations and characteristics of the times in different historical stages, and trys to reveal the intrinsic link between the concrete manifestations of frontier ethnic minorities in "China identity" in different period and the various stages of the Chinese nation. Among them, Chapter V mainly studies the intrinsic link between the frontier ethnic minorities in "China identity" and with the concrete manifestations of the birth of the Chinese nation, and the formation in ancient times.

Chapter VIII: Factors of China's frontier ethnic minorities in "China identity", which will be proved mainly from the background, interests and traditions.

Chapter IX: Conclusion. It mainly includes three aspects: first, it analizes the necessity and urgency to strengthen "China identity"; second, the paper recommends the path to strengthen the "China identity"; last, it emphasizes the significance of strengthening the "China identity" nowadays.

Key words: frontier, ethnic minorities, China identity, the factors of influence

目 录

第一章 绪论：我国边疆少数民族"中国认同"问题研究的构想与意义 ……………………………………………（1）
一 问题的提出 ……………………………………………（1）
二 选题思路 ………………………………………………（7）
三 研究内容 ………………………………………………（16）
四 国内外相关理论、观点及其评述 ……………………（18）
（一）国外的相关理论和实践 …………………………（18）
（二）国内相关研究成果 ………………………………（36）
五 关于研究方法 …………………………………………（44）
（一）历史文献研究法 …………………………………（46）
（二）田野调查法 ………………………………………（47）
（三）比较的方法 ………………………………………（48）
（四）跨学科综合研究法 ………………………………（48）
六 关于研究意义 …………………………………………（50）
（一）对"中国认同"的理论构建 ……………………（50）
（二）对"被给予"和"选择"之间的认同理论的构建 ……（51）
（三）对我国边疆少数民族中国认同意识历史和现状的考察 …（51）

第二章 多元一体格局中我国边疆与少数民族的二位重合 …………（53）
一 多元一体论 ……………………………………………（53）
（一）关于中华民族和中华文明起源的各家观点 ……（53）
（二）"中华民族多元一体格局"理论 ………………（55）
二 边疆含义的变迁 ………………………………………（60）

三　民族概念的中国化内涵 …………………………………… (65)
　　（一）中国古代对"民"、"族"的使用，以及族类划分标准
　　　　　的确立 ………………………………………………… (65)
　　（二）"民族"概念的舶来及其最初使用 ……………………… (67)
　　（三）社会达尔文主义对中文"民族"概念的影响 …………… (68)
　　（四）斯大林的"民族"概念对中文"民族"概念的影响 ……… (69)
　　（五）民族概念中国化的基本原则 …………………………… (72)
　　（六）"民族"、"种族"、"族群"及其英文表述 ……………… (74)
四　"认同"与"逃逸"的互动中边疆和少数民族的二位
　　重合 …………………………………………………………… (79)

第三章　我国边疆少数民族"中国认同"的内涵体系 …………… (86)
一　"中国"词义的历史嬗变 ……………………………………… (86)
二　归属感——认同的本质内涵 ………………………………… (93)
三　边疆少数民族"中国认同"的理论构建 ……………………… (100)
　　（一）边疆少数民族的中华大地认同 ………………………… (101)
　　（二）边疆少数民族的中华民族认同 ………………………… (103)
　　（三）边疆少数民族的中华国家认同 ………………………… (103)
　　（四）边疆少数民族的中华文化认同 ………………………… (104)

第四章　我国边疆少数民族"中国认同"的缘起 ………………… (108)
一　边疆少数民族"中国认同"缘起的地缘基础 ………………… (109)
二　边疆少数民族"中国认同"缘起的文化基础 ………………… (114)
三　边疆少数民族"中国认同"缘起的政治基础 ………………… (118)
四　边疆少数民族"中国认同"缘起的社会基础 ………………… (123)

第五章　我国边疆少数民族的"中国认同"与中华民族的孕育
　　　　　和形成 …………………………………………………… (128)
一　边疆少数民族"中国认同"的萌芽与中华民族的孕育 ……… (128)
二　边疆少数民族对"中国代表权"的争夺与中华民族
　　实体的逐步形成 ……………………………………………… (133)

第六章 我国边疆少数民族的"中国认同"与中华民族的觉醒 …… (152)
  一 晚清边疆少数民族积极抵抗外来侵略与中华民族的
    初步觉醒 ………………………………………………… (154)
  二 传统帝国权威体系的崩塌与边疆少数民族"中国认同"
    的危机 …………………………………………………… (160)
  三 边疆少数民族积极投入全民族抗日战争与中华民族的
    完全觉醒 ………………………………………………… (164)

第七章 社会主义背景下我国边疆少数民族的"中国认同" …… (173)
  一 改革开放前边疆少数民族"中国认同"的精神峰巅 …… (174)
  二 改革开放初期边疆少数民族"中国认同"的现实困惑 …… (182)
  三 新时期边疆少数民族"中国认同"的发展趋势 ………… (189)

第八章 我国边疆少数民族"中国认同"的影响因素 …………… (196)
  一 背景因素对边疆少数民族"中国认同"的影响 ………… (196)
    （一）时代背景 ……………………………………………… (197)
    （二）外部环境 ……………………………………………… (198)
    （三）内部氛围 ……………………………………………… (201)
    （四）场景条件 ……………………………………………… (204)
  二 利益因素对边疆少数民族"中国认同"的影响 ………… (206)
  三 传统因素对边疆少数民族"中国认同"的影响 ………… (212)
    （一）共同起源 ……………………………………………… (212)
    （二）共同历史命运 ………………………………………… (214)
    （三）共同的价值追求 ……………………………………… (217)

第九章 余论：强化中国认同 构建民族和谐 实现中华民族
    伟大复兴 ………………………………………………… (220)
  一 强化"中国认同"的必要性和紧迫性 …………………… (220)
  二 关于强化"中国认同"路径选择的一种思考 …………… (226)
  三 强化"中国认同"，构建民族和谐，实现中华民族的
    伟大复兴 ………………………………………………… (232)
    （一）"中国认同"与祖国统一 ……………………………… (232)

（二）"中国认同"与民族和谐 …………………………………（234）
（三）"中国认同"与中华民族21世纪的繁荣昌盛 …………（238）

参考文献 ………………………………………………………………（241）

第一章

绪论：我国边疆少数民族"中国认同"问题研究的构想与意义

一 问题的提出

> 如果不对"民族"这个字眼以及由它派生的有关词汇有所了解，简直就无法对人类最近两个世纪的历史作出理解。
>
> ——埃里克·霍布斯鲍姆[①]

人类社会历史进程中的任何事件或状态的出现，总是多重因素共同作用的结果。当然，一定时代背景下，一定的区域场景中，某几种甚至某种因素却又往往在历史过程中彰显着远比其他因素更为明显或重要的作用和意义。

毫无疑问，民族问题长期地影响着人类社会历史的进程，而民族主义更是成了诠释近几个世纪以来世界历史发展变迁的一把钥匙。纵观民族主义的发展历史，我们不难发现：民族主义几乎直接导致了现代西方各国的现实雏形；民族主义也基本和欧洲近代化历程同胞孪生；民族主义往往是大规模战争的直接诱因；民族主义却也客观地促进了近代以来被压迫国家和民族的觉醒与革命。

无论是为了民族独立还是民族统一，建立自己的民族国家是不同民族主义的共同追求和直接目标，然而，至少从各国民族结构来看，追求"民族国家"的理想造就的却是当今世界绝大多数国家均为"多民族国

---

① ［英］厄内斯特·盖尔纳：《民族与民族主义》，韩红译，转引自徐波、陈林《全球化、现代化与民族主义：现实与悖论》，中央编译出版社2002年版，第2页。

家"这样一个现实。① 世界各国虽因不断勃兴的各类地域、经济或政治共同体对国家主权原则的某种超越，而感受到来自外部的试图将"民族—国家"推向历史尘埃的挑战；② 但是，第三次民族主义浪潮以来，缘于对民族主义的误解而引发的"民族自决论"与"一族一国论"鼓动着各多民族国家的少数民族从内部对自己国家进行无休止地疯狂解构的现实，才是今天各国所面临的真正威胁和共同难题。

第二次世界大战后尤其是"冷战"结束以来，民族主义，尤其是其"族体的疆界不得跨越政治的疆界，尤其是在一个国度里，族体的疆界不得将掌权者与其他人分割开"③ 的原则要求，莽撞、固执却又极其疯狂地撞击且继续撞击着一个又一个多民族国家的神经，无论他们自己曾经对这个共同体是多么的自豪、热爱和忠诚。从所谓典型民族国家的西班牙的巴斯克人的分离主义组织"埃塔"到令加拿大当局焦头烂额的魁北克分离运动，从曾因"一体化"整合而备受世人称道的墨西哥于1994年元旦在恰帕斯州爆发印第安人起义的枪声，到当代美国保守主义翘楚塞缪尔·亨廷顿抗议罗尔斯代表的政治自由主义对多元文化主义的无端退让而发出的"我们是谁"的呐喊，以及要求加强少数族裔国家认同的呼声……这股旋风对资本主义世界各国造成的痛楚可见一斑。而曾经的苏联和东欧各社会主义国家更是不幸成为这次暴风雨的重灾区。

1987年8月23日，原苏联西部边疆波罗的海地区的立陶宛、爱沙尼亚、拉脱维亚三个加盟民族共和国爆发大规模要求脱离联邦的群众集会和游行示威活动……

---

① 参见朱伦《论"民族国家"与"多民族国家"》，载《世界民族》1997年第3期。当然，关于当今世界各主要国家是"民族国家"还是"多民族国家"的问题，学术界是有着较大分歧的。例如宁骚教授就认为："当今国际社会普遍承认的国家，大都是民族国家"，并认为"中国是个伟大的民族国家"（参见宁骚《民族与国家——民族关系与民族政策的国际比较》，北京大学出版社1995年版，第269—270页）。无独有偶，周平教授在《论中国民族国家的构建》（载《当代中国政治研究报告VI》，第92—109页）一文中也有着类似的观点。朱伦教授在前文中曾对宁文进行了尖锐批判。但分析双方观点，"民族国家论"是以国家统一性和文化同质性为基础，对当代国家所作的政治学判断；"多民族国家论"则是从民族结构入手，对当代国家进行的民族学描述。两者实无本质冲突。

② ［美］阿·托夫勒著：《第三次浪潮》，朱志焱等译，三联书店1984年版，第425—426页。

③ Ernest Gellner, Nations and Nationalism, Ithaca: Cornell University Press, 1983, p. 1.

1990年3月11日，立陶宛通过《国家独立法》，宣布独立……

1990年3月30日，拉脱维亚通过《国家独立法》……

1990年5月4日，拉脱维亚通过《独立宣言》……

接着南部边疆各加盟民族共和国格鲁吉亚、摩尔多瓦以及中亚五国纷纷通过《独立宣言》，宣布成为独立国家……

最终在公元1991年12月25日这个寒冷的圣诞之夜，曾经在西方敌对势力的封锁和围剿中屹立不倒，在法西斯恶魔的硝烟与炮火中高高飘扬，引领着苏维埃社会主义联邦共和国各族人民创造了一个个令世界或惶恐不安或顶礼膜拜的成就与奇迹，代表着社会主义的梦想与辉煌的苏联国旗，在克里姆林宫顶迎风招展了74个春秋后，被自己而非敌人徐徐降下。

地处巴尔干半岛的原南斯拉夫的分裂情况则更加令人痛心疾首。南斯拉夫原由塞尔维亚、克罗地亚、斯洛文尼亚、波斯尼亚—黑塞哥维那（简称波黑）、马其顿和黑山6个共和国及隶属塞尔维亚的科索沃和伏伊伏丁那两个自治省组成。

1991年6月25日，克罗地亚、斯洛文尼亚分别宣布脱离联邦而独立，27日南联邦人民军与斯洛文尼亚地方军发生武装冲突，南斯拉夫内战揭开序幕……

1991年11月20日，马其顿宣布独立……

1992年3月3日，波黑宣布独立……

1992年4月27日，塞尔维亚和黑山共和国决定联合组成"南斯拉夫联盟共和国"（简称南联盟），存在了47年的"南斯拉夫"国名成为历史。

可事态至此远未结束：

1991年12月独立的克罗地亚境内的塞族居民自行宣布建立"克拉伊纳塞尔维亚共和国"，要求脱离克罗地亚，引发克境内受到南人民军支持的塞族武装与克政府军之间不断升级的战斗……

1992年4月波黑塞族武装与波黑穆斯林和克族武装爆发大规模冲突……

1999年3月24日，以美国为首的北约开始对南联盟实施大规模的狂轰滥炸，南联盟内部的科索沃问题国际化……

2006年5月21日，黑山共和国就独立问题举行全民公决，其中55.5%的选民支持黑山独立，超过欧盟规定的55%"独立线"，原南联盟完全瓦解。

苏联最终解体，南斯拉夫一分再分，不仅让自己的国人饱受血雨腥风和战火摧残，更是让世界社会主义事业遭受到莫大灾难。

探析苏联和东欧各社会主义国家分裂的缘由，不难看出，边疆民族因素在这一过程中既是直接的导火索，又是最深层的原因之一。[①]但一种现象值得注意：一方面，在这些土地上所出现的每一个新的国家都声称自己代表着原有国家或体制下的受压迫的少数民族的利益；另一方面，这些新国家又往往仍然是多民族国家，更加充满讽刺意味的是，在这些新的国家中，新的以寻求少数族群或民族独立的民族主义用这些国家赖以独立的最有力武器反过来疯狂鞭挞这些国家自己的身体——从格鲁吉亚的阿布哈兹自治共和国与南奥塞梯共和国的分离活动，到科索沃与俄罗斯联邦车臣共和国的战乱纷争，无一不是这种少数民族民族分裂主义延伸和继续的显著例证。

历史向人们昭示着：多民族国家是当今世界各国普遍的民族结构现实；多民族国家中的少数族群或民族的"国家"认同成了世界性难题。

我们可以说苏联在民族问题上的失败是"苏式社会主义"失败的缩影，南斯拉夫在民族问题上所犯的错误也是"南式社会主义"失败的例证，他们都不能代表"科学社会主义事业"的发展趋势和"中国特色社会主义事业"的光辉前程。然而，基于"统一多民族中国"的基本国情，在中国特色社会主义事业的征程中，面对以民族分裂主义为深刻烙印的第三次民族主义浪潮的冲击，如何促进国内民族和谐，强化边疆少数民族对社会主义统一多民族中国的认同，努力实现中华民族的伟大复兴，是我们必须面对的时代课题。

我们党非常重视民族问题，尤其是统一多民族国家的国内少数民族问题。"中国共产党的民族理论，若用一句话来概括，就是坚持'统一的多民族国家'理念。这种理念是中国共产党以马克思主义政治立场吸收近现代人类社会民主政治发展的积极成果，结合中国的具体国情而提出来的先进理念，它得到了中国各族人民的赞成，并写入了《中华人民共和国宪法》。"[②]而今天，"社会主义统一多民族中国"观念早已深入国人心灵

[①] 张植荣：《中国边疆与民族问题——当代中国的挑战及其历史由来》，北京大学出版社2005年版，第1页。

[②] 朱伦：《西方的"族体"概念系统——从"族群"概念在中国的应用错位说起》，《中国社会科学》2005年第4期。

深处。关于统一多民族国家内部的少数民族问题，早在党的六大就提出了"中国境内少数民族"的概念，从而突破了"五族共和"的局限，认为少数民族问题"对于中国革命有重大意义"，[①] 要求加强对少数民族问题的调研，"以供给党关于少数民族政策决定的材料"[②] 的任务。关于如何促进国内各民族团结和统一多民族国家发展，毛泽东同志认为要反对"两种民族主义"，并结合时局指出"我们着重反对大汉族主义"，"地方民族主义也要反对"。[③] 第二代领导集体非常强调发展对强化少数民族同胞国家认同的作用，邓小平曾言简意赅地一语中的："少数民族是想在区域自治里面得到些好处，一系列的经济问题不解决，就会出乱子。"[④] 党的第三代领导集体根据国内外时局变迁所出现的新情况，在进一步强调"民族地区发展问题"的同时，敏锐地预判了反对"甚嚣尘上的民族分裂主义"的迫在眉睫。1994年，在第三次西藏工作座谈会上，江泽民同志就曾明确指出："国际敌对势力西化、分化中国的政治图谋和他们支持达赖集团变本加厉地进行分裂活动，是我们全党全国人民面临的忧患、或者说是隐患。"[⑤] 1998年，在新疆考察时他又指出："要维护和加强新疆各民族的大团结，就必须旗帜鲜明地反对民族分裂主义。反对民族分裂，维护祖国统一，是国家的最高利益之所在，也是新疆各族群众的根本利益之所在。"[⑥] 2008年西藏发生的"3·14"事件、2009年新疆发生的"7·5"事件所造成的重大财产损失和人员伤亡，虽说不能代表一定民族的分裂主义倾向，但至少说明了民族分裂主义对当代社会主义统一多民族中国的巨大威胁和伤害。如何强化少数民族群体对社会主义统一多民族祖国的认同，已成为当下无法忽视和回避的时代话题。

[①]《中国共产党第六次全国代表大会关于民族问题的决议案》，转引自中共中央统战部编《民族问题汇编》，中共中央党校出版社1991年版，第87页。

[②]《中共六届二中全会讨论组织问题结论》，转引自中共中央统战部编《民族问题汇编》，中共中央党校出版社1991年版，第109页。

[③] 毛泽东：《论十大关系》，《毛泽东选集》第五卷，人民出版社1977年版，第277、288页。

[④]《邓小平文选》第一卷，人民出版社1989年版，第167页。

[⑤] 江泽民：《西藏工作要抓好稳定和发展两件大事》，《江泽民文选》第一卷，人民出版社2006年版，第390页。

[⑥] 江泽民：《加强新疆各民族团结，坚决维护祖国统一》，《江泽民文选》第二卷，人民出版社2006年版，第157页。

需要注意的是，长期以来，在社会历史学科研究中，人们往往只习惯于专注"为什么这些地方存在这样的问题"，并极力汲取教训，亡羊补牢；又往往松懈于考虑"为什么那些地方没有这样的问题"，疏忽于总结经验，未雨绸缪。

我们认为，民族因素在苏联解体中所起到的解构功能对于社会主义统一多民族中国是有着重要的警示和借鉴作用的。我们当然明白苏联多民族邦联国家形成中武力、条约、领导人意志等人为因素所发挥的至关重要的作用，这与我国统一多民族国家的形成是一个长期的自然的历史过程具有本质区别。但是从民族学的视角出发，探析统一多民族中国的形成原因和历史进程，对于当代中国的社会稳定、民族和谐、边疆安全、国家统一以及中华民族的伟大复兴均是有着重要意义的。当然，谈及中国内部各次级民族单元，尤其是边疆各少数民族单元对更高层次共同体的认同问题，纵观漫长的历史进程，我们发现，其绝不是政治认同或者民族认同那么简单。这个更高层次共同体的性质的多重性是我们必须把握的，能够代表这个更高层面共同体丰富内涵的符号或者名称是需要我们深入研究和构建的，各次级民族单元对更高层面共同体认同的原因和影响因素也绝对不是单一的。那么，在漫漫数千年的历史长河中，究竟是什么力量，不断地促进着中华大地的浑然一体、不容分离，凝聚着中国各民族的血脉相连、命运相戚，决定着中华国家每逢分裂后的重新一统、海内归一，孕育着泱泱中华文化的源远流长、生生不息？影响这一力量的因素有哪些？又如何才能增强这种力量呢？在20世纪80年代以来学术界关于这类"中华民族凝聚力"问题的回答中，成果虽说丰硕，但却普遍地强调了主体民族——汉，主流文化——汉文化的核心和关键作用，并且将中国各民族凝聚而成的共同体冠以"中华民族"头衔，明显地不能彰显这个共同体的丰富内涵；时下，学术界非常流行的将各边疆少数民族对这个共同体的认同定性为边疆少数民族的"国家认同"，似乎也有着将问题简单化的嫌疑。今天，在当代美国著名学者亨廷顿质问美国人"我们是谁？"的背景下，不妨让我们把问题设定得更加具体和直白：统一多民族中国内，对各边疆少数民族同胞而言，他们与内地少数民族及汉族一起构成了"我们"，那么"我们"何以成为"我们"？"我们"是如何成为"我们"的？"我们"是谁？这个"我们"究竟是一个什么样的共同体？是地域共同体的"我们"，民族共同体的"我们"，政治共同体的"我们"，文化共同体的

"我们",还是历史命运共同体的"我们"?是其中的一种还是兼而有之?各少数民族同胞今天以"少数"的身份认同"我们"这一共同体时有没有什么问题或隐患?是什么因素在影响着作为"少数"的边疆少数民族对"我们"的认同?又如何加强这些"少数"对"我们"的认同呢?中国特色社会主义事业对"我们"的巩固和发展究竟起着怎样的作用?我们说,对于这一问题的探索不仅是对"我们"所造就的辉煌历史的经验的总结,亦是对"我们"近代蒙受耻辱和今天出现病痛的症结的铭记,更预示着"我们"对未来路径的选择。

二 选题思路

"实践是检验真理的唯一标准",但是实践对真理的检验既不是在较短历史时期内就能完成的,也从来都不是一次性完成而一劳永逸的。学术研究尤其如此,一定的视角、观点、方法和理论的科学与谬误在不同的事物层面和人类社会发展的不同时代背景下可以有着完全不同,甚至是截然相反的解读,因为事物的不同层面反映着不同层次的本质,而人类社会在不同的历史时代总是要面对不尽相同的时代主题和社会主要矛盾。

中国的民族研究有"求同"和"识异"两个侧面,[①]很明显,今天"识异"的浪潮远胜"求同"之风。但是"识异"的过程越来越有演变为"本民族特殊论"的嫌疑。少数民族研究中,"溯源追祖"成为一项必不可少的内容,然而正是这一过程在实践中却有着将呈网状交织、不可分割的中华民族整体历史人为的分隔为条状陈列的危险。一些号称维护本民族合法权利的口号,正在演变为宣扬"本民族至上论"的喧嚣,笔者亲历的西南某高校的民族学博士答辩现场,一位民族学者慷慨陈词"我们某某族,什么时候地盘是多大多大,到现在才多大多大,我们那时候厅级以上干部有多少人,现在只有多少人……作为我族学者的我们应……",而正当我惊愕不已的时候,听到的却是雷鸣般的掌声。"中华民族研究,旨在求同",这是著名学者陈连开留给我们的教诲,但"求同"研究的视角却也存在着过分强调宏观和整体,微观和个殊研究不足的现实。现在的中华民族凝聚力研究中往往强调的是中华民族这个整体,也正是因为以中

---

① 陈连开:《求同初阶》,中央民族大学出版社2008年版,第89页。

华民族这个整体为视角来研究中华民族凝聚力问题，所以总给人以过于笼统之感。少数民族群体或某一少数民族在中华民族凝聚过程中扮演什么角色、具有什么功能、走过了怎样的历程等，是否也是中华民族凝聚力研究中具有意义的话题？即使在以少数民族为视角的研究中，我们是否也常常用我们（汉族）的想法和思维去建构他们的内心和世界呢？当然了，关于"求同"与"识异"还是陈连开先生讲得好："识异"是"求同"的学术基础，"求同"是"识异"的旨归。① 对我们而言，需要更具学术和时代意义的研究视角，更需要"务实求真"的科学态度，因为无论是"识异"还是"求同"都应该是对客观存在的事实进行挖掘、研究和阐述，而非对主观虚构的宣扬。

关于中国各民族凝聚②的原因中，有着几种普遍共识且已成流行的观点。首要的就是著名的"汉族主体论"和"汉族核心说"了。例如，"中华民族多元一体格局存在着一个凝聚的核心（汉族）"③，"汉族：中华民族的主体"，"汉族对中华民族中的各个少数民族富有吸引力"，"汉族在中华民族中的主体地位得到了各少数民族的认同"，④"汉民族成为中国各

---

① 陈连开：《求同初阶》，中央民族大学出版社2008年版，第89页。

② 对于"凝聚"一词的使用，在现在的民族学界虽然已经成为一种普遍共识，但在学者们之间还是存在着不同看法。例如著名学者陈连开先生就曾在其所著的《中华民族研究初探》一书的《论中华民族的聚合力》一文中提出："'凝聚'比'向心'虽然准当一些，但'凝'往往与'固'、'结'相联系，不能确切地表述中华民族历史的发展动态；尤其当前，中华民族奋发图强，面向未来，面向世界，以很高的速度发展，用'凝聚'二字表述中国各民族这种生气勃勃的团结奋斗，显得很不达意。经过反复思索，拟用'聚合力'这个词来代替'凝聚力'。"但笔者以为，"聚"能形象地反映出中华各平等民族单元通向"合"的一体化进程，"凝"既有牢固之意，又暗含着各民族单元经过历史的锤炼成为更高层次共同体的内涵，故全书均采用"凝聚"一词。另，当前学术界习惯上将这一问题称为"中华民族凝聚"问题，并形成了一个新的学科：中华民族凝聚力学。但笔者以为中国各民族的凝聚至少包含相辅相成的两个方面的问题：一是各民族凝聚的历史进程的考察；二是各民族凝聚而成的更高层次共同体的性质判断。凝聚的历史进程和路径影响着共同体的性质，共同体的性质也蕴含着强化这一共同体的合理的进程和路径。直接将更高层面共同体命名为中华民族，而又反过来再考察中国各民族凝聚的原因和过程，不仅有着将问题简单化的嫌疑，逻辑上似乎也存在漏洞。是故，笔者将之称为"中国各民族凝聚"问题。

③ 参见费孝通主编《中华民族多元一体格局》，中央民族大学出版社1999年版，第31页。

④ 萧君和主编：《中华民族族体论》，民族出版社1999年版，第7—11页。

民族的凝聚核心"。① 更有甚者，将汉族的主体地位和核心作用归结为其"血缘"要素，"秦时华夏民族的统一是同宗同祖的各诸侯国在政治上要求统一的必然结果"，"同宗同祖的汉民族总是渴望统一，支持统一的。就是那些入主中原的少数民族，为了统一祖国，也积极推行汉化政策，以便与汉族成为同宗同祖的炎黄子孙"。② 这些观点倒是和"中国（中原或者汉族）天下根本，四夷犹如枝叶也"、③ "中国，根干也；四夷，枝叶也"④ 的说法颇为相似。如同无论出身、性别、强弱与贫富，人人生而平等的法理精神，对于构成中华民族的五十多个民族单元而言，无论其人数多少、发展水平与居住环境，亦应是各民族一律平等，勿论现实，这最起码应是我们行为的准则和追求的目标，而这也恰恰是马克思主义民族理论的核心观点之一。犹如列宁所说："我们要求国内各民族绝对平等"，⑤ "谁不承认和不坚持民族平等和语言平等，不同各种民族压迫或不平等做斗争，谁就不是马克思主义者，甚至也不是民主主义者"。⑥ 中华各少数民族要认同和归属的是汉族还是一个更高层面的共同体？如果是汉族，那是"汉化"还是中华民族的凝聚？如果说是五十多个平等的民族单元共同凝聚为一个更高层次的共同体，那么每一个民族所代表和具有的意义也就是其本身，也就是这个系统的五十几分之一而已，那又何来"主体"和"核心"之说？究其根源，这是否是中国史学界长期以来存在的以汉族为中心而写史的学术诟病在中华民族凝聚研究中的体现？这是否有汉族本位论的嫌疑？在历史和现实中我们是不是已经习惯于让汉族来享有中华民族才应该享有的荣耀和光环？"华汉"不分是否已经成为影响中华民族凝聚力研究走向深入的重要桎梏因素？

"汉族核心说"的主要依据就是物质决定论了。"中华民族的一体化进程有赖于汉族这一凝聚核心的出现……而若要探讨汉民族凝聚力的来源，其发达的农业经济是一个主要因素"⑦，这是"中华民族多元一体格

---

① 卢勋：《中华民族凝聚力的形成与发展》，社会科学文献出版社2007年版，第396页。
② 参见徐杰舜《汉民族发展史》，四川民族出版社1992年版。
③ 《新唐书》卷99，《李大亮传》。
④ 《资治通典》卷195，《唐纪》11，太宗贞观十三年六月。
⑤ 《列宁全集》第19卷，人民出版社1958年版，第100页。
⑥ 《列宁全集》第20卷，人民出版社1958年版，第11页。
⑦ 参见费孝通主编《中华民族多元一体格局》，中央民族大学出版社1999年版，第31—34页。

局理论"的重要观点之一。然而，这里有一个重要的逻辑问题：是农耕定居这样的生产生活方式造就了汉民族本身呢，还是只要定居农耕了就是汉民族了，或者是汉族就必须农耕定居？农耕定居的生产生活方式是有利于汉族成为中国各民族相互依存的、"你来我往"的交往纽带和网络中心的，但是交往的中心又怎能就简单地等于凝聚的核心？中华民族的凝聚是需要物质基础的，但这绝不能成为"物质支配论"成立的理由。而在今天的历史学研究中，充斥着一种片面的"历史唯物论"的论调。人们总是喜欢一味地强调社会历史现实的决定性作用，言之必称所谓的"决定性"和"必然性"；人们对社会观念意识的强大功能置若罔闻，似乎但凡谈及社会观念意识，就存在着历史唯心主义的危险。我们认为，一定意义而言，只有在"原点"和"最终"两端，社会历史现实的决定性才绝对体现，而在人类社会历史发展的漫长过程中，真正的历史唯物主义坚持的是社会历史现实与社会观念意识的"互动论"。产生于一定社会历史现实基础之上的一种普遍社会观念意识一旦形成，其相对独立性和对社会历史现实的巨大反作用必将彰显。因为社会意识不仅是对社会现实的反映，一定意义和程度而言，它也可以改变社会现实，甚至造就新的社会现实。那么，借用建构主义"社会观念是一种强大力量"的基本观点，在坚持社会现实的决定作用的基础上，从社会意识的角度出发思考中华民族凝聚的历史进程，能否为我们提供研究这一问题的新的思路？

历史上，任何事物或状态的出现，都不会是某个单一因素直接决定的后果，而总是多重因素共同作用的产物。我们所要做的就是要找出这些起着作用的因素，并考察它们是怎样促使某事物出现的。人文社会科学的任务之一就是发现各种因素之间的联系。当联系而联系之，就是真理；不当联系而联系之，便是谬误。需要注意的是：有些因素之间从表面上看似乎是没有联系的，而实际上它们之间却有着深层次的联系。今天学科建设的发展，使学术研究越来越具有了专业性，每个专业都有了属于自己的领地甚至方法论，反过来这些领地和方法论又成了这个专业的鲜明标志、特征甚至符号。用更深层次的观点去否定较浅层面的看法无疑是正确的，用横看所成的"岭"去否定侧看所得的"峰"可能就失之偏颇了。中华民族凝聚的原因绝不是单一的，但目前国内学术界却呈现出这样的偏好：政治学领域的学者们希望从政治认同的角度找到中华民族凝聚的根本原因，民族学研究者竭尽全力地倡导着"国族"构建，历史学家们说我们的祖国很明显就是一个历史命运共同体，国学大师们又说中国本质上就不是一个国家，而是一种文化，[①] 中国人认同的实质是一种文化认同。而且大家乐此不疲地用解构别人一家之言的方式去建构自己的一家之言。中国各民族的凝聚不是爆发式完成的，而是伴随历史发展而不断发展的。促使中国各民族不断凝聚的因素是宏观而多重的，所以历史上人们一定是把它抽象概括为了某个"符号"。横向来看，这个符号含义多重甚至繁杂；纵向来看，这个符号历时久远甚至恒久。这个符号不断促进中国各民族的凝聚，中国各民族凝聚的过程又反过来不断促进该符号含义的完备。

历史发展是一个过程，历史发展的脚步永不停息，所以任何事物或状态也不会静止不变。民族是有边界的，边界让民族自识为我而区别于他。民族间相互交往的频繁是历史发展的趋势，民族的边界不会一成不变。民族发展是有自身规律的，现阶段虽然还是民族发展而非消亡的时代，但民族之间走向逐步融合是历史发展的必然趋势。人为地加快民族消亡的步伐，搞民族同化，是违背民族发展规律的，可能得到的是适得其反的结果；人为地阻碍民族交融的趋势，固化民族的边界，故意制造民族间的隔阂，更是对历史的倒行逆施。中国各少数民族是要将自己归属于各民族人民之上的一个更高层次共同体的，而我们则非要让他们回答认同这个共同体的原因和理由，似乎要说明如果没有明确的理由，各少数民族同胞是不会认同这个共同体的，至少逻辑地讲是这样的。因为主要原因，所以利益就成为探寻答案的一把钥匙。不可否认，用利益观去探寻民族关系的规律的确是一条正确的路径，但这不是我们要谈论的全部。因为有利就做、无利则避，这是典型的理性。理性是学术研究的基本原则，但理性至上不一定就是社会生活的原貌，至少不是其全部。历史上西楚霸王被困垓下，乘船过江是理性选择，因为只要过江则"卷土重来未可知"，霸王极不理性地放弃了，乌江自刎了。然而，正是这极不理性的举动，却成就了一个千古传颂的英雄形象，后人敬仰他的，恰恰是"至今思项羽，不肯过江东"的非理性。又如爱情是要讲"门当户对"的，王子才能娶公主，因为这样才能让婚后的生活减少麻烦，看来这样才是理性的，但是回顾生活和中国文学史上的那些爱情经典，

[①] 参见梁漱溟《中国文化要义》，上海人民出版社2005年版，第140—146页。

又有哪一个不是失去理性原则的感性造就的结果？在研究少数民族国家认同问题所做的田野调查中，一次和瑞丽一位景颇族同胞的对话，让我沉思良久。我问她："你家距离缅甸就一河之隔，缅甸也有那么多的克钦，你为什么就觉得自己是中国人呢？"她沉思了一会儿说："我不知道为什么？为什么要有为什么呢？我本来就是中国人啊！"是啊，为什么要有个为什么呢？生活中有很多事是不需要理由的，甚至是没有理由的，因为"本来就是"。少数民族同胞对伟大祖国的认同，是一种多层次的利益驱动下的选择，但这又何尝不是一种世代相承、本来就有的，不需要任何理由的"传统"呢？

基于上述的问题和思考，在大量借鉴前辈学者研究成果的基础上，我对所要研究问题的思路逐渐清晰起来：

第一，在以少数民族或族群的分裂主义为显著特征的第三次民族主义浪潮背景下，继续关注中华民族凝聚力问题是具有价值的，而此研究若以我国的少数民族为视角则更具时代意义。言少数民族，的确有着将中华民族整体割裂划分的嫌疑，中华民族五十几个平等单元也是各具特色的，但中国的少数民族作为一个整体性概念在中国也早已成为现实。虽然我国也存在内地少数民族，但从总体民族分布格局来看，我国的少数民族和边疆是具有相当程度的二位重合的。故而在中华民族凝聚问题的研究上，我将选择以"边疆少数民族"为视角，站在"边疆少数民族"的立场上进行"主位"思考和研究，从边疆少数民族的不同个体和"少数群体"两个层面考察边疆少数民族同胞认同各族人民共建的更高层次共同体的原因、历程、影响因素，等等。

第二，五十余个平等的民族单元凝聚而成的更高层次的共同体，不会也不应该仅仅为某个或者少数的某几个民族所拥有，其应该是五十余个民族单元所共同拥有的，这种共同性既是凝聚的基础，也是更高层次共同体保持多元色彩的保证。因为如果说这种因素仅仅为某个或者某几个少数的民族单元所拥有的话，那么又要依靠这种因素去将更多的不具备这种因素的民族单元凝聚为一体，从逻辑上来讲是令人费解的；再说，如果用某个或者少数的某几个民族单元拥有的因素来将众多的民族单元凝聚为一体，那么在这个更高层次的民族共同体中，伴随着各次级民族单元此种因素的不断浓烈，各个民族单元的多元色彩将很难体现，而这又与中华民族多元一体的现实存在严重不符。这个共同体要历史长远甚至久恒，所以不宜是中华民族概念；这个符号含义博广，故而也不宜用中华大地、中华国家、中华文化等概念，但又必须将这些含义包含其中。有一个词引起了我们注意，这便是"中国"。

关于"中国"一词出现，于省吾教授经过考证认为"商代甲骨文没有或、国二字"①。陈连开老师认为中国名称出现于西周初期。② 而何尊和《尚书·梓材》之所以引起学者们的特别兴趣，就在于它们是已知的出现"中国"两字的最早器物和文献。现存放于宝鸡青铜器博物馆的何尊铭文中有这样的记载，说周武王在克商后告天下事，云："维武王既克大邑商，则廷告于天曰，余其宅兹中国，自之辟民。"《梓材》是周公告诫康叔治理殷民的诰词，其间有词曰："皇天既付中国民越疆土于先王，肆王惟德用，和怿先王受命。"而就其词义来讲，陈连开先生经过研究认为，在西周至春秋战国期间，虽有变化，但中国一词最少有三重含义：地理概念、民族概念和文化概念。③ 我们又知道，夏和商只是被他称为"中国"，而至有周一代，"中国"已成为周人的自称，故而，何志虎老师断言"中国在西周已具有国名的性质，只是那时中国是人们理念中的国名，今天的中国是法定国名"④ 而已。此后，中国一词的内涵经历了一个长期复杂的历史嬗变过程。中国历史中也发生了少数民族和汉族两套"中国观念"的激烈碰撞，虽然所指范畴历经变化，但中国一词的四项含义却一直存在。伴随统一多民族国家在历史长河中曲折但永未停息的发展，中国一词的四项含义所指范畴也不断发展并逐渐完善。今天，所谓"中国"可是一地缘概念，指中华大地，包括汉族人口较多的东部、内地也包括有着较多各少数同胞的西部和边疆地区，包括中国内地也包括香港、澳门和台湾，包括广袤的领土也包括广阔领海、附属岛屿和领空；可是一民族概念，指中华民族，包括汉族、五十五个少数民族单元和一些尚待识别的族群群体；可是一国家概念，指形而上的观念层次的中国国家和形而下的历代代表中国国家的各王朝

---

① 于省吾：《释中国》，见中华书局编辑部《中华学术论集》，中华书局1981年版，第5页。
② 参见费孝通主编《中华民族多元一体格局》，中央民族大学出版社1999年版，第212页。
③ 同上书，第219—223页。
④ 何志虎：《中国得名与中国观的历史嬗变》，三秦出版社2002年版，第24页。

及各时期合法政府；可是一文化概念，指中华文化，包括汉文化和丰富多彩的各少数民族文化。

由此可见，"中国"才是边疆少数民族所要认同和归属的那个由各族人民共建的更高层次共同体的最合适的名字。

第三，任何经济的、政治的、文化的因素都是必须通过人的观念意识才能发挥作用的，所以能将中国各民族凝聚为一体的最直接和持久因素，应该是各民族所共同拥有的一种形而上的牢固的观念力量。需要强调的是，这绝不是历史唯心主义的观点！不可否认，唯物史观是承认社会存在的第一性的，但是，真正的辩证唯物主义和历史唯物主义所坚持的是社会存在和社会观念的互动论。今天，从社会观念意识相对于社会存在的独立性、持久性和反作用来思考中华民族的凝聚力问题，是可以开阔我们研究这一问题的思路的。所以，边疆少数民族的"中国认同"问题研究就成为本书的最终选题。

第四，要研究边疆少数民族的"中国认同"问题，除了要通过历史考察，探析边疆少数民族的"中国认同"是不是一个客观存在的事实，这种认同是怎样缘起的，经历了怎样的历史发展过程，与中华民族实体及统一多民族国家发展之间的内在联系之外，还应进一步总结和归纳影响边疆少数民族认同中国的因素，以期为今天强化中国各民族凝聚力寻找进路。而对边疆少数民族"中国认同"影响因素的考察，除了要把握我们长期以来所强调的"利益"因素外，我们更要把握深藏于他们心灵深处，显现于他们生活的点点滴滴之中，可能潜在而不一定始终彰显，可能没有直接的理由而下意识，但却根深蒂固、强烈而炽热的"传统"因素的影响和作用。除了完全基于生物性特征而形成的群体如种族群体（即使面对利益驱使也无法重新进行选择）和完全基于后天的利益一致而形成的群体如政党（就其成因而言，基本没有传统可言）之外，一般的个体对群体的认同都要受到两个因素的制约，一是与生俱来的具有相当既定性和"被给予"性（亦即吴松教授所说的"被抛性"[1] 和王彦斌教授所说的"继承性"[2]）的传统；二是个体后天基于对需求满足的追求所作的选择。

---

[1] 参见任新民《云南少数民族地区梯度结构与人力资源梯次开发》，云南大学出版社2001年版，第1页。

[2] 参见王彦斌《管理中的组织认同》，人民出版社2004年版，第162—166页。

认同过程中，个体的态度总是要在"传统"和"选择"之间进行激荡，而激荡的结果是个体既不能无视后天对利益的追求而完全地听从于先天的安排和"被给予"，也不能彻底地摆脱先天传统因素的安排而绝对自由地按照自己的需求进行理性的选择，最终的结果又只能是激荡在"传统"和"选择"之间。但这两个方面是一个整体，不可独好，不可偏废，要两手抓两手都要硬，忽视任何一面将可能造成极其严重的后果。须知，孤独的宣传教育将变为苍白的说教而丧失说服力，一味地照顾满足又容易使受益者迷失方向而变得难以驾驭。

第五，尤其需要特别重复强调的是，关于中国各民族凝聚的问题，我们往往过分地关注和强调了凝聚的过程，而忽视了这样一个问题，那就是各民族凝聚而成的这个更高层次的共同体到底是什么？对西方各国而言，这大概是一个比较明确的问题，但是对于有着数千年连绵不断、传承至今悠久历史文化传统的"我们"而言，问题就不再那么简单。有一点是可以肯定的，那就是将这个更高层面的"我们"，简单地概括为国家，将中国各民族的凝聚过程简单地等同于国家认同，是明显地将问题简单化了。对中国各民族的凝聚而言，是地域认同、民族认同、政治认同和文化认同等多种因素兼而有之，而其中任何一种即使在一定的历史时期和具体的历史事件之中彰显着较之其他而更为重要的作用，却也不能代替其他而独立存在。这是我们选择具有历史悠长而包含多重含义的"中国"作为这一更高层面共同体名字的直接原因，亦是本书以"中国认同"为核心概念的理由所在，更是本书重要的逻辑基础之一。

综上所述，笔者将自己的论著选题定为：我国边疆少数民族的"中国认同"及其影响因素研究。并努力通过上述之学术进路，用一个求学者的理性和一颗赤子之心去证明这样一个结论："认同中国"不仅是我国边疆少数民族的固有"传统"，也是他们的当然"选择"。当然，必须强调的是，在本书的行文中，笔者始终坚持将"边疆各少数民族"视作一个整体加以研究和考察，希望能够揭示这个整体的"中国认同"问题的相关规律，而这也是本书没有采取现在流行的个案研究法的主要缘由所在。我们认为，揭示边疆少数民族这一整体的"中国认同"问题的一般普遍规律，不仅是时下应该首先完成的任务，也是进行边疆某地或某一具体少数民族群体"中国认同"问题特殊规律探索的前提和基础。

三 研究内容

逻辑地讲，在"我国边疆少数民族的'中国认同'及其影响因素研究"题目下，论著应该至少回答这样几个问题："边疆少数民族"这一群体是否存在？研究这一群体的"中国认同"问题，是否具有典型性，在今天是否具有理论和现实意义？边疆少数民族的"中国认同"是否是一个客观存在，她的内涵是什么？边疆少数民族的"中国认同"经历了怎样的历史形态变化？今天的时代背景下，边疆少数民族的"中国认同"具有什么样的特点？影响边疆少数民族的"中国认同"形成和发展的因素有哪些？我们应该怎样强化边疆少数民族的"中国认同"？所以，本书的研究框架及研究内容设计如下：

第一章：绪论：我国边疆少数民族"中国认同"问题研究的构想与意义。主要就问题的提出、选题思路及研究内容、研究的方法进路、本研究的理论和现实意义作一总体性交代，重点是对国内外相关理论、观点和研究成果进行介绍、归纳和评述。

第二章：多元一体格局中我国边疆与少数民族的二位重合。为了证明"边疆少数民族"这个群体在我国的民族结构中是一种长期以来的现实存在，我们将在中华民族多元一体结构中探讨边疆的含义变迁，民族概念的"中国化"及其内涵，通过"认同"与"逃逸"的互动理论，阐释边疆与少数民族二位重合的内在原因。

第三章：我国边疆少数民族"中国认同"的内涵体系。本章着重回答什么是边疆少数民族的"中国认同"问题。通过对"中国"词义的历史嬗变的梳理，认同的本质内涵的归纳，将边疆少数民族的"中国认同"的含义概括为中华大地认同、中华民族认同、中华国家认同及中华文化认同四个大项，每项下包括三个层次的具体内涵。

第四章：我国边疆少数民族"中国认同"的缘起。本章解释的是边疆少数民族"中国认同"的发生原因。认为边疆少数民族"中国认同"的缘起具有坚实的地缘基础，这将通过对中华大地对外交往的天然障碍，中华大地内部各部分交流便利的自然条件，中华大地内部不同生态类型的相互需求与依赖，以及地缘认同的特点等方面加以论证；边疆少数民族的"中国认同"的缘起有着雄厚的思想文化基础，这一点将通过儒家文化与各少数民族文化的关系梳理中得到论证;边疆少数民族"中国认同"缘起的政治基础,将通过边疆少数民族心目中的理想国家形态、现实中的理想国家形态以及边疆少数民族对统一多民族国家的传统价值追求来证明;边疆少数民族"中国认同"缘起的社会基础则集中表现在中国各民族浓郁的"同根意识",现实中的血脉相融,交错杂居的民族分布布局等方面。

第五、六、七章主要以中国历史发展进程为背景,归纳梳理不同历史阶段中边疆少数民族"中国认同"的具体历史表现形态和时代特征,并试图揭示不同时期边疆少数民族"中国认同"的具体表现形态与中华民族各阶段发展状态之间的内在联系。

第五章:我国边疆少数民族的"中国认同"与中华民族的孕育和形成。本章不仅要归纳出古代历史中,我国边疆少数民族"中国认同"的具体表现形态和所具有的历史特征,还力求梳理出我们边疆少数民族"中国认同"对中华民族的孕育和形成的历史作用。如我国边疆少数民族"中国认同"的萌芽对中华民族的孕育的作用;我国边疆少数民族对"中国代表权"的不断争夺在中华民族自在实体逐步形成中所发挥的历史功能。

第六章:我国边疆少数民族的"中国认同"与中华民族的觉醒。本章主要任务是要归纳出近代历史中,我国边疆少数民族"中国认同"的具体表现形态和时代特征,并揭示边疆少数民族的"中国认同"对中华民族觉醒的重要意义和功能。

第七章:社会主义背景下我国边疆少数民族的"中国认同"。本章主要对我国在社会主义建设的不同阶段中,边疆少数民族"中国认同"的具体表现形态和特征进行梳理和归纳,并试图分析两者之间的内在联系。

第八章:我国边疆少数民族"中国认同"的影响因素。本章主要在前文对不同历史时期边疆少数民族"中国认同"具体表现形态的梳理和分析的基础上,对我国边疆少数民族"中国认同"的影响因素进行归纳。论证主要从三个维度展开:第一是背景因素,包括时代背景、外部环境、内部氛围和场景条件等四个方面;第二是利益因素;第三是传统因素,包括共同起源,共同历史命运,共同价值追求三个方面。

第九章:余论:强化中国认同 构建民族和谐 实现中华民族伟大复

兴。本章主要包括三方面内容：第一是对当下加强"中国认同"建设的必要性和紧迫性进行分析；第二是对加强"中国认同"建设的路径选择给出自己的一种建议；第三是进一步强调今天"中国认同"建设的重要意义。

四 国内外相关理论、观点及其评述

（一）国外的相关理论和实践

行文前，需要说明的是，下面关于国外相关理论、观点及研究成果的综述，笔者将以一种特殊的方式进行总结：不再以具体的作者及观点作为罗列顺序，而是以国家共同体与共同体内部的民族单元的关系为主题，以相关的理论及实践模式为主线来进行，其间当然也包含着众多研究者和代表着个人的观点。那么，为什么要围绕着国家共同体与其内部的民族单元的关系这个主题呢？它与少数民族单元及个体对国家共同体的认同有何关系呢？思路是这样的：世界上绝大多数国家都属于多民族国家；除了像原南斯拉夫那样由几个规模相当的民族单元整合而成之外，大多数多民族国家都存在着主体民族和少数民族的分野；一国的民族政策往往是针对少数族裔或民族的；国外的相关理论中，无论是自由主义的基本价值原则，还是多元文化主义对"少数权利"的强调，抑或是亨廷顿充满保守色彩的主张，甚至是原苏东社会主义国家的联邦制及其民族政策，从民族政治学的角度而言，均可理解为缘于对少数族裔或民族对国家共同体认同问题本质看法的不同而形成的理论派别或实践模式，他们都希望用自己的理论和方法完成对多民族国家的整合，他们理论、观点、方法及实践模式的差异，可以说是他们对于少数族裔或民族"国家共同体认同"危机发生原因理解的差异，也可以说是他们对于强化少数族裔或民族对国家共同体的认同的路径选择的差异。

1. 西方的相关理论与实践模式

在西方，国家共同体的性质是相对单一的。学者们对于国家共同体的研究主要集中在国家构建问题上。在国家共同体内部，关于如何处理国家共同体与国内民族单元及其个体关系问题上，国外是有着较为成熟的理论体系的，但是缘于社会历史的发展变迁所引起的不同时代的时代主题的变化以及人们所追求的价值原则的不同，不同理论流派之间的争鸣便在所难免了。总体而言,在国家与国内民族单元及个人关系问题上,西方主要存在着自由主义与多元文化主义的激烈争锋,同时,以亨廷顿为翘楚的保守主义①也在自由主义对文化多元主义的妥协退让中再度高涨。而在实践的路径和技术路线上,则主要有同化主义、熔炉主义、马赛克模式,等等。可以说,西方的相关理论、观点和实践模式基本都是以西方的社会历史发展作为现实依据的,但其间的一些思路,尤其是一些西方学者对于中国在这一问题上的研究,均不乏胜义嘉言。下面,笔者就分别对相关理论、代表人物及其典型观点作一简单归纳,对他们的争锋概括及其意义进行粗略总结,并期望在对西方学者对中国此类问题研究成果的学习中,给予本书的研究以启迪。

(1) 自由主义

自由主义是近代以来西方社会中一直占据着主流地位的政治思潮。在价值原则上,自由主义坚持个人权利至上,认为唯有个人自由才是"唯一真实的自由",是"真正的现代自由"。② 在个人与集体的关系上,自由主义认为"个人在精神上优先于集体,集体之所以重要,不过是因为它有利于其属员的幸福"。如果集体已经不利于成员幸福的获得,自由主义甚至主张"把个人从任何既定的或与生俱来的状态中解放出来"。③ 那么如何确保至上的个人权利不受侵犯呢?自由主义者的设计是这样的:个人权利是公共权力的基础和归属,公共权力基于个人权利并以保护个人权利为宗旨。为了更好地保护个人权利不受侵犯,国家这样的公共权力拥有者必须保持中立,所以"国家不应该在不同的优良生活观之间就其内在价值进行排序",④ 在国家面前,所有的个人都是不分种族、宗教、性别和文化差异且普遍平等的无差别公民。是谁给了个人这样普遍的无差别的平

---

① 学者们一般认为美国学者塞缪尔·亨廷顿是自由民主主义的代表,但从其著作《我们是谁?美国国家特性面临的挑战》表达的观点来看,无疑又可划入保守主义的行列。在这一问题上,华东师范大学著名学者许纪霖先生也持相同观点,参见许纪霖《共和爱国主义与文化民族主义:现代中国两种民族国家认同观》,《华东师范大学学报》(哲学社会科学版) 2006 年第 4 期。

② [法] 邦雅曼·贡斯当:《古代人的自由与现代人的自由》,阎克文、刘满贵译,商务印书馆 1999 年版,第 41 页。

③ [加] 威尔·金里卡:《少数的权利:民族主义、多元文化主义和公民》,邓红风译,上海译文出版社 2005 年版,第 5 页。

④ [加] 查尔斯·泰勒:《承认的政治》,董之林、陈燕谷译,载汪晖、陈燕谷主编《文化与公共性》,生活·读书·新知三联书店 2005 年第 2 版,第 320 页。

等的公民身份呢？是国家！所以，公民是国家的公民，国家是公民平等身份的授予者和保护神，故而民族国家应该超越族属认同，把公民身份作为共同的认同。① 那么，什么又是公民身份呢？"公民身份则是对同一国家、对统一国土的认同。"② 既然这样，那么什么样的国家是最安全的国家，什么样的国家最能有效地维护无差别的平等的公民的权利呢？自然是那些民族与国家边界统一的"民族国家"。所以在国家构建上，自由主义者一般都热衷于对民族国家的追求。因为在他们看来，"一般来说，自由制度的一个必要条件是，政府的范围应大致和民族的范围一致"，"在一个由不同的民族构成的国家，自由制度简直是不可能的"。③ 很明显，在自由主义者的眼里，族群身份无疑是对个人主义原则和民族国家安全的莫大挑战和威胁。可以说，自由主义的一系列原则和观点，在世界近现代史，尤其是欧美近现代历史上重重地留下了自己的烙印，它成为西方各国建国的基本原则和目标，也成为这些国家处理国内民族问题上的一贯态度和准绳，甚至个人主义与集体主义的差别也成了资本主义与社会主义两种思潮和社会制度争锋的重要原因。

（2）多元文化主义④

人是一种"社会性文化"⑤的产物，文化是人的内在规定性，是"人之为人的组成部分"，⑥ 文化归属这种人的"真本性"⑦ 不仅确定了

---

① [美] 菲利克斯·格罗斯：《公民与国家》，王建娥等译，新华出版社2003年版，第180页。

② 同上书，第48页。

③ [英] 约翰·S. 密尔：《代议制政府》，汪瑄译，商务印书馆1982年版，第223页。

④ 在此需介绍对于多元文化主义和文化多元主义（Cultural-pluralism）含义解释的争议。《部落主义》的作者米歇尔·W. 霍伊（Michael W. Hughey）认为："多元文化主义并不简单是传统的文化多元主义的扩展，文化多元主义维护的是一种基督教整合，在这一框架内，少数民族—种族得到宽容，他们尽管不同，但都追求美国特色。相反，多元文化主义高扬群体认同，而对将群体整合进一个大的整体中却没有计划或机制。" Michael W. Hughey (ed.), New Tribalisms: The Resurgence of Race and Ethnicity, MaCmiillan Press LTD., 1998, p. 7. 而由吉托·博拉菲（Guito Bolaffi）等人编辑的《种族、族性和文化词典》认为两词同义，可以互用。Guito Bolaff, i RaffaeleBracalenti (eds.), Dictionary of Race, EthnicityandCulture, SAGE Publications, London, 2003, p. 183.

⑤ Will Kymlicka, Multicultural Citizenship: A Liberal Theory of Minority Rights, Clarendon Press, 1995, p. 76.

⑥ Will Kymlicka, Liberal, Community, and Culture, Oxford University Press, 1980, p. 175.

⑦ [加] 查尔斯·泰勒：《承认的政治》，载汪晖、陈燕谷编《文化与公共性》，生活·读书·新知三联书店1998年版，第301—302页。

"我是谁"的内在标准,更是明确了"我与他"的外在边界。追求幸福的生活是人类共同的理想和追求,但是对幸福生活的定义又往往和自我文化本身及自我文化对生命意义的阐释紧密地联系在一起。"享有自己的文化、自己文化的繁荣、他人对自己文化的尊重"[1] 往往成为幸福生活的基础性内涵。于是,"幸福生活"这一人类共同的理想和追求,在现实生活中却变得异乎寻常。而当主流文化的人们或代表主流文化的国家把他们所认为的幸福生活强加于少数群体之时,少数群体对于自我幸福生活方式的追求和对于这种强加不满的反抗就成为一种当然的政治诉求,当这种政治诉求不断地汇聚就形成了"多元文化主义"的思潮。而在20世纪50年代的民权主义和60年代的新移民运动触动下,西方各国少数族群自我意识不断膨胀,最终,作为对主流的自由主义政治哲学进行批判的多元文化主义(multiculturalism)思潮在1971年为加拿大官方所采纳,此后澳大利亚、新西兰、荷兰等国相继效仿,并由此揭开了在20世纪七八十年代以来逐渐高涨的浪潮。多元文化主义内部存在着诸多的学派,他们各自不仅拥有着不同的理论背景,也存在着观察视角的差异。如以金里卡为代表的"少数权利"的倡导者对少数群体权利的强调的理论,以"承认的政治"理论引起世人的广泛关注的社群主义代表查尔斯·泰勒,哈贝马斯的宪政民主思想和后现代话语理论,等等。但是所有的差异却掩盖不了"多元文化主义"的倡导者们对一个共同目标的追求和对一份共同价值的分享,这就是:"其目标都是为了评价少数群体主张的公正性。"[2]

在多元文化主义看来,人类社会的基本单位并不是公民个人,而应该是族群。国家的结构层面上,绝不是自由主义所描述的只有"公民—国家"这两端,而实际上,在公民和国家两者之间还存在着一个中间地带,这个中间地带是由各种不同的群体构成的特殊团体组合而成的,个人是通过他所归属的群体,特别是族群和国家发生关系的。因此,在社会中,个人首先面对的是族群而非国家,所以,族属是个人首先承认的身份。[3] 这

---

[1] [加] 威尔·金里卡:《当代政治哲学》,刘莘译,上海三联书店2004年版,第607页。

[2] [加] 威尔·金里卡:《少数的权利:民族主义、多元文化主义和公民》,邓红风译,上海译文出版社2005年版,第21页。

[3] 参见常士訚《民族政治与多民族国家的政治整合——当代西方族群政治论局限与中国和谐民族观的意义》,《中共福建省委党校学报》2006年第3期。

也就是金里卡所说的"我们可以说文化成员的身份先于其成员的个人权利，因为文化成员身份提供了个人选择的背景"。① 在国家的权力结构上，族群是权力的基础，其向上将权力凝聚为国家权力，向下为个人权利提供依据。因此，在多元文化主义的代表人物玛丽·杨看来，国家不仅要保障公民的权利，更应承认和包容少数族群和团体的特殊的认同和需求，赋予这些族群和文化以"少数的权利"（minority rights）。忽视文化差异和群体权利，"是一个解答的不平等，这个问题不解决将成为最大的不正义"②。因此，在国家宪政框架内应增加对少数族群权利的保护。具体而言，一方面是国家"对不同的少数民族文化采取特别的措施"，给予少数民族"特殊地位"，也就是通过"不同的公民权来保护文化共同体免受不必要的解体"；③ 另一方面，要赋予这些群体以权力，如金里卡所言："只有当一种措施明确规定了某一社群自身可以行使确定的某些权力时，才可以把它视为一项群体的权利。"④ 所以，在国家的构建上，多元文化主义认为传统的民族国家构建实质上是无异于同化，那些先前受到排挤的群体现在却不再愿意被迫沉默或被边缘化，或者不愿意仅仅因为他们与所谓的"正常"公民在种族、文化、性别、能力或性倾向上的差异就被当作是"非正常"的。他们要求有一种更具容纳力的、能够承认（而不是侮辱）他们身份的公民资格观，而它又要能包容（而不是排斥）他们之间的"差异性"，真正"正当"的国家，应该是少数族群文化和权利得到承认和保护的多民族和文化共存的国家。那么，对少数族群权利的承认和保护是否会导致不利于统一和稳定的情况发生呢？对此，多元文化主义的代表们的态度相当明确："正是由于缺乏少数群体权利，公众团结的纽带才会被侵蚀"，⑤ "尽早的、大方的分权绝对会阻止，而

---

① ［加］威尔·金里卡：《自由主义、社群与文化》，应奇、葛水林译，上海译文出版社2005年版，第190页。

② Will Kymlicka, Multicultural Citizenship: ALiberal Theory of Minority Rights, Clarendon Press, 1995, p.109.

③ ［加］威尔·金里卡：《自由主义、社群与文化》，应奇等译，上海译文出版社2005年版，第146页。

④ 同上书，第133页。

⑤ ［加］威尔·金里卡：《少数的权利：民族主义、多元文化主义和公民》，邓红风译，上海译文出版社2005年版，第25页。

不是煽动族裔分离主义",①"政府拒绝给予少数民族自治权,或者更恶劣的,绝对取消已经存在的自治(如在科索沃)的做法,而不是承认他们的少数群体权利的做法,才是导致政治不稳定的原因"②。文化多元主义高涨以来,一直处于一种极端的推崇和强烈的反对的争议之中,这从其与自由主义的论争中便可看出端倪。

(3)自由主义与多元文化主义的论争

自由主义是西方社会长期以来占据主流地位的政治思潮;多民族多文化又是当今世界各国无法否认的普遍国内民族结构特征。自由主义视阈下的个人是国家的公民;多元文化主义把个人的身份首先归属于族群。自由主义强调个体机会均等的普遍主义原则;多元文化主义重视不同群体起点不平等的现实差异。自由主义将安全与稳定看作为国家的首要职责;多元文化主义将公正和平等视为国家的唯一追求。在自由主义者的眼里,多元文化主义无疑是当今民族分裂主义高涨的罪魁祸首之一;多元文化主义认为自己的主张是解决民族分离主义的良药而非导致民族分离主义的病毒。就这样,双方无论是在视角还是基本原则或者是基础性观点上均发生了严重分歧,产生了激烈论争。

具体而言,双方的分歧大概可以概括为四个方面:一是个人首要身份定位的分歧。自由主义将个人看作国家的公民,而多元文化主义将个人首先归属于自己的族群,并认为这才是人的身份的自然基础,而且个人的族群身份必须得到承认,因为"正当的承认不是我们赐予别人的恩惠,它是人类的一种至关重要的需要"③。二是对什么是真正的平等的看法的分歧。"自由主义者并不一般地否认平等,而是经常强调经济或结果平等的负面作用,他们所重视的是政治权利的平等和程序正义方面的起点平等",④自由主义对平等抱着一种复杂的心态,"既十分同情,又十分警

---

① Horowitz D. L., A Democratic south Africa: Constitutional Engineering in a Divided Society, University of California Press, Berkeley, p. 224.

② [加]威尔·金里卡:《少数的权利:民族主义、多元文化主义和公民》,邓红风译,上海译文出版社2005年版,第26页。

③ [加]查尔斯·泰勒:《承认的政治》,载汪晖、陈燕谷主编《文化与公共性》,上海三联书店1998年版,第291页。

④ 顾肃:《自由主义的基本理念》,中央编译出版社2003年版,第39—40页。

惕。它信奉的是权利的平等,不是结果的平等"①。所以,无差别的公民身份才能保障公平的实现。对此,多元文化主义的重要代表凯米利卡表示了强烈反对,认为罗尔斯的平等参与、一人一票的"立宪民主"的突出特点就是以选民为中心,而不是以对话为中心,明显地把民主当成一个舞台,通过人们的政治竞争,获得多数赞成而决定政策,而它所带来的结果是赢者说话算数,少数人或少数民族被排除在制度之外的事实的不平等。②"有头脑的人们不再继续认为公正性可以仅凭无差别的待遇规则或机构来界定。相反,人们现在认识到,无差别待遇规则可能导致某些群体处于弱势。"③ 对此的补救办法是"差异公民"的观点,④ 也就是政府在保障每一个公民平等权利的同时,还要承认和包容少数族群的身份认同和特殊要求,赋予这些群体以集体权利。国家根据现实的差异,区别对待这些起点不等的公民,才可能求得真正平等的结果。只有公民既是共同体的成员、享有着公民的身份,同时又具有得到国家承认的某个族群的身份,国家的民主政治才能获得坚实的基础。三是在国家构建路径选择上的不同。自由主义者由于热衷于对民族与国家边界统一的民族国家的追求,所以在国家对少数民族的态度上是异常冷酷的:要么同化,要么消失。两种选择都最终指向了同一个结果。第一个选择意味着差异的消灭,第二个选择意味着对与自己不同的对象的消灭,而且也不允许给予其以共同体存在的可能性。同化的目的是要剥夺掉"他者"的"他者性",使他们与其他国民的大部分难以区分开来,然后完全消化他们,并把他们的习性消融在一致的国家身份认同的复合体中。排斥或消除人口中难以吸收和难以消融的部分的策略,要履行双重功能。首先,它被当作一件武器来使用在肉体和文化上,把那些过于格格不入、过于沉溺于自己的方式或过于顽固地拒绝改变自己以丢弃"他者性"特征的群体或类别的人分离开来;其次,

---

① 刘军宁:《共和·民主·宪政》,上海三联书店1998年版,第185页。

② Will Kymlicka, Wayne Norman, Citizenship in Diverse Societies [M], Oxford: Oxford University, 2000, p. 9.

③ [加] 威尔·金里卡:《少数的权利:民族主义、多元文化主义和公民》,邓红风译,上海译文出版社2005年版,第22页。

④ Will Kymlicka & Wayne Norman, "Citizenship in Culturally Diverse Societies: Issues, Context, Concepts", in Will Kymlicka & Wayne Norman (eds.), Citizenship in Diverse Societies, Oxford University Press, 2000, pp. 1–41.

它还被当作一种威胁以在松散的、三心二意的那些人中，激发出更多的同化热情。① 普鲁士"铁血宰相"俾斯麦的建国策略就是这种思维的典型，而随后历史发展的进程也说明了这种建国之路对国家安全的帮助及其对国家在经济发展中积极功能。诚如电视纪录片《大国崛起》中所感慨的那样：近代首先崛起和走上现代化之路的都是那些民族国家。多元文化主义聚焦于"公正性"，着重探讨"致力于民族国家构建的多数群体是否不公正地对待了少数群体"。② 答案是显然的，"民族国家构建的过程不可避免地给予了多数群体文化的成员以特权"，③ 而少数族裔，要么选择融入多数群体的文化而失去"自我"，要么接受永久性的边缘地位。而任何企图寻求维持自己文化所需要的自治都将被冠以背叛国家的名义而加以取缔。那么"少数群体的权利是否有助于抵抗这些不公呢"？④多元文化主义认为强调"多元文化和民族共存"的"少数权利"几乎是医治这一顽疾的唯一良药。四是对于文化多元是否会威胁政治的一体，政治的一体能否成功整合"多元文化"问题上的针锋相对。对此，自由主义的看法明显地充满了忧郁情结。他们既担心多元的文化身份对统一的国家认同的冲击和解构，也担心族群的差异会破坏固有的政治的一体。"人们重视其地区身份和经济身份，国家将逐渐陷于分裂，直到发生内战。"⑤ "文化共性促进人们之间的合作和凝聚力，而文化的差异却加剧分裂与冲突。"⑥ 另外，如何使具体差异而又共处一体的多元族群通过对话和沟通来达成社会的和谐和统一，实在是个巨大地挑战。对此，多元文化主义的态度又明显地乐观。多元文化主义认为，多元的族裔身份和普遍的公民身份实质上是不矛盾的，"如果我们清除妨碍少数群体全身心地拥护政治机构的那些障碍和

---

① ［英］齐格蒙特·鲍曼：《共同体：在一个不确定的世界中寻找安全》，欧阳景根译，江苏人民出版社2003年版，第114页。

② ［加］威尔·金里卡：《少数的权利：民族主义、多元文化主义和公民》，邓红风译，上海译文出版社2005年版，第14页。

③ 同上书，第15页。

④ 同上书，第14页。

⑤ ［美］塞缪尔·亨廷顿：《我们是谁？美国国家特性面临的挑战》，程克雄译，新华出版社2005年版，第16页。

⑥ ［美］塞缪尔·亨廷顿：《文明的冲突与世界秩序的重建》，周琪等译，新华出版社1998年版，第133页。

排外机制,那么,承认少数群体权利事实上会加强团结,促进政治稳定"①。少数群体追求和强调族群身份和少数权利的目的就是想更好地与主流社会共处于一体之中,而非与之发生分离。在少数群体可能主张的两种不同的权利中,无论"意欲用来防止来自内部不同政见的影响破坏群体的安定"的"内部限制",还是"用以保护该群体不受外部压力的影响"的"外部保护"都不以分离出主流或一体的社会为取向。②

在历史的发展中,自由主义远远没有像福山在《历史的终结》中描绘的那样,成为"历史的最终选择";多元文化主义这一出自自由主义的基本原则却又对自由主义进行着颠覆性批判的思潮,在经历高潮之后,也因其理论上弊端的显现而引起了新一轮的普遍质疑。但是,双方的论争不仅客观地造就了各自对自身理论的不断补充和完备,也出现了各自向对方妥协并一定程度承认对方的趋势;更重要的是,它们的论争,对于对方理论的致命缺陷的无情揭示,给那些热衷于用国外的族群理论来解决我们民族问题的人以当头棒喝,能让他们以冷静的眼光在借鉴外来理论的同时,也能正视我们的国情和我国民族问题的内在特质。

(4) 塞缪尔·亨廷顿及其主要思想

在与多元文化主义的论争中,以罗尔斯为代表的政治自由主义,放弃了哲学和道德价值上的整全理论,而退守为坚持政治合理性为底线的制度认同。政治自由主义的这种退让、多元文化主义在理论上的众多缺陷及其在现实中导致的危害和冲突,使大批保守主义学者在与多元文化主义进行斗争的同时,也对政治自由主义的让步和妥协表达了强烈不满,其典型代表就是塞缪尔·亨廷顿。

去世不久的塞缪尔·亨廷顿是名重当代的国际政治理论学者。其一生身兼数职,其学术思想在美国国内甚至全世界都有着深远影响。作为阿尔伯特·魏斯赫德三世(Albert J. Weatherhead Ⅲ)学院教授的他,曾担任哈佛国际事务中心的主任、国际和地区问题研究所的所长,并于1986—1987年间任美国政治学会会长,他创办了《外交政策》杂志,并长期担任编辑。早在1977—1978年间,亨廷顿就曾供职于卡特政府,任白宫国

---

① [加]威尔·金里卡:《自由主义、社群与文化》,应奇、葛水林译,上海译文出版社2005年版,第24页。

② 同上书,第9页。

家安全委员会安全计划顾问,用自己的思想影响着美国对内对外政策的制定。然而,在政治学领域,亨廷顿一向以政治主张的保守而出名,并自命为当代的"马基雅维利"。亨廷顿的研究涉猎甚广,不仅有关于国家安全、战略和军民关系,也有关于欠发达国家的民主化、政治和经济发展,但真正令其在全世界声名鹊起的则是《文明冲突论》和《我们是谁?——对美国国族认同面临的挑战》[①]。在《文明的冲突》中,亨廷顿强调了文化因素对国际政治的影响,提出:国际关系史上的冲突可以分为君主之间的领土之争、民族国家的利益之争、冷战时期意识形态的冲突等几个阶段。后冷战时代不同意识形态的冲突归于湮灭,世界呈现为不同文明之间的差异与冲突。[②] 必须指出的是,早在该书中,亨廷顿就认为:"美国国内的多元文化主义对美国和西方构成了威胁,在国外推行普世主义则对西方和世界构成了威胁。它们都否认西方文化的独特性。全球单一文化论者想把世界变成像美国一样。美国国内的多元文化论者则想把美国变成像世界一样。"[③] 2004年他的新作《我们是谁?——美国国族认同面临的挑战》就是在对这一思想的延伸和发展下形成的关于美国国族认同及其影响因素的专著。

面对美国国内拉美裔移民快速增长及多元文化主义盛行的状况,布热津斯基就曾提出过非常明确的观点:"美国从一个由白人盎格鲁—撒克逊新教文化主宰和塑造的社会转变为一个全球人种拼凑成的社会,将引起价值观念的深刻变化,并可能使社会凝聚力进一步有所丧失。"他认为"具有潜在分裂作用"的多元文化主义"可能使多民族的美国巴尔干化",这种状况发展下去,甚至"美国的社会就有面临解体的危险"。[④] 亨廷顿的《我们是谁》对这一思想进行了淋漓尽致的阐释和发展。该书中,亨廷顿首先从"20世纪90年代以来,美国国家特质/国民身份由于受到了其他

---

① 该书的中译本被译者翻译为《我们是谁?美国国家特性面临的挑战》(程克雄译,新华出版社2005年版)。但是根据该书的内容和作者的意图,笔者以为将"national identity"译为"国族认同"或者"国家认同"更为合适。

② [美]塞缪尔·亨廷顿:《文明的冲突与世界秩序的重建》,周琪等译,新华出版社1998年版。

③ 同上书,第368页。

④ [美]兹比格涅夫·布热津斯基:《大失控与大混乱》,潘嘉玢、刘瑞祥译,朱树飏校,中国社会科学出版社1994年版,第125、118、126页。

的国家/国民层次以下的特质/身份、跨国的特性/身份和他国的特性/身份的挑战",① 而使美国人在身份认同问题上"星条旗似乎处于半降旗的位置,而另外的一些旗帜却在高处飘扬"② 的现实出发,指出对美国人而言,这一问题的实质是"我们是谁"?③ 也就是,是什么让美国人成为美国人? 美国人为什么成为美国人? 亨廷顿的答案非常明确:"本书的主题,是强调盎格鲁—撒克逊新教文化对于美国国民身份/国家特性始终居于中心地位。"④ "正是它使美国人有了共同之处,而且正如无数外国人所指出的那样,正是它使美国人区别于别国人民。"⑤ 然而,20世纪后期以来,这一文化的重要地位和实质内容却受到了多方面的挑战:移民浪潮,美国的拉美化倾向,美国国内亚民族的民族主义,移民及其原籍国对美国政府和社会的影响,精英人士对于超国家身份的宣扬,等等。⑥ 而在亨廷顿看来,众多的因素中,"多元文化主义"更是解构美国国家特质和国民身份的罪魁祸首。那么,又如何才能防止这些因素的消极作用而"重振美国特质"呢?亨廷顿露骨地进行了民族主义的宣示:"这场解构美国和反解构之战的结果如何,无疑将在很大程度上取决于美国本土是否遭受恐怖主义袭击,以及美国是否不得不在海外与自己的敌人作战。如果外部威胁减退,解构主义者的运动就可能更来劲。如果美国持续不断地与外部敌人斗争,解构主义者的影响就会退落。"⑦ 明显地,亨廷顿表达的是典型的寻求"敌人"和"对手"的政治哲学,强调必须通过民族主义保持和加强美国建国以来所独具的素质。

(5) 西方国家的主要实践模式

在各种理论的论争声中,西方各国在处理国家共同体与国内民族单元关系过程中要么将某种理论发挥至极致,要么将某几种理论相互糅合,但是总体说来,无论采用单一的还是糅合的理论,实践中各国都非常重视将

---

① [美]塞缪尔·亨廷顿:《我们是谁?美国国家特性面临的挑战》,程克雄译,新华出版社2005年版,第4—8页。
② 同上书,第4页。
③ 同上书,第8—15页。
④ 同上书,第27页。
⑤ 同上书,第2页。
⑥ 同上书,第119—245页。
⑦ 同上书,第148页。

理论与本国具体实际和文化传统相结合。这也就是为什么同样信奉多元文化主义，但是实践中加拿大的多元文化主义与澳大利亚的多元文化主义存在诸多不同，新西兰的多元文化主义和北欧诸国的多元文化主义也出现较大差异的原因。总体来说，西方国家在处理国家与国内民族关系的实践中，主要出现过以下几种较有影响的实践模式。

"盎格鲁化"（Anglo-Conformity）模式。这种模式是典型的强制同化模式，其同化的对象，除了移民还包括少数族群。这种模式下，移民和少数族群被强制性要求融入现存的文化规范，并在一段时间后能够与本土出生的公民、主体民族在言谈、衣着、休闲活动、烹饪、家庭规模、认同特征等方面，没有什么区别。[①] 这种强制同化政策被认为是确保移民和少数族群忠于并服务于现有社会的保障。[②] 而这又是以少数族群和移民群体放弃自己原有的文化和传统为代价的，他们没有选择而必须接受并融入主流文化或主体民族的文化。[③] 如果移民或少数族群不接受怎么办呢？移民如果被认为是不可同化的，他们就会被剥夺入境机会（例如加、美等国对中国移民的限制；澳大利亚的"白澳"移民政策）。少数族群若不接受同化，那么生活中将被彻底地边缘化。

"熔炉模式"。熔炉模式是一种软性"同化模式"。这种模式之下，国家声称自己对任何民族及文化都保持"中立"，国家在不干预的情况下，使不同的文化融合成一种新的文化，使不同的民族凝聚成一个新的民族。但同时又强调，如果可能，主流文化和主体民族可以在这一过程中起主导作用。[④]

"马赛克模式"。"马赛克模式"是典型的"多元文化主义"的实践模式。这种模式下，国家对移民和少数族裔采取包容的态度，允许并实际上支持他们维持自己的文化和传统。公共机构也要修改相应的规章、惯例和信条，以包容移民和少数族裔的信仰和习俗。整个国家内部，不同的文

---

① ［加］威尔·金里卡：《少数的权利：民族主义、多元文化主义和公民》，邓红风译，上海译文出版社2005年版，第160页。

② 同上。

③ Madison Grant, The Pashing of the Great Race: The Racial Basis of European History, New York: C. Scribner's Sons, 1921, pp. 107 – 145.

④ Robert W. Hodge and Patricia Hdge, Occupational Assimilation as a Competitive Process, in American Journal of Sociology, No. 71, 1965, pp. 249 – 264.

化和族群和平共处，平等存在，保留各自的特色。① 但是在现实中，这种模式在实践过程中越来越显示出了其自身的局限性：在美国，这种模式逐渐地演变成"鼓励并赞扬文化及语言的种族隔离"；在加拿大，这种模式实际上造成了移民和少数族裔"游离于主流文化之外"的现状。本以追求多元文化平等存在的模式，却使不同文化和族裔间的差别不断加大，相互憎恨和对抗不断加剧，裂痕不断加深。②

2. 原苏、南处理国家与国内民族关系问题的理论与实践

原苏联国内有130多个民族，15个加盟共和国，20个自治共和国，8个自治州和10个民族专区，国内民族众多，民族问题复杂。原南斯拉夫由塞尔维亚、克罗地亚、斯洛文尼亚、波斯尼亚—黑塞哥维那（简称波黑）、马其顿和黑山6个共和国及隶属塞尔维亚的科索沃和伏伊伏丁那2个自治省组成，而其所处的巴尔干半岛，本身就是以民族、宗教的"火药桶"而闻名于世。如何把杂乱纷争、矛盾不断的多个民族整合为一个统一的国家，并建构起各民族对共同的高层次共同体的认同呢？这就需要两国处理好国家的结构形式问题。政治学上，所谓国家结构形式是指处理国家整体与其组成部分之间，即中央政府与地方政府之间，共同体与各民族单元之间关系的基本模式，也就是一个国家的各个部分以怎样的形式和方式整合为一个国家的问题。两国在此问题上不约而同地作出了相同的选择：以民族为特征的联邦制。什么叫以民族为特征的联邦制呢？其指由若干享受有主权的以主体民族命名的民族共和国联合起来组成统一国家，同时又使每一联邦主体单位保持其基本的政治完整性的一种制度或国家结构形式。

苏联与南斯拉夫的联邦体制在理论上均给予了各民族共和国以相当的权力和自由。例如，首先，两国都承认民族自决原则是建立统一国家的基础，并声明各民族共和国均有加入和退出联邦国家的法定自由。1922年《苏维埃社会主义共和国联盟成立宣言》中就有这样的明确声明："保证每个共和国有自由退出联盟的权利，保证现有的或将来产生的一切苏维埃

---

① Horace M. Kallen, Culture and Democracy in the United States, New Brunswick, N. J.: Transaction Publishers, 1998, pp. 120–145.

② ［加］威尔·金里卡：《少数的权利：民族主义、多元文化主义和公民》，邓红风译，上海世纪译文社2005年版，第161页。

社会主义共和国都可以加入联盟。"① 1946年颁布的南斯拉夫第一部宪法也作了这样的规定：南斯拉夫联邦人民共和国是"建立在自治权包括分立权基础上的自愿在联邦国家共同生活的各平等民族共同体"。② 其次，两国国内的各加盟民族共和国都拥有相当的主权国家的性质，两国都具有一定的"双主权"国家性质。譬如，1924年苏联宪法规定，各加盟共和国均为主权国家，均可制定自己的宪法，独立行使其国家权力，并行使诸如经济、财政、内务、司法、文教等方面国家管理权。最后，两国的议会都实行两院制，分设联盟（联邦）、民族两院。其中民族院又都实行民族代表比例制。两国宪法都规定，民族院与联盟（联邦）院在立法方面拥有同等权力。

实践中，两国的联邦制却在两个极端的殊途同归中一起走向国家的分裂。苏联在联邦制的具体实践中，缘于苏共党内高度集中的领导体制，联邦制也不断走向了极端的集权倾向。南斯拉夫却在1948年情报局事件之后，完全否定了权力过于集中斯大林体制，不断削弱南斯拉夫联盟中央的统一领导和权力，通过一步步向各民族共和国的放权和妥协，而把国家导向了分离的泥潭。

法律上，苏联不断提高联盟国家的法定地位，而南斯拉夫不断对中央进行削权。早在1936年通过的苏联宪法中，就着重重新规定了联盟国家与加盟共和国之间的关系：中央建立一整套的统一管理部门，各民族加盟共和国必须"完全依据苏联宪法而制定该加盟共和国宪法"，"凡遇加盟共和国法律与全苏联法律相抵触时，均以全苏联法律为准"，③ 大大提高了联盟国家法定地位。南斯拉夫为了贯彻所谓的民族平等，不断强化地方的权力。例如，1974年宪法就有这样的规定：在联邦议会讨论和决定重大经济决策时，实行"协商一致"的原则，联邦中央不征得所有共和国和自治省的同意不得作出有关决定，每个共和国和自治省都可一票否决联邦中央的决议。联邦议会和政府从70年代起实际上一步步沦落为民族共和国和自治省利益纠纷的协调机构。

在干部的选拔和任用上，苏联的非俄罗斯族人受到排挤，④ 南斯拉夫

---

① 参见《苏联民族问题文献选编》，社会科学文献出版社1987年版，第73页。
② 参见《南斯拉夫人民联邦共和国宪法》（1946年），斯科普里，第5页。
③ 《苏联民族问题文献选编》，社会科学文献出版社1987年版，第147页。
④ 参见郭永学《原苏联与前南斯拉夫民族政策的比较》，载《东欧中亚研究》2000年第4期。

却过分地强调了干部的"民族"身份。苏联各加盟共和国党的领导人一般都兼任共和国国家领导人,但是他们既必须绝对服从苏共中央的领导,又必须绝对服从联盟中央的领导。各加盟民族共和国内的实际权力实际上往往为党中央第二书记掌握,而这一职位又往往由党中央派来的俄罗斯人担任,人们形象地称这些人为"总督"[①]。上到联盟和党中央,下到各民族共和国,甚至是各州、区的各级党组织和政权机构,都存在这种俄罗斯人幕后操纵的局面。对少数民族干部的任意撤换时常发生,如30年代中期肃反扩大化时和赫鲁晓夫统治后期,都发生了大规模清洗、撤换共和国党政领导干部的现象。非俄罗斯人进入全苏党政高级官员的机会很少。70年代后期,在苏共中央政治局13个成员中,非俄罗斯人只占3人。南斯拉夫在联邦机构的人选上,非常注重各共和国、各民族的成分。从60年代后期起,连联邦主席团、联邦执行委员会等机构的成员都必须由各共和国和自治省按照平等分配的名额选派的。甚至中央机构人选也必须是由各共和国、自治省选派相应数量的代表组成。各共和国领导干部的选用同样注意到民族成分,如70年代末波黑共和国主席团的成员由塞、克、穆三个民族按平等数量组成,共和国联盟的三个主要领导职务也分别由以上三个民族的干部担任。

经济发展方面,苏联片面强调中央利益,忽视甚至损害各少数民族和民族地方的利益。由于中央统得过死,限制了各加盟共和国经济发展的活力;联盟中央片面强调"区域分工"和"经济专门化",导致许多不发达共和国经济结构单一化和畸形发展,成为原料和初级产品生产基地;强调经济发展,忽视民族地区的社会发展,国家只顾从民族地区发掘资源,却给后者带来了移民、失业、环境污染等一系列严重的社会问题和生态问题。凡此种种,都让少数民族地区及民族单元产生了一种被剥夺的感觉,加深了他们对中央和联盟的不信任,离心力不断滋生。南斯拉夫过分地单方面强调了对落后民族地区发展的特殊照顾。中央把自己控制的资金,较多的、照顾性的投向欠发达的地区;1965年又直接的设置了不发达地区基金;后来直接要求发达地区直接将国民收入的一定比例直接交给中央,专门用于支援不发达地区。这使得较发达的民族和地区感觉到了"吃

---

① [美]塞维林·比亚勒:《苏联的稳定和变迁》,普尔译,新华出版社1984年版,第197页。

亏",使其与落后地区和民族的矛盾尖锐起来。

文化发展方面,30年代后的苏联走向了大民族文化沙文主义的道路,企图通过人为手段,迅速消除各民族文化之间的差距,以达到民族同一的目标。苏联当局以俄罗斯为中心解释和发展苏联文化,用文化单一化取代了民族文化多样化的政策,对其他民族的文化采取虚无主义的态度加以否认和抹杀,对歌颂本民族历史和文化传统的少数民族干部和知识分子进行迫害,用行政手段强制性地推广俄语。这种错误的文化政策伤害了各民族人民的自尊心,产生了破坏族际关系、加深民族隔阂和敌对情绪的恶劣影响。南斯拉夫特别强调各民族文化的发展,这在为各民族文化发展提供契机的同时,却忽视了统一国家的文化整合问题。更值得注意的,这种宽容的态度却为民族主义者利用,用以培养狭隘的民族意识,如60年代中期至70年代初,在克罗地亚就出现了许多打着民族文化旗号的民族主义团体,这些文化团体的存在和影响,是后来发生"克罗地亚事件"的重要社会基础。

民族工作的重点和方式上,30年代以后的苏联,由于斯大林这个"俄罗斯化了的异族人"强烈的大俄罗斯沙文主义倾向,民族工作的重点由反对两种民族主义,逐渐地转变为单方面对地方民族主义的打击。把对大力宣扬大俄罗斯主义不满的少数民族干部,扣"资产阶级敌人"的帽子加以迫害,把认为是"不可靠"的少数民族强制性迁徙到西伯利亚等边远地区。简单粗暴地把所有国内的民族问题统统划归为"阶级矛盾"、"敌我矛盾",动不动就用极端的方式处理民族问题。南斯拉夫民族工作却是以批判一元主义中央集权思想、反对大塞尔维亚主义为重点。1966年后,对塞尔维亚人的打击和压制,造成了新的民族不平等。对地方民族主义的妥协退让,让各地方民族的本民族利益至上主义不断膨胀,也导致了民族分离主义的甚嚣尘上。而总体说来,南斯拉夫在处理民族问题上,是较为宽容甚至有些放纵的。

就这样,苏联和南斯拉夫在各自处理共同体和内部民族单元关系的"过"和"不及"中,殊途同归地走向了国家分裂。然而,两个多民族国家对民族问题的"一"与"多"的问题的处理,却给我们留下了经久不息的深思和争鸣。

3. 国外的其他基础性理论及对中国相关问题的直接研究

这里着重介绍两个方面:一是关于民族学、社会学、政治学方面的一些基础性理论构建方面的杰出代表的介绍,二是国外学者对中国各少数民族与"中国"共同体关系问题研究的进程演变及代表著作。

(1) 关于对民族学、社会学、政治学的学科理论建构方面大家辈出。西方古典社会学中的 E. 涂尔干、M. 韦伯、G. 齐美尔和 V. 帕累托的理论都有着深远的影响,而 F. 滕尼斯的《共同体与社会》也引起了广泛关注。现代社会学中,T. 帕森斯、J. 科尔曼、P. 贝格尔都是具有划时代意义的学者,而 R. 默顿、J. C. 亚历山大对功能主义的研究,L. 科曼、J. 雷克斯关于社会冲突的分析,H. 布鲁默的《论符号互动论》,A. 许茨的《现象学与社会科学》等,也都对后学有着相当的启迪。后现代社会学中则以勒梅特对后结构主义与社会学的分析、鲍曼对知识分子在社会中的角色与功能方面的研究最为人瞩目。而有一个跨学科研究领域尤其值得关注,这就是地缘政治学,其中马权的海权论、麦金德的心脏地带学说均有着很大影响,斯皮科曼的边缘地区说甚至可以成为解释美国战后亚洲地域策略的一把钥匙,而 20 世纪 80 年代特纳提出的"边疆假说"则对本课题具有相当意义。另外部分学者在研究中特别强调了经济利益对于少数民族国家认同的影响,譬如荷兰人类学家尼克·基尔斯特拉,他最著名的观点就是:"关于经济持续增长的许诺一向是人们接受作为一个更强大的政治体内的一个少数群体这一地位的主要原因。当这种许诺未能兑现时,现代民族国家 (the modern nation state) 全部合法性便成为有争议的了。"[①]

(2) 有关中国各少数民族与"中国"共同体关系问题的研究。首先,必须承认,西方学者对于这一问题研究的深入程度及成果之丰富是远远超出我们想象的,而他们对中国此问题的研究也往往是与中国边疆问题结合在一起的,其发展过程大概可以分为三个阶段。第一阶段是殖民利益驱动下对中国边疆各民族研究的兴起,例如 1876 年英国出版安德森的《从曼德勒到勐缅》、1880 年出版约翰·威廉的《金沙江:穿越中国和西藏东部到缅甸行记》;第二阶段是在第二次世界大战前后,基于对边疆民族问题重要性的认识,而对该问题的研究在视角上的趋于理性及在内容上的不断深入,例如里奇的《克钦社会结构研究》、史密斯的《清的政策与中国西南的发展》、巴克斯的《南诏国与唐的西南边疆》;第三阶段是从 20 世纪

[①] [荷兰] 尼克·基尔斯特拉:《关于族群性的三种概念》,高原译,载《世界民族》1996 年第 4 期。

80年代至今国外学者对中国边疆少数民族研究的持续热潮,例如贝洛的《去汉人不能久待的地方:瘴疠于清代云南边疆地区的民族管理空间》、华勒斯坦的《全球视角下的边疆历史思考——以云南为例》。众多的研究成果中,有些著作是需要特别关注的。

《中国的4000万人——中华人民共和国的少数民族与国民统一》[①] 出版于20世纪70年代,是Dreyer研究中国共产党的民族理论、民族政策及其价值取向的专著。该书对于中国共产党成立以后,尤其是1945年以后的民族理论与政策的发展演变作了非常详细的梳理和归纳,并认为中国共产党的民族政策的价值取向就是让各少数民族融入中国而实现国民的统一。综观该书的内容,客观上,它还起到了证明中国共产党的民族政策对少数民族融入中国而实现国民统一的有效性的作用。而对于作为少数的各少数民族与多数的共存方式及路径的探析是该书的另一贡献。在本书约为50年时间跨度的研究中,作者虽然基本是在就事论事,缺乏对中国历史的深入分析,但是其对制度和政策对民族问题的影响的研究具有一定启发性。

《中国与少数民族——自治还是同化?》[②] 成书于20世纪80年代末,首先必须说明的是,该书的写作意图明显地存在先入为主的逻辑错误。作者的整个研究思路都是运用"功能主义"的基本方法,企图证明当代中国的民族问题,其原因完全是"利益"因素,是由于权力、资源等分配不公所导致。由于完全对民族问题的历史渊源及传统置于不顾,所以对问题的分析往往流于表面。但是该文对于利益因素对民族问题的影响的强调,对于我们研究中国民族问题也具有相当的理论和现实意义。

《近代中国种族论述》[③] 的研究富有意义。一方面,作者对于中国的"民族"概念中的人种、血缘内涵给予了深刻揭示,这对我们研究"民族"概念的中国化及其中国化内涵具有相当的启示意义。另外,作者坚持认为无论是民族概念还是民族观都不是静态不变的,并成功地描述了从

[①] Dreyer June, China's Forty Million-Minority Nationalities and national Integration in the Pepple's Republic of China, Cambridge: Harvard University Press, 1976. Dreyer, June: China's Political Systems, Houndmiles: Macmillan, 1993.

[②] Heberer Thomas, China and It's National Minoritie-Autonomy or Assimilation? Armonk: M. E. Sharp, 1989.

[③] Dikotter Frank, The Discourse of Race in Modern China, London: Hurst Company, 1992.

清末到20世纪40年代中国"民族"概念的内涵变化以及中国人的"民族观"的历史演变,从"民族"概念和观念的角度论证了社会历史变迁与社会观念认识之间的相互影响及作用。

日本学者毛利和子是研究中国民族问题的著名专家,她对中国人的"中国认同"在中国国家统一和民族团结中的重要意义给予了特别的强调。在《中国的周边——民族问题与国家》一书中,她进一步强调,构建并强化"我们的意识"对中国来说是很必要的。①

日本学者松本真澄的《中国民族政策之研究——以清末至1945年的"民族论"为中心》是国外学者研究中国民族—国家问题的代表性著作。作者对该书的研究构想是"以解读民族这一关键词语为纵线,透视20世纪中国近现代政治史的一种尝试",但综观该书内容,作者的贡献绝非仅限于此。其一是,作者对清末到1945年中国各阶段的民族政策、民族概念内涵的变化梳理之清晰可谓此类研究之典范;其二是作者不仅对清末以来中国各少数民族自己将自己视为"中华民族一员"的心境变化历程作了宏观性的研究,还以回族为个案进行了深入的微观考察;其三是作者通过对清末、民国和中国共产党民族政策发展演变的继承性和延续性的考察,隐约地道出了维护国家和民族之统一是中国各时期人们的不朽传统的意蕴。②

(二) 国内相关研究成果

关于本书所研究的"我国边疆少数民族的中国认同"问题,国内的相关研究不仅历史悠久,其成果也可谓汗牛充栋。由于在正文中的每一个章节都会对相关的研究进行详述,故而在此仅仅从以下几个方面对相关研究成果进行简单的分类梳理和概括介绍。

1. 关于"中国为何"的研究。"中国"是今天我们耳熟能详的词语,也是最为流行和常用的概念之一。历史上,"中国"曾激起过众多文人骚客的豪情而为之引吭高歌;"中国"曾令无数英雄豪杰为维护她的尊严而浴血奋战。今天,也不知有多少人因为她的每一份成就欢呼雀跃,为了她

---

① 参见[日]毛里和子《中国的周边——民族问题与国家》,日本东京大学出版会1998年版。

② [日]松本真澄:《中国民族政策之研究——以清末至1945年的"民族论"为中心》,鲁忠慧译,民族出版社2003年版。

的发展而俯首沉思。那么,到底什么是"中国"呢?早从郑玄、王念孙开始,人们便不断展开对"中国"诠释的尝试,尤其是自清末以来,无论是维新派的康有为、梁启超,还是革命派的章太炎、陈天华,都对"中国"的含义表达了自己的理解,著名文学家于省吾、历史学大师顾颉刚亦对之有过独到见解。顾阿祥博士的《中国称谓研究》是非常详尽的专著,陈连开老师的《中国、华夷、蕃汉、中华、中华民族——一个内在联系发展被认识的过程》是其间水平最高的研究成果,何志虎老师的《中国得名与中国观的历史嬗变》是其间最新的成果。

就长期以来众多学者的研究成果来看,虽有分歧,但还是形成了一定共识。

(1) 关于"中国"一词的缘起。"商代甲骨文没有或、国二字"[1],中国名称出现于西周初期,[2] 现存放于宝鸡青铜器博物馆的何尊铭文"维武王既克大邑商,则廷告于天曰,余其宅兹中国,自之辟民",《尚书·梓材》:"皇天既付中国民越疆土于先王,肆王惟德用,和怿先王受命",是现知"中国"一词的最早出处。"中国"之名盖因与古时"四土"、"四国"相对而来,与"民族中心主义"观念有关。[3]

(2) 关于"中国"含义的发展。"中国"之含义不是凝固不变的,其在不同历史时期有着不同的含义。[4]"中国"之含义是在长期的历史发展进程中,在社会观念与社会现实不间断的互动中,逐渐发展而走向完备的。

(3) 关于"中国"所表达的层面。"中国"所表达的层面,是高于"华夏"、"汉"所表达层面的。像章太炎在《中华民国解》中所认为"中国之名,别于四裔而言","就汉土言汉土,则中国之名,以先汉郡县为界",[5] 将"中国"等同于"华夏"、"汉"的层面,已为历史所证实,

---

[1] 于省吾:《释中国》,见中华书局编辑部《中华学术论集》,中华书局1981年版,第5页。

[2] 参见费孝通《中华民族多元一体格局》,中央民族大学出版社1999年版,第212页。

[3] 常金仓:《中国得名与中国观的历史嬗变·序》,参见何志虎《中国得名与中国观的历史嬗变》,三秦出版社2002年版,第2页。

[4] 参见陈连开《中国、华夷、蕃汉、中华、中华民族——一个内在联系被认识的过程》,载《求同初阶》,中央民族大学出版社2008年版。

[5] 张枬、王忍之:《辛亥革命前十年间时论选集》第2卷,生活·读书·新知三联书店1963年版,第734页。

是明显错误的。

（4）"中国"明显地具有"区别于他而自识为我"的意思，是表示"自我"的概念范畴。1898 年 8 月，康有为在他的《请君民合治满汉不分折》中就表示："中国向用朝号，乃以易姓改物，时于前代耳，若其对外交邻，自古皆称中国。"① 陈连开老师也认为："中国作为国家名称，在西方国家未来之前，是历代中国王朝的通称，各朝代另有表明其一家一姓'社稷'、'天下'的朝代国号。"②

（5）"中国"是一个具有明显复合性含义的概念。从地域到人群，从文化到政治，甚至是国名，这些都是"中国"的含义之一，任何用其中一点而代替全部的理解，都是错误的。

2. 关于"中国"之内"一"与"多"关系的考察。作为系统的"中国"是存在着整体的"一"与各个部分的"多"的，那么这个"一"与"多"究竟是一种怎样的关系结构呢？众多的学者都给出了自己的解答，下面仅仅列举几个以民族为视角的具有代表性的理论和观点。

（1）费孝通先生的"中华民族多元一体格局"论，已成为此类问题研究的基础和航标。首先，必须明确的是，多元一体格局理论在很大程度上是一项集体智慧的结晶。观其内容和形成发展历程，概由以下几部分内容构成：其一，费老提出的理论原型，可包括其在香港中文大学发表的 tanner 讲演时对这一理论的提出和 1996 年给日本国立民族学博物馆举办的"中华民族多元一体论"国际学术讨论会提供的题为《我的民族研究经历与思考》书面报告中对该理论的进一步梳理和完善；其二，以陈连开教授为代表的一大批学者对费老理论的深入分析、阐释阐发和系统化构建，如《中国、华夷、蕃汉、中华、中华民族》等论文和《中华民族研究初探》等专著；其三便是广大学者后学对该理论提出的各种见解、意见和心得，例如徐杰舜老师的众多研究成果。费老的理论框架大概包括如下部分：

①相对独立的地缘条件；②本土而又多元的起源；③多元文化和众多民族单元在相互交融与汇集中的一体格局进程；④中华民族格局形成的特

---

① 汤志钧编：《康有为政论集》，中华书局 1981 年版，第 342 页。
② 陈连开：《中国、华夷、蕃汉、中华、中华民族——一个内在联系被认识的过程》，载《求同初阶》，中央民族大学出版社 2008 年版。

点分析;⑤中华民族格局发展的前景展望。① 陈连开先生、谷苞先生等不仅对该理论进行了充实和基础性的论证,更对该理论的基本内涵进行了高屋建瓴地阐释,消除了争议。陈连开先生指出:"'多元'是指各兄弟民族各有其起源、形成、发展的历史,文化、社会也各具特点而区别于其他民族;'一体'是指各民族的发展相互关联,相互补充,相互依存,与整体有不可分割的内在联系和共同的民族利益。"他进一步说明,"这种一体性,集中表现为祖国的统一和整个中华民族的大团结,表现为共同关心与争取祖国的完全统一与繁荣富强,大陆上各民族坚持党的领导和社会主义道路"。先生的结论是:"中华民族的'一体',是指各兄弟民族的多元中包含着不可分割的整体性,而不是其中某个民族同化其他民族,更不是汉化,或者民族实行'民族融合'。"② 而众多学者对该理论的后继性研究中,徐杰舜老师不仅对该理论阐释了自己的见解,如《论中华民族从多元走向一体》③、《结构与过程:再论中华民族从多元走向一体》④,也对该理论的研究成果进行了成果的归纳和总结,如《"中华民族多元一体格局"理论研究述评》⑤。

(2) 以史学大师白寿彝为代表的众多史家对中国统一多民族国家的"一"与"多"问题的阐释具有相当历史高度。首先,先生认为"中国"的"一"存在着一个发展的过程。先生说:"过去我们爱说:自古以来我们中国就是一个统一的多民族国家,这个'自古以来'古到什么时候都可以。统一的多民族、统一的国家可以提,但不要看得很死。如说从来就是现在这样那就不对了,这里面有一个发展过程。"其次,他把"一"的发展阶段总结为这样几种历史形态:"第一种是单一民族内部的统一";"第二种形式是地方性的多民族的统一";"第三种形式是全国性的多民族的统一";"第四种就是我们现在的统一,这就是社会主义多民族的统

---

① 参见费孝通主编《中华民族多元一体格局》,中央民族大学出版社1999年版,第3—39页。

② 陈连开:《中华民族研究的理论与方法》,载《西北民族研究》1990年第2期。

③ 参见徐杰舜《论中华民族从多元走向一体》,载《西北民族大学学报》2007年第6期。

④ 参见徐杰舜《结构与过程:再论论中华民族从多元走向一体》,载《西北民族大学学报》2008年第1期。

⑤ 参见徐杰舜《"中华民族多元一体格局"理论研究述评》,载《民族研究》2008年第2期。

一"。再次，先生一再强调"统一的意识"对"一"的形成和发展的重要性。又次，先生对"一"与"多"的辩证关系进行了解析，"统一提出个'一'字，多民族提出个'多'字。'多'和'一'是相对的，怎么看'多'和'一'的问题，应当研究"。"'一'是在'多'的中间"，"它不只是一个口袋，重要的还在于它是轴线，是方向"，从而强调了社会制度在"一"形成和发展中的重要性。最后，关于如何正确处理"一"与"多"的问题呢？先生认为，"在统一的发展过程中间，'多'不是削弱了'一'，而是丰富了'一'"。但是，"说是否'多'多了，就妨碍'一'了。这问题，我看是这样"。因为这里说的"多""也不是一般的'多'，我们说统一的'多'，就是说这个'多'有利于社会的发展，有利于社会主义建设的'多'"。①

（3）纳麒老师对中国民族的"一"与"多"问题的分析彰显着十足的哲辩思维。老师认为，中国民族的"一"与"多"的关系有着双重的含义：在第一重含义里，"一"是指"中华民族"，由56个民族构成的国家民族（政治民族），具有中国、中国人民的意义；"多"是指在中华民族这一国家民族之中共居的包括汉族在内的56个民族。这里的"一"与"多"的关系也就是"体"与"元"的关系，亦即费孝通先生所提出的"多元一体"的关系。"一"与"多"的第二重含义："一"是指作为中国主体民族的汉族，"主体"是特指民族个数为一的汉族却占有中国总人口的94%，是"多数"的含义；"多"是指汉族之外的其他少数民族，个数多却总量少，在中国总人口中所占比重仅为6%，故称少数民族或非主体民族。因此，这里的"一"与"多"所表示的"主体"与"非主体"的关系仅是一种民族个数与人口数量的关系，它不具有政治上的主体与非主体的意义。他认为在今天的时代条件下，文化上的特征越来越成为民族存在和相互区别的本质要素。因而，从中国民族"一"与"多"的双重关系可以逻辑地引申出中国民族文化"一"与"多"的双重关系：中华民族文化与各民族文化的关系，汉民族文化与各少数民族文化的关系。并且老师由此而提出了社会主义民族工作和民族文化建设的"双重纲领"：作为社会主义革命和建设的重要内容，民族工作和民族文化建设

---

① 参见白寿彝《关于"统一的多民族国家"的几点体会》，载《史学史研究》1991年第2期。

的最终目标和任务就是要消除各民族之间所存在的一切差异，实现民族文化的融合，实现民族的"大同"。换言之，作为最终目标和任务，就是要实现中华民族和中华文化的一体化，"中华民族"既是统一的政治民族，也是统一的文化民族。这就是社会主义民族工作和民族文化建设的最高纲领。当下，民族工作和民族文化建设的任务是努力促进各民族的团结平等和民族文化的共同繁荣与发展。这就是社会主义漫长的历史时期内民族工作和民族文化建设的现实纲领或最低纲领。纳麒老师一再提醒，最高纲领是远期的目标和指导思想，绝不是现在的目标和任务。[①]

（4）张海洋老师对中国民族问题的"一"与"多"的结构和关系问题的分析是其间较新的成果。张老师认为"中国有一个单数的历史文化大传统。它是由中国各民族的先民共同参与构建，并始终由多元民族文化维护和滋养。与此同时，中国还拥有重大的民族、民俗、民间和地方文化小传统"。"结构上，国家的历史文化大传统一直居于华夏体系的高层，而民间和地方的复数文化小传统则有着更多层次且地位不断升沉变化。""按照整体大于部分之和的系统原理，我们认为今日中国既然有56个民族，那么它就有 56 + 1 = 57 个民族文化。这里的1是指中国各民族共同的历史文化大传统，56是指各民族自身的文化传统。"那么为什么常常出现"华汉不分"的情况呢？这是因为"今天的汉族就是在这场大小传统的长期互动中逐渐失去自身小传统而较深地同化于大传统的人。今天的少数民族则是由于地理和社会（如宗教）等原因而较多地保持了自身文化小传统的人"。[②]

（5）《中华人民共和国宪法》的相关内容对当代中国的民族问题的"一"与"多"问题作了完美的总结。在当代中国民族问题的"一"与"多"的关系的见仁见智中，宪法当中的相关内容对此也有相关的涉及和总结。"中国各族人民共同创造了光辉灿烂的文化，具有光荣的革命传统。""中华人民共和国是全国各族人民共同缔造的统一的多民族国家。"[③]

3. 民族视角下，关于中国的"多"归属、认同"一"的原因的探析

[①] 参见纳麒《关于中国民族及其文化的几个观点——在2003年昆明汉民族研究学术讨论会上的发言》，载《云南社会科学》2003年第6期。

[②] 参见张海洋《中国的多元文化与中国人的认同》，民族出版社2006年版，第10—13页。

[③] 参见2004年3月14日第十届全国人民代表大会第二次会议通过的《中华人民共和国宪法》之序言。

即"一"的正当性问题的研究。关于这一问题的探析成果众多,总体说来,学者最喜欢的是将之归因于一定的原生性基础,譬如地缘,又如血缘;历史学家们喜欢将之归因于历史的功能,例如长期的交融,又如历史命运共同体;文化大师们强调文化的力量,如"大一统"的观念,如中华文化的持久延续;政治学家们说这是"制度"和"体系"的作用,如多民族统一国家的不断发展,如各历史时期对边疆民族的治理与控制,等等。概括起来大致可以总结为以下诸因素。

(1) 半封闭的地理环境。[①] 中华大地具有"相对封闭"但却"自成一体"的地理特点,其相对封闭性"给人们对外交往造成限制,也增加了徙入者被同化的可能"。[②] "这片大陆四周有自然屏障,内部有结构完整的体系,形成一个地理单元。"[③] 这便为这个地理单元内的"多"经过长期多种形式的交融,逐渐地最终走向"一"奠定了天然地缘基础。

(2) 相互依存的经济形态。由于温带分布等地理条件的差异,在中华大地之上形成了相互差异却又彼此依存的经济形态。中国各民族这种长期的"多种生计方式和类型的共生互补",以及"中国各地都有多民族统一形成的市场体系"的现状,共同造就了中国各民族族际间的"共同经济生活"。[④] 例如"游牧民族与农业民族的经济结构及彼此相互需求"就是典型例证。[⑤]

(3) 本土独立起源而又持久延续的文化因素。[⑥] 其一是指中国文化在起源和特殊上都表现出鲜明的独立性;其二是中华文化持久的不间断的延续性;其三是中国文化当中对于"多民族统一"的价值追求,例如"大一统思想"和"中华民族整体观念"。[⑦]

[①] 参见卢勋《中华民族凝聚力的形成与发展》,社会科学文献出版社2007年版,第1—10页。

[②] 参见张海洋《中国的多元文化与中国人的认同》,民族出版社2006年版,第145—146页。

[③] 费孝通主编:《中华民族多元一体格局》,中央民族大学出版社1999年版,第4页。

[④] 参见张海洋《中国的多元文化与中国人的认同》,民族出版社2006年版,第147页。

[⑤] 参见卢勋《中华民族凝聚力的形成与发展》,社会科学文献出版社2007年版,第35—37页。

[⑥] 参见张海洋《中国的多元文化与中国人的认同》,民族出版社2006年版,第147页。

[⑦] 参见卢勋《中华民族凝聚力的形成与发展》,社会科学文献出版社2007年版,第427—489页。

（4）政治的力量。其一是"统一多民族国家"的长期不断发展；其二是对边疆地区、民族的有效治理和控制的长期存在及不断加强；其三是各时期对边疆及民族特殊政策的长期性和有效性。①

（5）主体民族的历史作用。② 一是"汉民族成为中国各民族的凝聚核心"；二是"汉民族在中华民族历史发展中的主导作用"。③ 虽然现在这种说法遭到的诟病越来越多，但是从费老的《中华民族多元一体格局》，到徐杰舜的《汉民族发展史》④，再到卢勋等人著的《中华民族凝聚力的形成与发展》，诸多大家的坚持，使这种观点还有相当大的影响。

（6）近代以来在抵抗外来侵略中形成的历史命运共同体。主要是说，近代以来在面对外辱中，各族人民形成了血肉相连的关系。⑤

关于国内研究有几点需要注意：

第一，国内对此问题的研究长期处于停滞不前的状况。就连国外学者也认为国内此方面的研究，其在论证主题的正确性的取向上不仅是高度一致的，甚至连证明的论据和观点也都几乎是一样的。可以说，此领域很多问题的研究长期处于停滞不前的状况，代表其间最高水平的成果大多是在20世纪八九十年代由前辈学者提出来的。

第二，对"中国"、"中国观"、"中国认同"方面的研究受到越来越多学者的重视，特别是在连战、宋楚瑜访问大陆之后，但是这方面的研究又大多偏重于对政治认同、文化认同等方面的单独考察，缺乏对"中国认同"的系统研究。

第三，从各少数民族视角出发，探讨其融入中华民族多元一体格局过程，考察其在中华民族多元一体格局和统一多民族国家形成发展进程中的作用已经成为该领域研究的一种趋势，尤其是少数群体对统一多民族国家的认同问题在"3·14"事件之后也成为热点。这方面的研究成果虽然很多也很及时，但是却又大多集中于对历史的考察，对今天各民族的中国认

---

① 参见何博《边疆少数民族中国认同缘起初探》，载《云南社会科学》2008年第3期。
② 费孝通主编：《中华民族多元一体格局》，中央民族大学出版社1999年版，第8—10页。
③ 参见卢勋《中华民族凝聚力的形成与发展》，社会科学文献出版社2007年版，第396—427页。
④ 参见徐杰舜《汉民族发展史》，四川民族出版社1992年版。
⑤ 参见卢勋《中华民族凝聚力的形成与发展》，社会科学文献出版社2007年版，第489—518页。

同现状缺乏足够的研究和分析，当然也就没有办法提出科学的成因分析和具体可行的路径选择了。

第四，方法论上也存在四点不足：一是出发点上对于西南边疆少数民族的研究大多带有内地视角和"汉族中心论"的痕迹；二是他者观察居多，主位思考不足；三是缘于受"机械唯物决定论"的影响，过多强调物质的作用，而明显忽视了精神观念的力量；四是由于受西方族群认同理论的影响，过多地强调了利益对认同的作用，而忽视了传统对认同的影响。

五　关于研究方法

关于学科研究的方法论，德国著名法学家拉德布鲁赫曾这样说过："有理由去为本身的方法论费心忙碌的科学，也常常成为病态的科学。"①因为所有的学术方法从本质上来讲也都只是为了更好地达到一定学术目标的手段，而绝非学术的目的。所以，如果我们在学术研究中过分地强调所谓学科分类差异，过分地拘泥于特定的研究方法，那一定是本末倒置的学术进路。

当代学科分类的精细化，给学术研究的深入进行奠定了基础，同时也使各学科在研究方法上打上了很深的专业烙印。例如，历史学对文献考证的重视、社会学对社会调查研究的强调以及数学对逻辑推理的依赖，等等。但是，这种学科与研究方法之间的紧密联系却被我们一味地夸大并加以误解，我们开始这样认为，历史学的研究方法就只应该是文献考证，社会学的研究方法也只应该是社会调查研究，数学研究也就只能依靠逻辑推理，等等。于是在学术界就有了这样一种习惯：一定的学科研究只能按照一定的学术方法来进行，否则就有不符合专业规范和丧失学科特点的危险。于是，为了表明自己的学科所在，为了树立自己的专业大旗，我们就人为地自己将自己通向学术殿堂的条条大路堵塞得所剩无几了。

一般而言，要研究一个事物、一个问题，最基础的观察方法无外乎两种：其一是纵向时间维度的顺时考察，看看这一事物发展的历史过程，大

---

① ［德］古斯塔夫·拉德布鲁赫：《法学导论》，米健、朱林译，中国大百科全书出版社1997年版，第169页。

概可以分为哪些发展阶段，并逐个阶段地细化考察。这种方法的依据是：任何事物的本身都存在着孕育、产生、发展直到消亡的过程，事物在其发展过程的每一个阶段都依据特定的历史发展背景而存在，事物的真相和内在本质往往与特定的历史背景密切相关，甚至是在其中孕育，并在一定的历史背景下有着一定程度的具体体现。所以，历史背景往往能对事物本身发生和存在的意义做出较好的解读。这是最容易发现的方法，事实上，也成了当前学术研究，尤其是人文社会科学研究中最为普遍的逻辑，看看今天人文社会科学相关专业的博士论文的章节设计，实在是很少有人能走出这样的逻辑主线。其二是横向空间维度的考察，看看这一事物在构成上大概可以分为哪些组成部分，然后细化研究各个部分，汇总以发现事物的真相和本质。这种方面的依据是：任何事物本身无论规模大小，均存在着系统本身与组成部分，也就是整体与部分的关系。系统是部分的整合，但不等于部分的简单相加；部分是系统的部分，其依托系统而存在并发生功能和意义，其在一定程度和范围内也是对系统真相和本质的反映。这种方法大概也可以细化为两种情况：一种情况是从不同的角度和视角去观察事物，这也就是所谓的"横看成岭侧成峰"的道理了，观察的角度越多，得到的侧面越多，其汇总之后的结果也就越靠近事物的本来面目；另一种情况是由表及里，层层深入，研究的层面越深，越能靠近、发现并揭示事物的本来面目和内在本质。用更深层次的本质去纠正较浅层面的假象，是学术研究的根本宗旨之一，但是如果是用横看所成的"岭"去否定侧看所成的"峰"，可能就和盲人摸象后的相互争吵不止异曲同工了，因为任何视角的考察和对于任何局部的研究都不能离开对事物和问题的整体性把握这一基础。

中国各民族的凝聚至少包含相辅相成的三个方面的问题：一是各民族凝聚的历史进程的考察；二是对各民族凝聚而成的更高层次共同体的研究，包括对其性质的判断；三是共同体内部各平等次级单元共同或各自与共同体的关系及各平等次级单元相互之间的关系问题。虽然更高层面共同体性质由凝聚的缘由、历史进程决定，但今天对这一共同体的性质判断不仅决定着各次级单元与共同体关系问题的所属性质，也严重影响着坚持和强化这一共同体的合理进程和路径选择。今天中国各民族的凝聚问题为各学科所共同关注乃实乃幸事，各学科在研究过程中坚持自身的专业特点和方法进路也无可厚非，但是基于对共同体性质的提前设定，而将中国各民族的凝聚问题归于某一学科的研究专利,用某一视角的观点去否定其他视角的看法,用解构别人一家之言的方法去建构自己的一家之言,甚至是因为学术方法进路的选择问题而否定某一视角或方法进路之下的研究的价值和意义,就是一个十分严重的问题了。

研究中国各民族的凝聚,离不开对中国历史的详细考察,所以这个问题本身就具有浓郁的历史学味道;各少数民族单元对统一多民族国家的认同,又是一个严肃的政治问题;认同问题又是一个明显的心理学问题;中华民族悠久的历史文化在中国各民族凝聚进程中的巨大作用,让我们必须对之进行认真的文化考察;而从各次级民族单元到共同"国族"的构建又何尝不是一个民族学问题……好像上述学科进路都在一定程度上反映着中国各民族凝聚的内在本质和规律,但无论哪一个学科,也都无法单独反映这一本质和规律的全貌。是故,对边疆少数民族"中国认同"及其影响因素进行多学科、多视角的考察研究不仅是本书研究宗旨的需要,也是这一问题本身性质特点提出的必然要求。

就本书具体采用的研究方法而言,具体包括以下几种。

(一) 历史文献研究法

梁启超先生曾说:"史者何?记述人类社会赓续活动之体相,较其总成绩,求得其因果关系,以为现代一般人活动之资鉴者也。"[①] 看来历史研究和所有科学研究一样,都是要发现事物之间的联系,当联系而联系之,就是真理;不当联系而联系,便是谬误。任何研究方法,都是以发现事物之间的真正联系为宗旨。在学术研究中,一定方法的采用无疑是和研究对象的性质、研究者对对象性质的理解把握及其设定的研究进路密切相关。就边疆少数民族的"中国认同"及其影响因素的研究而言的,各少数民族的"中国认同"从缘起到各时期的不断发展,是经历了一个较长的历史过程的,甚至"中国认同"本身也是对中国各民族凝聚的长期历史过程进行考察后,才形而上地概括出的一个后构建概念,尽管各少数民族的"中国认同"就其存在而言是客观的;各少数民族"中国认同"的影响因素研究也离不开对各历史时期的各具体事件详细考察下的梳理和总结,故而追溯历史和再现中国各民族不断凝聚的历程就成为本书的必然选

---

① 梁启超:《中国历史研究法》,华东师范大学出版社1995年版,第1页。

择。那么又如何再现历史呢？中国历史文化中丰富多彩的历史文献是必须借助的资料。中国的历史是灿烂悠久的，中国各民族的凝聚也是源远流长的，能够反映这一历史进程的历史文献资料是极为丰富甚至汗牛充栋的，资料丰富提供了研究方便的同时却也增加了研究的难度。计算机检索？"中国认同"本身往往是隐性存在于历史事件和历史进程中的，其在不同的时代可能有着不同的认同表现或具体的认同替代，关键词何来？何况断章取义的"机检"本就是学术研究的大敌。还是回归传统，着重读史，但经、子、集各部相关内容不能完全忽略，更要史、志结合。读史要系统但更应抓住有关少数民族建立的王朝的史书及出自各少数民族同胞之手的史书。这样《三国志》、《晋书》、《南史》、《北史》、《隋书》、新旧《唐书》、新旧《五代史》、《宋史》、《辽史》、《金史》、《明史》和《清史稿》便成为重点，而类似《大义觉迷录》、《中外旧约章汇编》就更显得有价值了。当然，读书如何选择善本，亦是文献研究中不能回避的问题。

（二）田野调查法

历史研究强调读文献，民族学研究从一开始就和"读社会"密切联系在一起，因为"最初，民族学研究的仅仅是那些无文献的民族和社会"。[①] 于是田野调查就成为民族学研究最具代表意义的研究方法。但是，田野调查应调查些什么呢？这需要注意社会调查和社会学调查的区分。人类学先贤拉德克利夫·布朗先生曾指出："概括地说，社会调查只是某一人群社会生活的文件汇集；而社会学调查或研究乃是要依据某一部分事实的考察，来验证一套社会学理论或'试用的假设'。"[②] 本书在对当代边疆少数民族"中国认同"的特点和影响因素的考察中，将主要依赖社会学调查的方法，目标旨在一方面用调查结果来验证先前的理论，另一方面也希望用现实的调查结果来完善和修正原先的理论预设。我们会设计问卷并进行问卷调查，但这是为了寻找典型或者问题个案，对典型和问题个案进行深度访谈是更高目标。对多个典型和问题个案的深度访谈内容进行深入分析以验证和完善理论假设，发现事物间的内在联系及规律才是宗旨所

[①] 宋蜀华、白振生：《民族学理论与方法》，中央民族大学出版社1998年版，第244页。

[②] 北京大学社会学人类学研究所编：《社区与功能——派克、布朗社会学文集及学记》，北京大学出版社2002年版，第302—303页。

在。对于当下流行的社会统计方法,我们会采用但不会依赖。因为直接提问所得到的回答的真实性已经成为现在田野调查中的突出问题之一,田野调查中一种感觉越来越强烈:不同于表态可能存在的虚伪,行为对心理的表达可能会更加真实。另外,田野调查的所有结果,在本书中所起的绝非归纳作用,而是一种演绎的资料来源,因为出于对多元社会考察的田野调查,应是对"特殊"的反映,又怎会具有反映"一般"的归纳功能呢?

(三) 比较的方法

无论是要发现"普遍"还是要强调"特殊",均以"比较"为前提基础。缘于世界的多元或多样性基础,"比较"自然就成为发现多元或多样之间"共同"或"差异"的首选方法。"比较"之下,所有不同个体的相同形成普遍,所有不同个体的个殊便是特殊。就本书的研究内容而言,强调边疆少数民族这一特殊群体的"中国认同"的特殊性,不仅需要在"中国认同"问题上将"中国"之下的"我们"与"他者"进行比较,也需要将边疆少数民族、内地少数民族和数量众多、分布极广的汉族进行比较,还需要将边疆少数民族"主位"之下情感与其他的"他位"之下的思考进行比较;发现不同地域的边疆少数民族、边疆少数民族中不同的民族单元在"中国认同"上的特殊性与共同规律性,比较的方法必不可少;总结长期历史发展进程中,不同历史阶段,边疆少数民族"中国认同"的不同表现形式,比较的方法也成为必须选择。当代边疆少数民族"中国认同"的时代特点,需要与历史状态的比较才能得出;说"中国认同"是各边疆少数民族同胞固有的"共同"传统,更离不开"比较"的研究方法。

(四) 跨学科综合研究法

应该说,科学系统内部探寻真理的视角、进路甚至是内在体系及结构本身都是多元的,基于此的科学研究的方法、工具、路径也必然是多元的。科学研究中,根据研究对象的特殊性而选择独特的科学研究方法,本身就是科学研究的应有之义。但是一方面,诚如任何的视角甚至学科本身在揭示真理中的功能、作用及意义都是有限的一样,任何科学研究的方法、工具、手段的效用、适用范围也必然都是有限的;另一方面,又有一些科学研究方法具有跨越学科界限成为科学研究共同基础的功能,例如缘起于古希腊哲学的逻辑推导，兴起于文艺复兴从伽利略等近代科学家那里逐步形成的经验实证，虽被视为自然科学的基础方法，但其在社会科学，甚至人文科学领域也已被深入而广泛应用。故而将不同学科的研究方法进行综合利用，进行跨学科研究，已经是科学研究的必然选择。关于边疆少数民族中国认同意识及其影响因素的研究，其实质是隶属于中国各民族凝聚研究的范畴，而关于中国各民族的凝聚，早在20世纪90年代初人们就已经有了这样的共识："民族凝聚力是一个涵盖面广、研究内容和学术价值蕴藏极其丰富的领域。它将涉及哲学、历史学、民族、文化艺术、伦理学、社会学、宗教、民俗、政治学、经济学等多学科内容，需要我们对它进行多层次、多侧面、跨学科的综合研究。我们有理由相信，这一学术研究活动，有可能创造出一门新兴的科学或边缘科学，从而产生深远影响。"①

"人是科学方法的创作者，也是科学方法的使用者，方法应该由人支配而不是人受制于方法。"② 一定的科学方法能够反映一定学科的特点，但其绝非学科本身，不同学科间在科学研究方法的鸿沟壁垒已经成为当今科学研究的最典型病态。而对于科学研究方法本身而言，也有两点需要特别强调：其一，任何的科学方法虽然都有作为探知真理的自然进路而客观存在的一面，但其本身作为一种人为的发现甚至创造也是一种客观事实。而作为一种发现或创造的科学研究方法，其本身又难以避免地受着创作者个人的情感、经历、性格、知识结构、学科类别的影响，其按照自己的标准在创作着，而创作的过程中又不经意间确立了自己的标准，并用这个标准影响、衡量甚至塑造着别人。要命的是，一方面他人对这一切的接受往往又是在不自觉状态下完成的；另一方面用自己的标准衡量别人的世界已经成为产生和爆发矛盾的重要根源。例如，历史的存在是客观的，无论其过程还是事实。但是历史学的研究中，人们又必须借助大量的历史文献，而历史文献作为对客观历史一种反映的同时，却也难以避免地掺杂着作者的个人因素，包括缘于个人理解之下的对历史描绘的视觉、对历史事实的筛选、对历史进程的规范，创造者虽然不能任意地臆造历史，但历史文献

---

① 林卓才、林佐良等主编：《增强中华民族凝聚力第二次学术研讨会论文集》，香港汉荣书局1992年版，第428页。

② 刘鸿武：《人文科学引论》，中国社会科学出版社2002年版，第148页。

中却又必然包含个人对历史一定程度的创造。其二，任何的科学方法在为科学研究、人们的学习和理解提供便利的同时，也在对研究内容本身和对象原貌和整体性进行着无情的解构甚至扭曲。历史本身是一个连续不断的过程，缘于历史悠久漫长，为了人们认识和理解历史的便利，我们不仅有了关于人类社会历史形态划分的理论，更有了具体、明确、详细的历史阶段划分法。于是在后来学习者的脑海里，就普遍地塑造出差异明显并有着具体质变临界点的人类社会发展的一个又一个具体形态和发展阶段，并把这种被割裂的历史当作历史的原貌。马克思主义是一个浑然的不可分割的整体，但是为了我们学习和理解深邃的马克思主义理论，列宁将马克思主义划分为马克思主义哲学、马克思主义政治经济学和科学社会主义三个部分，但现在书本编排和大学课程设置中三个部分划分的习惯化，已经严重地影响了马克思主义理论整体性的存在。所以，本书研究内容虽立足于边疆少数民族这一视角，但不是说边疆少数民族与内地少数民族及汉族之间的界限是明显而不可逾越的，可能他们都是中国人的整体特征更加明显；本书力求发现边疆少数民族"中国认同"发展的历史进程，并对这一进程进行了阶段划分，但这不是说这些阶段之间的界限如鸿沟般明显，这仅是分析问题的一种工具；本书将边疆少数民族"中国认同"的内涵梳理为四项内容，每项内容又分为三个层次，并不是说边疆少数民族"中国认同"的内涵就仅仅包含这些内容和层次，更不是说这些内容是彼此孤立存在着的，其实它们之间当然地是一种你中有我、我中有你的状态。凡此种种，我们希望本书所采用的方法能为研究宗旨之实现提供便利的同时，尽可能地减少对研究内容、事物和对象的原貌和整体性所造成的伤害。若能如此，则甚幸。

六　关于研究意义

以上的计划和设想如果能够顺利完成和实现，则具有相当的理论和现实意义。

（一）对"中国认同"的理论构建

1. 使人们对"中国"一词的由来、变迁过程，中国得名的由来、基本内涵有一个清楚的认识。

2. 将丰富相关领域研究的理论，为研究中华民族、统一多民族国家的形成和不断发展提供新的视角。

3. 有利于我们对一些历史事件和历史现象的重新认识和理解，例如，各少数民族为什么要不断内附？郑成功为什么一定要收复台湾？施琅为什么要武力平定台湾？

4. 有利于我们对当代中国一些重大问题的深入思考，例如台独分子为什么要千方百计地去掉台湾相关称谓中的"中国"、"中华"字样等？

5. 有利于我们认识中国认同意识对于中华民族和当代中国的重大意义。

总之，该理论将有利于回答"什么是中国认同，认同中国到底要认同什么"。

（二）对"被给予"和"选择"之间的认同理论的构建

1. 有利于对当代边疆少数民族"中国认同"现状的考察。

2. 有利于对边疆少数民族"中国认同"特点的归纳和形成原因的探析。

3. 对国家相关民族政策的制定和执行具有一定借鉴意义。

总之，其将有利于解决"怎样才能强化中国认同意识"。

（三）对我国边疆少数民族中国认同意识历史和现状的考察

1. 有利于我们清楚认识边疆、边疆少数民族在中华民族多元一体格局中的重要性。

2. 有利于我们真实了解边疆和边疆少数民族地区中国认同问题所潜在和存在的各类问题。

3. 有利于解读边疆和边疆少数民族中国认同问题所具有特殊性的成因。

4. 不同省份、不同民族之间，同一民族的不同省份之间，同一省份的不同民族之间，同一民族的不同发展水平群体之间，同一民族的历史与现状之间在中国认同问题上所表现出来的差异，有利于我们真正解析各因素与中国认同意识有无及强弱程度之间的关联度。

5. 跨境民族中国认同意识的强度变迁及其影响因素，对我们民族工作的重点选择更具意义。

6. 有利于边疆民族地区的社会稳定、国家边疆安全和统一多民族国家的巩固和发展。

总之，此课题的研究不仅要说明认同中国是边疆少数民族的现实选择，更是他们的不朽传统，对于探悉中华民族凝聚力来源和一体化进程，当代中国国家边疆安全、社会稳定和民族和谐、祖国统一大业的最终完成和中华民族的伟大复兴等，也具有重要的理论和现实意义。

第二章

多元一体格局中我国边疆与少数民族的二位重合

一 多元一体论

（一）关于中华民族和中华文明起源的各家观点

据英国著名考古学家格林·丹尼尔教授的研究，在漫漫历史长河中，有六处文明对人类社会产生过重要影响，即美索不达米亚（两河流域）、埃及、印度、中国、墨西哥和秘鲁。[1] 我们的传统说法中也有着四大文明古国的概念：古代埃及、古代印度、古代巴比伦和古代中国。而从民族与国家的结合来看，人类历史上也的确出现过一大批多民族的大国，例如古代的罗马帝国、拜占庭帝国，近代的奥斯曼帝国、奥匈帝国，等等。然而，当其他文明因为各种原因而褪色甚至湮没于历史长河之时，唯有我泱泱中华文化源远流长、生生不息。当其他文明古国或因天灾或因人祸而发生衰败和断裂之时，唯有我堂堂中国代代相承、前后相继、直至今日。当其他历史上的多民族大国，要么因为分裂消亡而退出历史舞台，要么因民族矛盾而战乱纷争之时，我们五十六族中华同胞却不断地演绎民族和谐、血脉相融，多民族中国的发展中统一也始终是祖国历史的主流和前进的方向。于是，人们将目光聚焦于中华文明和中华民族，探讨中华民族和中华文明的起源、历史进程，探讨中华文明源远流长和中华民族凝聚自强的内在原因。学者对此的探讨是在见仁见智中不断发展、渐趋一致的。

关于中华文明的起源地域问题，学术界曾经出现过"外来说"和"本土说"的争论。在各色各式的中华文明外来学说中，占主流的观点是

---

[1] 参见陈连开《中华民族研究初探》，知识出版社1994年版，第276页。

西来说，西来说中又以拉克伯里的观点最具代表性。1894年，伦敦大学的克拉伯里教授编纂了《中国古文明西来论》（*Western Origin of the Early Chinese Civilization*），该书表述了这样一个观点：中华文明来自巴比伦。我们认为，这完全是以西方中心主义观点和完全的自我主位意识来思考他者问题得出的错误答案。伴随着中国史前考古的不断进步，中华文明外来说已被彻底地摒弃，人们坚信中华文明的本土起源观点。

在中华文明和中华民族的本土起源论内部，却经历了一个由一元论到多元论的渐进过程。中华文明起源的一元论认为，中华文明起源于黄河流域，然后由此不断地向外传播与蔓延，中华民族同样起源于黄河流域，然后由此分散迁徙到各地。严文明先生认为，史前阶段中原地区的文化发展水平较高，又处于中国地理的核心位置，因而在中国史前文化中起着领导性的突出作用，不但有条件最早进入文明社会，而且为中国文明的进一步发展奠定了格局。[①] 中国的传统史观是相信中华民族起源于中原地区的，认为留在中原地区的发展为华夏，迁徙到边疆各地的发展为"四裔"各族。司马迁集春秋、战国各说，认为由于共工、驩兜、三苗、鲧有罪，"于是舜归而言于帝，请流共工于幽陵，以变北狄；放驩兜于崇山，以变南蛮；迁三苗于三危，以变西戎；殛鲧于羽山，以变东夷"。[②] 太史公这一观点影响极大，不仅为后世史家所继承，甚至直到当代还有不少专家认为中华文明和中华民族起源于黄河流域，后来不断扩散，才有了边疆的民族和文明，所以才说"黄河——中华民族的母亲河"。

伴随着考古工作的不断发展，关于中华文明和中华民族起源的各种新观点不断出现，例如有的学者认为"黄河、长江都是中华民族的母亲河"。夏鼐先生认为，与中华文明起源最密切的主要有三个文化圈，即黄河中游、黄河下游、长江下游三个地区的新石器晚期文化。也有学者认为，中华文明的发祥地可以分为四大区域，即黄河流域文化区、长江流域文化区、珠江流域文化区和辽河流域文化区。还有学者主张中华文明有六大发祥区，即中原文化区、山东文化区、长江中游文化区、江浙文化区、甘青文化区、燕辽文化区。[③] 苏秉琦教授根据最新的考古发现，提出了关

[①] 参见张植荣《中国边疆与民族问题——当代中国的挑战及其历史由来》，北京大学出版社2005年版，第8页。

[②] 《史记·五帝本纪》。

[③] 参见王震中《中国文明起源的比较研究》，陕西人民出版社1994年版，第24页。

于中华文明起源的"满天星斗"说,认为中华文明的起源犹如"满天星斗",最初在不同的地方地点分别起源,然后不断融合,逐渐形成了统一的文明。①

费孝通先生集各家之大成,通过对各种观点的整合和多方面材料的梳理,提出了著名的"多元一体"学说,从而对中华民族、中华文明的起源、发展历程和趋势作出了高屋建瓴的回答,对后学思考这一问题提供了入门的钥匙和前行的航标。

(二)"中华民族多元一体格局"理论

1988年11月,费孝通教授发表了《中华民族多元一体格局》这一著名tanner演说,时至今日,已逾20载。中华民族多元一体格局理论也走过了一个孕育、提出和不断发展完善的学术进程。细考该理论的内容,大概可分为这样几个部分:其一,费老提出的理论原型,可包括其在香港中文大学发表的tanner讲演时对这一理论的提出和1996年给日本国立民族学博物馆举办的"中华民族多元一体论"国际学术讨论会提供的题为《我的民族研究经历与思考》书面报告中对该理论的进一步梳理和完善;其二,以陈连开教授为代表的一大批学者对费老理论的深入分析、阐释阐发和系统化构建,如《中国、华夷、蕃汉、中华、中华民族》等论文和《中华民族研究初探》等专著;其三便是广大学者后学对该理论提出的各种见解、意见和心得。

1. 费孝通《中华民族多元一体格局》理论的基本内容

在对中华民族多元一体格局的论述过程中,费老主要从以下几个方面阐述了他对这一问题的思路和观点:

(1)相对独立的地缘条件。亚洲东部"西起帕米尔高原,东到太平洋西岸诸岛,北有广漠,东南是海,西南是山"②的广大区域,由于"四面有自然屏障,内部有结构完整的体系"③,就形成了一个独立的地理单元,这就是中华民族的家园——中华大地。广袤而又相对独立的中华大地为中华民族多元一体格局的形成和不断发展奠定了地缘基础。

---

① 参见苏秉琦《中国文明起源新探》,商务印书馆1997年版,第50页。
② 费孝通主编:《中华民族多元一体格局》,中央民族大学出版社1999年版,第4页。
③ 同上。

(2) 本土而又多元的起源。对中华民族和中华文明的起源问题，先生依据丰富翔实的考古材料提出了多元论和本土说。认为：其一，中华民族和中华文明起源于中华大地；其二，中华民族的各次级民族单元及组成部分又明显地具有浓郁的多元色彩。①

(3) 多元文化和众多民族单元在相互交融与汇集中的一体格局进程。先生对此的论证从多层次多方面层层展开：①通过对新石器时期考古和文献材料的收集和梳理，生动地说明了中华文明和中国各民族从初曙时便相互渗透，向着一体而不断发展；②②通过对汉民族形成过程和历史作用的系统论证，说明从其形成来源来讲，汉民族本身就是一个民族集团，而汉民族的出现又为中国各民族的凝聚提供了一个现实的核心；③ ③以中国北方游牧和农业两大区域和文明之间的互动为契机，通过对"地区性的多元统一"、"中原地区民族大混杂、大融合"、"北方民族不断给汉族输入新的血液"、"汉族同样充实其他民族"、"汉族的南向扩充"和"中国西部的民族流动"等多个方面的详细考察，以及对汉民族和其他少数民族、各少数民族之间互动本质和历史作用的挖掘和剖析，描绘了中华民族多元起源（通过互动）—区域性多元统一（通过互动）—多元一体格局的形成和不断发展的历史轨迹和模式，诠释了中华民族从多元向一体的发展是一个自然的过程和历史的趋势，是有着坚实和深厚历史积淀的。④

(4) 中华民族格局形成的特点分析。先生主要讲了六点，包括汉族的凝聚作用、中国民族分布的格局特点、民族语言、民族融合的条件、民族人数规模的巨大差异以及中华民族成为一体的过程的渐进性等。这些为后学把握这一问题的本质和脉络奠定了基础。

(5) 中华民族格局发展的前景展望。最后，针对历史和社会的不断发展，先生还意味深长地提出了"中华民族格局会不会变？它的内涵会不会变？"⑤等深刻问题，并初步给出了自己看法，表明了自己乐观的

---

① 费孝通主编：《中华民族多元一体格局》，中央民族大学出版社 1999 年版，第 5—6 页。
② 同上书，第 6—8 页。
③ 同上书，第 8—10 页。
④ 同上书，第 10—31 页。
⑤ 同上书，第 36 页。

态度。①

2. 陈连开等人对该理论的贡献

如果说中华民族多元一体格局的理论框架是由费老提出来的话，那么在对这种理论的系统化和详细论证工作中，陈连开先生等人便居功至伟了。先生这方面的贡献可以概括为三。其一，对费老提出的相关概念和观点的诠释和进一步阐发。例如，在费老的"中华民族多元一体格局"理论提出之后，广大学者对"多元"和"一体"的内涵所指见仁见智甚至存在疑虑之时，先生对此作出了详细说明，提出了自己深刻而又独到的见解。先生指出："'多元'是指各兄弟民族各有其起源、形成、发展的历史，文化、社会也各具特点而区别于其他民族；'一体'是指各民族的发展相互关联，相互补充，相互依存，与整体有不可分割的内在联系和共同的民族利益。"他进一步说明，"这种一体性，集中表现为祖国的统一和整个中华民族的大团结，表现为共同关心与争取祖国的完全统一与繁荣富强，大陆上各民族坚持党的领导和社会主义道路"。先生特别强调："中华民族的'一体'，是指各兄弟民族的多元中包含着不可分割的整体性，而不是其中某个民族同化其他民族，更不是汉化，或者民族实行'民族融合'。"② 其二，对费老提出的"中华民族多元一体格局"理论中的主要观点的细化和翔实论证。这主要体现在陈连开先生所著《中华民族研究初探》的各章节内容和1999年新版的《中华民族多元一体格局》的部分章节中。其三，对中华民族多元一体格局理论的系统化。陈连开先生对费老的理论进行了详细梳理，使之不断条理化和系统化。例如我们现在看到的1999年由中央民族大学出版社出版的、由费老署名主编的《中华民族多元一体格局》一书，除了第一章为费老所提出的理论原型外，其余大部分章节都是陈连开先生、谷苞先生等对其系统论证的学术成果，分为《中华民族的起源与形成》、《民族称谓含义的演变及其内在联系》、《中国历史上游牧民族的历史地位》和《中华民族研究的理论与方法》，"表明了这几章多是以多元一体格局理论为核心的最新研究成果"③。

---

① 费孝通主编：《中华民族多元一体格局》，中央民族大学出版社1999年版，第36—38页。

② 陈连开：《中华民族研究的理论与方法》，《西北民族研究》1990年第2期。

③ 费孝通主编：《中华民族多元一体格局》，中央民族大学出版社1999年版，第372页。

3. 其他学者的相关评述

中华民族多元一体格局理论一经提出，便立刻受到了学术界的广泛关注，一时间敬仰的目光屡见不鲜，赞叹的声音不绝于耳，可以说这一理论无论在官方①还是在学术界都得到了广泛认同。对此不再赘述。

但是，还是有学者对这一理论提出了不同的见解，归纳起来，有三种情况：

其一，是对中华民族多元一体格局理论本身的商榷。说中华民族多元一体，其多元所指不明，而一体更需界定。而在中国，汉、藏、回、苗、满、瑶等民族客观地存在是一种事实：它们的来源都是多元的，各地区的发展也不均衡，文化、习俗、语言、宗教等方面也呈现出多元的特点；但是各个民族无论其来源及经济、文化、语言、宗教等方面的差异，却都认同为一个民族。所以我们可以说这些民族都是多元一体的。但如果说中华民族的多元可以指当代中国的五十多个民族单元，那么在中华民族还没有成为一个民族的背景下，其一体所指又是什么呢？如果是指中国各民族对祖国统一的追求的一致性，那么改为"中国各民族多元一体"更为合适。② 也有学者从中华国家发展的历史脉络出发，认为"与其说中华民族多元一体，不如说中华帝国多元一体。因为无论从理论还是现实上说，帝国的一体多元显而易见，换成民族则有歧义"。③

其二，是对费老"中华民族多元一体格局"理论中的一些具体观点和看法的质疑。我们知道，在费老的这一理论中有着这样一个重要的观点：中华民族的一体化进程有赖于汉民族这一凝聚核心的出现，而汉民族之所以能有这样的巨大作用，主要是缘于其先进的农业文明所具有的优势。④ 对此，一些学者不以为然，例如何志虎老师就明确指出："凝聚核心不同于凝聚的主体，而应是各个民族都乐于接受而又羡慕向往寄以期望

---

① 在胡锦涛《在中央民族工作会议暨国务院第四次全国民族团结进步表彰大会上的讲话》中，"中华民族多元一体格局"已第一次见于官方文本。

② 参见费孝通主编《中华民族多元一体格局》，中央民族大学出版社1999年版，第304—311页。

③ 徐新建：《从边疆到腹地：中国多元民族的不同类型》，《广西民族学院学报》（哲学社会科学版）2001年第6期。

④ 参见费孝通主编《中华民族多元一体格局》，中央民族大学出版社1999年版，第8—38页。

之所在。"① 所以说，汉族应是中华民族凝聚的主体而非核心。笔者也以为，从中国三大地缘经济带的相互关系来看，其应是相互补充的，而非游牧经济对其他两大农业经济的单纯依赖，所以，要说什么先进的农业经济造就了汉民族的凝聚核心地位，也的确有些牵强。

其三，是从方法论层面展开的探讨。有学者认为，费老的中华民族多元一体格局理论其基本视角仍然是从"华夏——我"和"非华夏的夷、蛮、戎、狄——他"的二维分法出发，强调华夏的中心和核心地位与作用；而从其用墨轻重来看，其在对非汉的少数民族的考察中又明显地表现出对北方和西北游牧民族在中华民族多元一体格局中的地位和作用的重视，而对南方民族，特别是西南，尤其是云南各民族用墨过少，重视不够。

学者们的观点和看法，一方面表现出各人不同的学术见解，说明学术实乃天下之公器，人们可以各抒己见；另一方面，在一定程度上也说明"中华民族多元一体格局"是一个有待不断发展和完善的理论体系，我辈后学可以进一步将这一问题深入下去。然而这一理论对于中国民族学界的巨大意义则又是毋庸置疑的。

4. "多元一体格局"理论对我们进一步研究中国民族问题具有指导意义

"中华民族多元一体格局"理论对于中国的民族学研究是有着十分重大意义的。说它对我们研究中国民族问题具有指导意义，可以从以下相互联系的两个方面来理解：

一方面，"中华民族多元一体格局"理论是一把钥匙、一座桥梁，成为开启我们认识中华民族构成格局方面的有力工具和通向学术坦途的捷径。著名民族学学者林耀华先生认为，"多元一体，或说多元中的统一，统一中的多元，这一对矛盾确实主导着中华民族的现实格局和历史进程。中华民族历经几千年连绵不断地发展，终于形成今日这样的国家；这样一种汉族和少数民族插花分布、交错杂居而又相对聚集的分布格局；这样的一套建立在互补共生的基础之上，由多种经济文化类型构成的完整体系。凡此种种，甚至包括我们现行的民族区域自治制度，都无不与'多元一体'这个特征密切相关。几千年来，中国这个辽阔的版图上发生过的无

---

① 何志虎：《中国得名与中国观的历史嬗变》，三秦出版社2002年版，第57页。

数分分合合的事件，但无论是分是合，多元和一体这一对立统一体中的两个相辅相成的侧面始终没有停止它的矛盾运动"。① 也就是说，用"中华民族多元一体格局"理论来分析中华数千年历史中各类错综复杂的历史现象，有利于我们快速地从千头万绪中，迅速找到一条几乎贯穿始终的主线，明晰中华民族和统一多民族国家不断发展的历史轨迹，把握纷繁复杂的种种现象背后的历史本质，找到这一问题上一条事半功倍的学术进路。

另一方面，"中华民族多元一体格局"理论也是一种武器、一座航标，成为回击各种非科学"理论"的强大力量，为该问题的更深入挖掘和继续前行指明了方向。关于中华民族和中华文明的起源，各种主观的臆断形形色色，诸如"中华文明外来说"和"一元起源论"；关于中华民族和统一多民族国家，各种别有用心的论调光怪陆离，又如"南北对立论"、"异民族统治中国论"、"中国无国境论"、"长城边疆论"，等等。"中华民族多元一体格局"理论有力地给予种种"非科学"理论以打击，使中国的民族问题研究回到了通向真理的学术大道上。也就是从这层意义上讲，我们认为，"中华民族多元一体格局"理论譬如一座航标，为我们指明了研究中华民族问题的前行方向，背离它，就可能南辕北辙，更可能误入歧途，而在大是大非面前迷失方向。

行文至此，笔者前文论述的目的和用意便比较明确了。我之所以不惜笔墨的介绍"中华民族多元一体格局"理论的来龙去脉，是要说明它的钥匙、桥梁、武器和航标作用，我所要研究和探讨的中国边疆少数民族的中国认同问题，需要也必须要在该理论的框架内并沿着它指明的方向进行。"中华民族多元一体"理论可以给我的"中国认同"研究以指导，而我的"中国认同"研究也可能在一定的程度上会为中华民族多元一体的格局理论增加一种视角，多出一份例证。从而说明学术乃天下之公器，存在殊途同归之奥妙。

二 边疆含义的变迁

"边疆"一词有着较为宽泛和多重的内涵，其含义既有广义和狭义的

---

① 参见费孝通主编《中华民族多元一体格局》，中央民族大学出版社1999年版，第305页。

分野，也存在着从地缘、政治、文化以及发展程度等多视角出发而出现的内涵差异。

其一，地理边疆的主要内涵。《左传·成公十三年》："帅我蟊贼，以来荡摇我边疆。"唐杜甫《杜工部草堂诗笺·十二夏夜叹》："念彼荷戈士，穷年守边疆。"[①] 从"边疆"一词的词源使用来看，它在历史文献中的主要词义偏重于地理层面，与"腹地"、"中心"等词相对，与"边缘"、"边境"相通、相近，指一整体区域单元范围（通常是国家版图）内相对于"腹地"、"中心"而言的"边境之地"[②]。但其所指范围往往是一个较为广袤的地域范围，而绝非一点或一线。这也就是边疆和边界的最大区别所在了。

边疆所指的地理范围有着较大的特殊性：首先，边疆意指所处是远离其所在的地域单元的中心或腹地的边陲，而对自己所处地域单元中心远离的同时，又必然地与其他地域单元的交接或者接近，所以，对外而言，边疆往往事实地要成为承载本单元意志和使命、与其他单元发生各式各样关系的直接场域。这可能造成两种截然不同的后果：当不同单元的关系是交恶的、对峙的、相对封闭的时候，该区域的居住群体，由于所处地域环境而带来的与相对"我"而言具有明显差异性的其他单元的相对频繁接触，从而就会找到比较明显的认同参照，所以相对本地域单元的腹地居民而言，其对本单元的地缘认同、群体认同、国家认同、文化认同等，就要显得持久和强烈很多；当不同单元之间的关系是一种文明的交往形式、是友好的、相对开放的时候，该地域的居住群体，由于所处环境带来的对其他单元的接触便利，从而对其他单元及其群体的理解可能也要比深处腹地居民大得多，其不同单元相交接的各自的边疆部分和该范围内的群体往往也就成为融合发生的最初场所和发生融合的最早人群。

其次，边疆是相对于腹地和中心而言的概念，也就必然存在着其与内地一定程度的生疏和距离，产生不同的地域认同、群体认同以及文化认同等，所以，该区域也往往成为本单元内部、中心与边陲不同部分之间发生各种形式关系的场所。这也可能出现两种完全相反甚至背道而驰的结果：在正常情况下，由于边疆和腹地的相对性，边疆是边疆居住群体与腹地群

---

① 参见《辞源》，商务印书馆1983年版，第3095页。

② 同上。

体友好交融的场所，但由于一单元内部不同部分的差异，就存在着不同的次级的地缘认同、群体认同、文化认同等方面的分野，然而这种分野又屈从于对整个单元的整体认同，边疆表现出对腹地和中心的"向心"倾向；非正常的情形就是当边疆自己的各种认同代替了整个单元内部的整体认同的时候，边疆就会表现出对腹地和中心的"离心"倾向。

当然，这是一种对"边疆"概念的地理层面含义的狭义理解。有学者认为"地理的边疆是指在一个相对稳定的空间里各族群长期活动、交往的广义边界",[①] 例如，对我们而言，所谓的边疆就是"西起帕米尔高原，东到太平洋西岸诸岛，北有广漠，东南是海，西南是山"的这样一个自然界限。看来其广义，当与"疆域"相通。本文当取其狭义而用。

其二，政治边疆的主要内涵。考察边疆概念的政治层面内涵所指，也可以从对内、对外两个方面来理解。

对外，边疆即指国界，代表国家间的领土分野。如果说传统意义上的国家之间的界限划分还有一定的缓冲地带和历史弹性的话，那么伴随着近代意义上民族国家政治的不断发展，这种软性界限已经荡然无存了。自然地理地貌作为主要划分标准的时代已经成为历史，边界的划分越来越带有了人为和主观的烙印和色彩。不同国家之间的边界标志是明确的，于是原本生活于边疆这一广泛地域范围之内的多种群体单元便可能划归两个或多个不同的国家，这便是当代跨国民族广泛存在的重要原因之一。由于硬性边界的存在，原本属于同一单元的群体被划分到不同的国家政治单元之后，由于接触交往和相互影响频率和广度的差异，正常情况下，就会出现原本同一群体单元的不同部分的相互异质性背离和与各自的政治中心和腹地群体的同质性发展和靠拢，这也就是边疆群体在对外交往中往往"国族"认同压倒民族认同的重要缘由。

对内，边疆所涵盖的地域范围往往和政治中心之所在息息相关。例如，我国历史上，伴随着政治中心的不断东移和南下，东南一带的边疆属性越来越弱。而中国历史上的封建王朝则又普遍地对一些地区在政治上所采取"边州"、"边府"等治理模式，明显地加重了这些地方的边疆属性，这也就是为什么常常用"天高皇帝远"来形容边疆的缘由了。而田野调

---

① 徐新建：《从边疆到腹地：中国多元民族的不同类型》，载《广西民族学院学报》（哲学社会科学版）2001年第6期。

查中笔者发现，政治区划对人们的同乡意识和地域认同意识影响尤为明显。地理空间距离毗邻而又隶属不同政治行政区域的不同个体，其地域认同往往背离；地理空间远离而又隶属同一政治行政区域的不同个体地域认同却又往往一致。凡此种种，均是对边疆的政治层面内涵的生动说明。

其三，文化边疆的主要内涵。文化边疆的界定就比前两方面显得宽泛和综合。"其同时代表着某种相对独立、稳定的生活方式以及在此基础上伴生的族群意识乃至价值观念。"[1] 每一种文化都必然有着自己的地域中心。于是由中心向外推延，自身的影响和辐射由强及弱，便依次有了腹地、边疆甚至"异邦"、"异文化"。于是，以汉民（华夏）和汉文化之所在就成了腹地和中心，其他的"非我族类"和"异文化"之所在就成了边疆，中国古代的"五方"居住格局就此形成。于是我们不难理解今天为什么在祖国的中心地带会出现古代汉族修筑的长城，因为那是汉族农耕文化与北方少数民族游牧文化的文化边疆所在。于是，中国历史和现实中出现了这样的怪事：主要活动范围在今天陕西、甘肃一带的秦，在春秋之际却一度被拒绝纳入"中国"之列，成为西戎；地处西南边陲的云南，却被列入清内地十八行省之中，种类繁多的云南各少数民族却被一些学者描述为"腹地少数民族"。为何？这完全是站在汉（华夏）和汉文化（主要是儒家文化）的立场上进行思考的结果。秦被划归西戎后有详述，此不详表。但就云南和云南各少数民族的划分而言，有明一代，云南的汉族移民就已经超过各少数民族人数的总和[2]；明代起，由于社学、义学的兴起，儒家文化在云南得到了广泛传播和发展[3]。所以，站在汉族和汉文化的立场上来进行划分，这样的结果也就不难理解了。

其四，边疆和社会经济发展程度密切相关。中国封建社会中后期，都城所在地的不断东向和南下本就带来了东南一带边疆性的褪色，而政治中心的这种移动和该地区的经济社会发展又存在着相辅相成、互为因果、良性互动的辩证关系，于是，东南一带的边疆性质也就愈发地弱化了。当代

---

[1] 徐新建：《从边疆到腹地：中国多元民族的不同类型》，载《广西民族学院学报》（哲学社会科学版）2001年第6期。

[2] 参见林超民《汉族移民与云南统一》，载《云南民族学院学报》（哲学社会科学版）2005年第3期。

[3] 参见胡兴东《生存范式：理性与传统——元明清时期南方民族法律变迁研究》，中国社会科学出版社2005年版，第100—104页。

中国,伴随着社会主义改革开放事业的顺利进行,东南沿海一带的社会经济获得了长期快速发展,于是在现实生活中,在人们的意识中,东南沿海已经与所谓的边疆属性相去甚远了,其社会经济发展中心的特征已经完全代替了地理层面的"边疆"属性,今天还有谁在日常生活中会把东南各省各地与"边疆"联系起来?本来和"边疆"含义有着密切联系的"沿海"在今天俨然已经拥有了经济发展、人民富裕、思想解放的意蕴,这与今天人们脑海中经济滞后、人民贫穷、人们思想僵化的"边疆"已经拥有了向相反方向发展的味道。这充分说明了两方面的问题:一是任何的社会时代都存在着自己的社会主题和主要矛盾,这一主题和矛盾会把自己彰显于该社会发展的各个方面和细节;二是一定的概念总是对一定的社会存在的反映,社会历史进步的车轮是永不停息的,所以,对于社会概念而言,其含义的完备也绝不是生而具备的,往往也要经历一个较长的历史演变,一步步逐渐走向完备的过程。研究当中,用某一个概念的某一个历史阶段的特别含义去取代其内涵的完备状态是不正确的,反之,用这个概念的完备内涵去抹杀其在某一个时期的含义的特殊性也是不正确的;用某一个视角观察某一概念的含义是需要的,强调一定概念的含义的完整性也是必需的,但是过分强调其中一个方面而忽视另一方面显然也是错误的。

总之,"边疆"是一个内涵丰富、有待进一步挖掘的概念。而本书所采用的边疆所指,当抛弃以汉为中心的视角,采取边疆所包含的社会经济发展内涵,包括有从吉林延吉沿边境线逆时针转动直至广西壮族自治区京族三岛,并由国境线向内弹性延伸的广大范围,指与"内地"和"东南沿海"相对的广袤区域。这一范围,一方面因为相对远离国家文化和政治中心,地处边陲,故而成为内地各民族(主要是汉族)与边疆各民族(主要是各少数民族)发生各种关系的重要场所,因此边疆地区对于多民族国家内部民族和谐、稳定昌盛具有重要意义;另一方面,由于边疆与其他国家和民族单元接近、毗邻,故而又是各边疆少数民族代表多民族国家与其他国家和民族单元发生各种关系的重要场所,所以边疆地区对于多民族国家的对外睦邻友好、本地区的和平安定也具有重要意义。而历史的经验昭示我们,一国内部边疆少数民族的分离运动也往往与境外民族因素脱离不了干系,所以,无论对内对外,边疆及边疆少数民族对于多民族国家的统一稳定均具有重要意义。这也就是笔者研究边疆少数民族"中国认同"问题的现实意义的逻辑起点了。

三 民族概念的中国化内涵

什么是真理？真理应该就是人的主观意识与客观存在的一般性统一；什么是谬误？谬误就是人的主观意识与客观实际的相互背离。人类认识世界的过程，就是人们力求从多个方面不断地使自己对客观世界的主观想法与客观实际的本来面目逐渐趋于一致的过程。为了加快人类认识世界的步伐，我们相互学习经验，努力寻求一种具有普遍意义的规律性的东西。在自然科学方面，这种规律的普遍性特征给我们带来了极大的相互学习的必要和方便；然而，对于人类社会发展规律的探寻，就需要细细思量了。我们赖以生存的这个广袤的世界是丰富多彩的，地缘的多样决定了文化的多元，于是在人类社会的发展方面就存在着一定规律的特殊性特征。认识社会发展规律的普遍性和特殊性的辩证统一关系，对于探悉民族概念的中国化内涵具有重要作用。

我们知道，用一定的词语所表达的一定的概念或者定义，不过是人们从社会现实中抽象出来的帮助我们理解和分析客观世界的符号工具而已。由于时空对人类的限制，人们所抽象出来的各种概念、定义必然会打上一定时空下的客观世界的色彩和烙印。

所以，对于民族概念，有两点需要注意：其一，"我们今天使用的民族一词，不是一个相对比较单纯的、自然科学的生物或者物理概念，而是内涵十分复杂的具有社会、文化、政治、经济等各方面含义且具有地方性色彩的复合型概念"。[1] 其二，各个地区和国家的族群和社会政治、经济、文化等方面的历史过程是各不相同的，由此也就决定了各个地区和国家民族概念内涵差异的必然。总之，寻求一个放之四海而皆准的"民族"概念，其必要性和可行性皆值得怀疑。我们的任务是，在中国社会历史发展的脉络中探寻"民族"概念的中国化内涵。

（一）中国古代对"民"、"族"的使用，以及族类划分标准的确立

我国历史文献中"民"、"族"，甚至"民族"字样的出现并不少见。

---

[1] 马戎：《民族与社会发展》，民族出版社2001年版，第4页。

《礼记》记载,"中国戎夷,五方之民,皆有性也,不可推移",①"神不歆非类,民不祀异族",②"非我族类,其心必异,楚虽大非我族也";③郑玄注释《礼记·祭法》说:"大夫不得特立社,与民族居百家以上,则共立一社,令时里礼是也";④等等。由此观之,中国古代对于族类区分的意识产生得是比较早的,但对于不同的族类,习惯于用"民"或"族"单独表示,虽然也有"民族"连用现象的出现,但是不具备"人们共同体"的特殊内涵。但中国历史上,对于不同族类的划分标准的确立,却已有了悠久的历史。

公元前559年,姜戎酋长驹支说:"我诸戎饮食衣服不与华同,赘币不通,言语不达。"⑤《吕氏春秋》记载伍员谏吴王夫差将伐齐,说:"夫齐之于吴也,习俗不同,言语不通,我得其地不能处,得其民不能使。夫吴之与越也,接土临境,壤交通属,习俗同,言语通,我得其地能处之,得其民能使之;越于我亦然。"⑥"蛮夷反舌、殊俗、异习之国,其衣服冠带,宫室居住,舟车器械,声色滋味皆异,其为欲一也。"⑦看来,我国古代很早就确立了族类划分标准,其从地缘到语言,从风俗文化到经济类型,周密而详尽;族类划分标准的成熟,说明中华大地上早在春秋战国时期,"华夏已形成为稳定的民族共同体,其他非华夏各族也已经具备了由部落向民族过渡的基本特征"⑧。

及乎后来,文化逐渐超越其他因素而成为族类划分的首要标准。例如,对于中国古代的"华夷之辨",韩愈在《原道》中说:"孔子之作《春秋》也,诸侯用夷礼则夷之;进至中国则中国之。"唐宣宗大中年间进士陈黯撰《华心》一文也说:"夫华夷者,辨乎在心。辨心察其趣向。有生于中州而行戾乎礼义,是形华而心夷也;生于夷域而行合乎礼义,是形夷而心华也。"罗泌在《路史·国名纪》里也指出:"《春秋》用夏变

---

① 《礼记·王制》。
② 《左传·僖公十年》。
③ 《左传·成公四年》。
④ 《礼记·祭法》。
⑤ 《左传·襄公十四年》。
⑥ 《吕氏春秋·知化》。
⑦ 《吕氏春秋·为欲》。
⑧ 费孝通主编:《中华民族多元一体格局》,中央民族大学出版社1999年版,第337页。

[于]夷者夷之,夷而进入中国则中国之。"我们认为,中国古代族类划分标准的这一特征促进了中国各民族间的接近和亲善,有利于各民族间的相互认同,是汉民族形成今天在人数上超大规模的重要原因。

(二)"民族"概念的舶来及其最初使用

关于"民族"概念的舶来问题,包含着相互联系的两个方面:一是指将"民"、"族"两词连用,组成一合成连用词,特指一定的人们共同体的用法习惯的舶来;二是指对外来民族概念内涵的借用。

对于中文"民族"一词使用习惯的渊源,一种说法是:1903年,中国近代资产阶级学者梁启超把瑞士—德国的政治理论家、法学家J. K.布伦奇利的民族概念介绍到中国来以后,民族一词便在中国普遍使用起来,其含义常与种族或国家概念相混淆,这与西欧的民族概念的影响有关。[①]另一种说法认为,由于近代许多欧洲文献引入中国,往往通过日译本作为中介,"民族"这个中文词汇,似乎来自于日文。[②] 如1896年《时务报》上刊登的《土耳其论》一文中使用的"民族"一词,而该文译自《东京日报》。而日本人在将欧洲的文字译成日文时也难免受会到日本历史上对本国各个族群称谓的影响。

将民族称谓与中国各族群群体相结合使用,从而出现所谓"汉族"、"藏族"、"蒙古族"等概念的,可能是黄遵宪了。1903年,他在《驳各民书》称:"倡族类者不愿汉族、鲜卑族、蒙古族之杂居共治,转不免受制于条顿民族、斯拉夫民族、拉丁民族之下也。"[③]

关于"中华民族"这一概念,孙中山先生在其早期的言谈中把"中国人"称为"一个民族",他说:"中国人的本性是一个勤劳的、和平的、守法的民族"[④]。后来,他又在1912年提出了"合汉、满、蒙、回、藏诸

[①] 参见《中国大百科全书·民族卷》,中国大百科全书出版社1986年版,第302页。
[②] 参见金天明、王庆仁《"民族"一词在我国的出现及使用问题》,载《社会科学辑刊》1981年第4期。
[③] 参见韩锦春、李毅夫《汉文"民族"一词考源资料》,中国社会科学院民族研究所民族理论研究室1985年版。
[④] 孙中山:《中国问题的真解决》,见《孙中山选集》,人民出版社1981年版,第63—67页。

地为一国,即合汉、满、蒙、回、藏诸族为一人,——是曰民族之统一"①的"五族共和"主张。

关于"国族"的提法,最早见于孙中山先生在 1924 年的《民族主义第一讲》一文,他把"nation"表述为"国族",认为"民族主义就是国族主义"②。这一思想和用法对后世影响非常大,例如 20 世纪 90 年代的时候,宁骚教授据此坚持认为,应将中华民族定义为国族,将 56 个国族的组成单元定义为民族。③

(三) 社会达尔文主义对中文"民族"概念的影响

最早将社会达尔文主义介绍到中国的是严复。1877—1879 年,严复在英国留学期间接触到了社会达尔文主义,他发现,社会达尔文主义运用生物学的理论说明社会现实问题是具有相当说服力的,尤其是用这一理论来解释当时的中国社会现状,更能给人醍醐灌顶的感觉。1895 年,严复在《原富》中介绍了达尔文和斯宾塞的进化论思想,并认为生物界的生存竞争和适者生存的原理同样适用于人类社会。他分析了当时中国的种种恶习,如缠足、吸食鸦片等,认为这些恶习若不改变,则中国"种将弱、国将贫、兵将弱化"。1898 年严复出版了《天演论》,对赫胥黎和斯宾塞的社会进化论观点进行了详细的介绍,并在该书中糅合了大量自己的观点。认为为了保护处于弱势的中国人——黄种的生存,就必须要与列强——西欧人——白种人竞争。严复在唤醒近代中国忧患意识的同时,将中国的灭亡与"种"的消亡肢连在了一起,形象地称之为"亡国灭种"。社会达尔文主义对近代历经屈辱的中国而言具有强大的震撼作用,为了避免中国的"亡国灭种",全中国人就必须团结起来"爱国爱种"、与一切内外反动势力进行斗争,进行"爱国爱种"的各种活动。从此,"保国"与"保种"就成为近代以来中国人民进行各类斗争的两面旗帜,当然也是斗争的目标和内容。

严复在将救亡思想深深烙印于近代中国知识分子脑海之中的同时,也将"种族"的音符一直唱响在整个近代以来中国历史发展的进程中。为

---

① 孙中山:《中华民国临时大总统宣言书》,见《孙中山选集》,人民出版社 1981 年版,第 90 页。

② 孙中山:《民族主义第一讲》,见《孙中山选集》,人民出版社 1986 年版,第 184 页。

③ 参见宁骚《民族与国家》,北京大学出版社 1995 年版,第 5 页。

了"保种"、"爱种",就要搞清楚这个"种"的所指,为此,资产阶级改良派和革命派之间展开了激烈的论争,也分别选择了不同的路径。

君主立宪派所主张的"种"是指清王朝版图内的全体的"黄种"。梁启超的意识中,"中国人"是明显的包含着清朝域内的全体住民的。[①] 康有为一贯主张"汉满不分",认为中国应该是"大一统"的中国,他对革命派所提倡的汉族种族革命的观点及其排满主张都持强烈的反对意见。然而,纵观康梁的"中国人"范畴之所指,却又都明显地带有"黄种"的种族色彩。也就是说,在康梁的观点中,"中国人"很大程度上是一个包含有浓郁种族色彩的概念。

资产阶级革命派所要保的"种",则明显地指向了"汉"。从章炳麟(章太炎)的排满主义到邹容的《革命家》,从陈天华的种族宗族一体论到孙文的旧三民主义,资产阶级革命派所要保的"种"明显地仅仅具有指向"汉种"的味道。[②]

问题的关键是,近代以来中国的救亡图存运动发展的过程,是基本与西方"民族"概念传入中国后不断演变的过程相一致的。救亡图存运动的浓郁的"种族"色彩明显地影响了资产阶级改良派和革命派的"民族观",甚至是今天的"中国人"的"民族观"。长期以来,"中国人"总喜欢给"民族"加上浓郁的"血缘"色彩,例如生活中"某某长得不像中国人","某某长得不像少数民族"的常见说法;例如我们在谈论"中国人"时喜欢追祖溯宗,常常用"同胞"、"血脉相连"来形容中华民族之间的关系;甚至是在科研工作中探讨中华民族认同的合理性时,几乎所有学者的论述都会把"血脉交融"、血缘上的"你中有我、我中有你"作为有力论据。究其原因,这虽与梁启超将"民族"概念带入中国时,其所指含义就是"黄种"的"国民"这一充满种族血缘色彩特点有关,但更是因为近代"民族"概念在中国传入后所经历的社会历史背景密切相关。

(四)斯大林的"民族"概念对中文"民族"概念的影响

从民族一词在我国的借入和使用情况来看,其内涵所指也是不断地伴

[①] 参见[日]松本真澄《中各民族政策之研究——以清末至1945年的"民族论"为中心》,鲁忠慧译,民族出版社2003年版,第43—44页。

[②] 同上。

随历史背景的变化而发展的。特别是马克思主义经典作家对"民族"概念所作的权威阐释,对中国的"民族"概念的内涵变化影响尤为深远。

对于"民族"概念内涵的借用,最受尊崇的莫过于斯大林对民族的定义了。虽然马克思、恩格斯也多次谈及民族问题,但是从来没有专门探讨过民族的定义,所以,1913年当斯大林的"民族"定义一经提出,立刻被奉为权威和经典,特别是在苏联和社会主义的中国更是如此。他认为"民族是人们在历史上形成的一个有共同语言、共同地域、共同经济生活以及表现于共同文化上的共同心理素质的稳定的共同体"[1]。他同时强调,首先"民族不是一个普通的历史范畴,而是一定时代即资本主义上升时代的历史范畴"[2],所以,一切民族也就只能产生在资本主义上升期,也就是说,在此之前没有真正的民族形成,包括中国的汉民族;其次,民族的这"四个共同"特征缺一不可,"只有这四个特征都具备才算是一个民族"[3],所以,他坚持说中国的回族不是一个民族,由于没有独立的民族语言,其只能算是一种宗教集团。

历史思维告诉我们,研究任何事物,一旦离开其所处的历史和时代背景,其结果往往会丧失对该事物最本质层面的把握;辩证思维告诉我们,事物在发展变化过程的不同阶段将显现出不同的特点,我们必须处理好所谓"典型"与"非典型"、"完备"与"非完备"、"普遍"与"特殊"的辩证关系。明白了这两点,我们再来探讨斯大林的民族概念,可能就要清晰一些了。

首先,我们要明白斯大林是什么时候、什么情况下、为了什么而提出的这个民族概念。历史告诉我们,在20世纪初的俄国以及建国之初的苏联面临着一股狂热的"民族自治"思潮,无产阶级政党也随时都有着被"民族主义"瓦解的危险,从列宁到斯大林都为此而殚精竭虑,斯大林的民族概念的提出也就自然带有为当时时局服务的色彩了。比如,面对所谓的"民族自治",日耳曼人是一个民族,那么苏联境内的日耳曼人算不算一个民族单元?如果是,那么是否应该在"东普鲁士"(加里宁格勒一带)也成立一个"日耳曼加盟共和国"?如果不是,又如何去说明它不算

---

[1] 斯大林:《马克思主义和民族问题》,见《斯大林全集》第2卷,人民出版社1962年版,第294页。

[2] 同上书,第300页。

[3] 同上书,第294—295页。

是一个民族单元呢？衡量和判断的标准是什么？"四条特征缺一不可"的原则下，强调地域和语言因素的斯大林版的"民族"概念的提出当与此不无关系。所以，我们认为斯大林版的民族概念也是带有浓厚的时代背景的，是与欧洲和苏联当时的政治特点密切相关的。

其次，斯大林的民族概念的逻辑起点和理论依据是什么？我们认为是历史唯物主义关于人类社会五种形态的划分理论。历史唯物主义认为，人类社会的发展过程中应该经历原始社会、奴隶社会、封建社会、资本主义社会、社会主义和共产主义社会五种形态。斯大林也试图将民族的发展过程与人类社会发展的几个阶段结合起来，所以，他将历史上人类共同的发展历程表述为：氏族、部落、部族、民族。这当然是正确的，但有一个观点必须提出：在此以历史发展的真实面目为据，五个形态的划分是有道理的，但这是对人类社会发展脉络的典型和理想概括。首先，整个人类社会发展过程中五个阶段的划分不是前一个形态戛然而止，后一个形态立刻从天而降的，不可能前一天还是奴隶社会而第二天就是封建社会了；其次，就某一种社会形态而言，经典作家笔下的该形态只是对此种社会形态的典型阶段典型状态的理想概括，真实情况是人类社会的大部分时间里都是处于一种似是而非的状态中，或多或少地同时具有两个甚至多个社会形态的特点；再次，各国国家历史发展进程各具特色，对某个民族来说，五个阶段论中的某个阶段可能就没有完全经历过，所以就有了我们所说的所谓的"直过民族"。而笔者的观点是，从整个中华民族的发展来看，中华民族又何尝不是一个国族意义上的"直过民族"！以封建社会为例，笔者在一篇题为"从周代殷商看征服产生封建主义"的论文中就详细论述了"典型封建主义"与"变态封建主义"的差别[①]。那么斯大林的民族概念中的四个特征的描述是否也是一种对典型状态的刻画呢？答案是肯定的。

斯大林的民族概念中的"四个共同"当是指一个民族成立的条件，而非一个民族赖以存在的条件。从产生的角度来讲，一个民族若要成立，其"四个共同"是缺一不可的。试想若没有共同的地域，怎么可能产生其他的三个共同？当然，有了共同的地域也并不意味着就会必然产生其他的三个共同，这就是民族共同体与地缘共同体分野的根本区别。有人说，

---

① 参见何博《从周代殷商看征服产生封建主义》，《新疆石油教育学院学报》2003年第3期。

中国的回民族是没有共同地域和共同语言的，它是以共同的宗教信仰为内核而凝聚起来，最终形成一个民族共同体的。这完全是把一个民族成立的条件与一个民族存在的条件相互混淆的结果。今天的回民族的"存在"的确已经基本丧失了共同地域和共同语言甚至是共同经济生活这些特征的，但我们能以其今天的特征来判断其成立之初的特征吗？其共同的族群渊源，从逻辑上讲是应该可以提供其他的三个共同的。再说，如果回民族能以共同的宗教信仰为核心凝聚为民族共同体，那么像佛教徒等其他群体却为什么就只是宗教群体呢？我的观点是，作为民族成立的条件，斯大林描述的四个共同是缺一不可的，作为一个民族继续存在的条件，只要其表现于共同文化之上的共同心理素质，甚至只有民族自我意识——即我们是什么族的观念存在，人数和生存条件具备的情况下，该民族就依然具备继续存在的足够理由。

总之，斯大林的民族概念是一种以欧洲和俄国历史为背景的对民族共同体原生状态下的特征的理想性、典型性描述。当欧洲和苏俄视野的"普遍"与中国的"特殊"相碰撞，当"理想性典型"与"现实下的具体"相冲突的时候，当我们仍把经典作家的话当作不变的"教条"的时候，面对我们泱泱数千年中华文明而历史虚无主义阴霾不晴的时候，缺乏对民族概念的中国化内涵的探知而一味套用，从而当面对"中国的汉族是部族，中国的回族不是民族"的论断惶恐不已、不知所措也就不足为奇了。

（五）民族概念中国化的基本原则

社会历史概念是对社会历史现实的反映，不同的人类历史空间范围内的社会历史现实往往是存在差异的，不同人类社会发展的历史时期也总能赋予一定社会历史概念以一定程度的新的时代内涵。所以逻辑地讲，任何社会历史概念均存在着至少两方面发展的需要：一是原有内涵与新的空间范围的现实的结合问题，我们可以称之为"因地制宜"；二是原有内涵与新的时代主题的结合问题，我们可以称之为"与时俱进"。民族概念的中国化也必然面临这样的发展问题。

"民族"概念是舶来品，并且还不是从原生地直接舶来，而是经过了日本这一中转站的，所以其含义必然带有原生地及日本的特殊味道。例如，中国"民族"概念中的"种族"内涵便与日本"民族"概念的"种族"色彩密切相关。① 中国"民族"概念传入的历史，基本也就是中国人民救亡图存意识和运动不断发展的历史，这样特殊的历史进程难道就不会赋予中国"民族"概念以特殊的时代内涵吗？今天，无论现实生活还是科研工作、无论理论探讨还是民族工作实践，人们在对待"民族"概念时，普遍地出现了一定程度的困惑。例如要求用"族群"概念来代替"民族"概念的呼声；例如要求"民族"问题去政治化的建议；例如把马克思主义民族理论与中国民族现实对照产生的困惑；例如把西方民族理论全盘向中国移植的热潮。总结所有问题出现的症结，皆缘于探寻"民族"概念中国化过程中原则的缺失。

我们认为，实现"民族"概念的中国化，至少应把握这样几点原则：一是"民族"概念及理论"中国化"的出发点问题。也就是我们必须时刻清醒，我们之所以把这些概念和理论从他处舶来，绝不仅仅是为了宣传一定的理论和看法，更重要的是为了解决我们自己在"民族"方面的理论和现实问题。有些学者动辄就要用某一西方的理论来代替我们被实践证明基本行之有效的民族理论和政策，其问题就是出在不知道为什么要学习和借鉴这些外来的理论和观点。二是"民族"概念和理论"中国化"的落脚点的问题。也就是说，学习外来的理论和观点时，我们到底应该学什么。如果我们在学习某一理论或观点的过程中发现，一方面该理论业已被国外的社会历史现实所证明行之有效，另一方面却和我们的现实出现了出入，那么我们到底该依据谁、以谁为准？答案是十分肯定的，在实现"民族"概念及理论的"中国化"进程中，我们必须始终坚持以中国的具体实际，而非任何的本本或理论为依据。三是"民族"概念和理论"中国化"的着力点的问题。所谓着力点就是指在千丝万缕的工作中，我们始终如一必须牢牢抓住的主要工作点是什么。我们认为，应该是马克思主义民族理论的相关原则及其与中国民族问题的具体实际相结合所产生的，已被我们的民族工作实践证明了的，现行的相关民族理论、政策、法规，等等。

在把握这些原则的基础上，我们认为，探寻民族概念的中国化内涵不仅是必要的，也是必需的。具体实践中有些问题也需要我们格外注意：其

---

① 参见［日］松本真澄《中各民族政策之研究——以清末至1945年的"民族论"为中心》，鲁忠慧译，民族出版社2003年版，第46—47页。

一是必须以中国的历史文化为依据,重视中国民族概念中重文化的特征。其二是不要忽视中国民族概念中的学院色彩。其三是不能在完全迷信经典作家相关具体观点和彻底无视经典作家论述两个极端游走。其四是必须重视当代中国民族问题的具体实践中业已形成的传统、习惯和约定成俗的东西。比如中国民族身份认定从出发点到实践过程中,均充满了政治色彩;日常生活中谈及"民族"往往和少数民族身份相关,例如云南等地存在的"你是不是××民族"的习惯说法,明显指的是"少数民族";例如我们的"民族"概念的多层次特征以及无论大小各少数族群群体统统被称为民族的现实特点;等等。最后一定要把握的是,对民族概念中国化内涵的探寻必须与当代中国民族现状相结合,失去现实意义也就失去了研究的价值和生命力。

行文至此,可能有人要问,那不是乱套了吗?如果这样,我们的"民族"就不是西方所说的"民族"了。我的观点是,要的就是这样的效果。我们为什么就必须要我们所说的"民族"绝对等同于西方的"民族"呢?可以说,社会历史现实层面,中国本就没有与西方所谓的"民族"完全对等的实体,但是我们却又必须使用这样的概念,所以就出现了用西方"民族"概念来创造中国"民族"实体这样的谬乱。总之,东西方社会历史进程中,"民族"实体所指本就不尽相同,"民族"概念内涵有差异也就是理所当然了。

(六)"民族"、"种族"、"族群"及其英文表述

关于如何区分"民族"、"种族"和"族群"等概念的问题,时下有这样的描述:种族是对于生物性而言;族群是对于文化性而言;民族是对于政治性而言。不无道理!但笔者感觉,这还是有将民族概念内涵简单化处理的嫌疑。以中国的历史文化为背景,不难发现,民族内涵中的文化色彩、血缘色彩、政治色彩都很浓烈,应该说这是一个具有综合性特征的概念。也有人建议笔者将涉及的"民族"概念换成"族群",说这既可以避免中文民族概念所包含的多层次性带来的所指不明的麻烦,也显得更时髦一些。笔者的观点是时髦一直非人类理性之产物,而若用"族群",可能会带来更大的混乱。例如,就族群所指而言,陕西周原的汉族,可以成为族群,汉族也可以成为族群;云南沙甸的回民可以成为族群,红河州回民也可以称为族群,整个回民族也可以成为族群,其所指更为混乱了。所

以，笔者认为应坚持使用民族这个概念，关键是要将这个概念的内涵与外延讲清楚，下文，将从中文民族及其相关概念的英文表述，继续探讨。

我们认为，要实现对中文"民族"一词相对"等值"的英文翻译，三方面工作必不可少：其一，充分理解中文"民族"一词的词义及内涵特征；其二，全面把握英文相关"民族"词汇的词义和使用习惯；其三，在前两者的基础上，根据翻译对象的上下文关系，即语境［context，包括情景语境（context of situation）和文化语境（context of culture）］①，把握词义，确定相对"等值"的英文词汇。

关于中文"民"、"族"等的应用情况和中国古代关于族类划分标准的确立问题，前文已有详论，故而不再细表。而我们知道，把"民"和"族"组合成一个名词，作为专指"人们共同体"的概念，则是近代的事情了，故而在《词源》中找不到"民族"一词也就不难理解了。虽然就该词源自欧洲还是日本学者意见各异，但其是舶来品这一点却是不争的事实。我们说，词汇是对社会现象的抽象性描述，由于历史、地缘、文化等因素的影响，各国民族现象必存差异，故各国语言关于"民族"词汇的内涵自不相同。更有甚者，在"民族"概念的中国化移植过程中，缘于种种原因，曾出现过把多个外文"民族"相关词汇统一译成中文"民族"，而不用"部族"或其他译名的浪潮。② 这无疑更进一步增加了汉语"民族"概念内涵的模糊性和含混性。以至今日，汉语"民族"一词含义十分宽泛。它不仅可泛指"历史上形成的，处于不同社会发展阶段的各种人的共同体"，亦"特指具有共同语言、共同地域、共同经济生活以及表现于共同文化上的共同心理素质的人的共同体"，③ 如汉族、蒙古族等；不仅指基于共同地缘的人们共同体，如阿拉伯民族，亦可指基于共同生产生活方式的人的共同体，如"游牧民族"、"农耕民族"；不仅指某一国家全体人民，如中华民族，还可指汉族、回族，甚至僜人、夏尔巴人等这些层次上的人们共同体；不仅可作为定语修饰其他名词，如"民族传统"、"民族矛盾"，亦可作为习惯用法，特指汉族以外的少数民族，如"民族地区"、"民族干部"。尤其需要强调的是，汉语"民族"一词除某些特例

---

① 参见周丽娜《浅析语境与翻译》，载《中国青年政治学院学报》1998年第2期。
② 参见牙含章、孙青《建国以来民族理论战线的一场论战》，载《民族研究》1979年第2期。
③ 《辞海》，上海辞书出版社2002年版。

外，基本是与"国家"没有必然联系的，这与英文中相关"民族"词汇很是不同。

从"民族"词义的内涵，特别是从语言学的角度来看，该词与英文词汇 nation、nationality、ethnic group、people 及 ethnos 等联系密切，但不能简单相对应。以《牛律词典》(The Concise Oxford Dictionary, Sixth Edition, 1976)、美国《麦克米伦词典》(Macmillan Contemporary Dictionary, USA, 1979) 等辞书为依据，参照一些英文名著的经典用法，让我们对这几个词汇的词义进行简单的考察。

关于 nation 和 nationality。Nation 的本义是指"生活在一国领土之内，统一于同一种政治制度之下的人民，即'国民'意义上的国家 (nation)，或'政体'意义上的国家 (state)，或指他们的领土，即地理意义上的国家 (country)"。[①] 根据学者研究，nation 与"国家"联系密切。E. J. 霍普斯博姆在《1780 年以来的民族与民族主义》一书中就从历史角度论证了 nation = State = People 这一等式的内涵及发展轨迹；1924 年，孙中山先生在《民族主义第一讲》中把 nation 表述为"国族"；宁骚更是以此为据在《民族与国家》一书中提出"中华民族"可定义为"国族"。从英文的传统用法来看，比如在《林肯在葛底斯堡 (Gettys burg) 的演说》中，我们可以充分体会到 nation 与政府和人民之间的一体性关系。从相关词典词条来看，nationality 一词确有"民族"一义，其词根为 nation，而以 nation 为词根的英文词汇则都与"国家"、"国民"联系密切，如 nationwide (全国性的)，nationhood (作为一个国家的地位)，international (国际的)，等等。Nationality 亦不例外，其本义是"国民身份"、"国籍"、"国民素质"，可以看出，该词亦带有浓厚的法律和政治色彩。西方的人类学、民族学辞书中往往是没有这一词条的，这从另一面也证明了上述观点。

关于 ethnic 和 ethnic group。语言的发展变化在 ethnic 一词上表现得尤为明显。在 1963 年出版的《牛律词典》或其他以其为基础的辞书中对 ethnic 一词的释义是这样的："ethnic I. a = ethnical，II. n 少数民族的成员；种族集团的成员。Ethnical a ①种族的，种族上的；人种学的：an ~ group 种族 (集团) ~ prejudice 种族偏见；②异教徒的。"[②] 此种释义似

---

① 翟胜德：《民族译谈》，《世界民族》1999 年第 2 期。
② 外研社词典编辑室：《现代英汉词典》，外语教学与研究出版社 1990 年版。

乎特别强调该词的种族和人种内涵。汉语"民族"虽与"种族"有牵连，但差异明显，学者们往往不愿用 ethnic 来表述"民族"概缘于此。但是1976 年出版的《牛津词典》对该词的解释则已超出了人种学概念范畴，可指源于某一种族、语言的群体或其他方面有共性的群体（通常是少数人群体）；美国 1979 年出版的《麦克米伦词典》中，ethnic 已有明显的"民族"含义；1988 年出版的《韦氏新世界词典》释义中则强调了 ethnic 的"次群体"内涵，而这种次群体通常是一大的共同体的组成部分。当代英文文献中表示民族族群最常用的便是"ethnic"和"ethnic group"了。比如，外文新闻中就用 ethnic Albanian 来表述非阿尔巴尼亚国的阿尔巴尼亚族人。阮西湖先生也明确表示，"用 ethnicity 和 ethnic group 表示民族是最合适的"。①

关于 people 和 ethnos。People 的词义非常宽泛，作名词时有十多种含义，"民族"便是其中之一，如"the English-speaking peoples"（使用英语诸民族），"a great people"（一个伟大的民族），等。从相关辞书和英语国家的普遍用法来看，该词不具有严格的人类学、民族学意义上的"民族"含义。Ethnos 一词是希腊语确 εθγος 的英文转写，词义很多，有人、民族、人民等含义。但欧、美各国的学术著作中对该词的单独使用比较少，一般都是以 ethno—为前缀，表达与"民族"相关的意思，如 ethnicity（民族学）、ethnography（民族志）、ethnohistory（民族史）、ethnosociology（民族社会学）、ethnolinguistics（语言人类学），等等。学术界对这两个词的使用争议是比较小的。

对汉语"民族"一词进行溯源，把握其含义的宽泛性、层次性特征。对英文"民族"相关词汇的释义进行详细了解并充分重视其含义和用法不断发展的特点；在此基础上，若认真考察所译内容所出自的社会文化背景——"文化语境"，其实际发生的实际语言环境——"情景语境"，那么我们认为，完成对"民族"一词的相对"等值"的英文表述是完全能够实现的。

譬如，要完成对"中华民族"的英文翻译时，我们首先要把握该词的内涵层次和涵盖范畴，发现其有浓厚的"国家"、"国民"内涵，是所谓"国族"这一层次的民族概念，这恰与 nation 一词含义相近，故译为

---

① 阮西湖：《民族一词在英文中如何表述》，《世界民族》2001 年第 6 期。

"the Chinese nation"便比较合适了。而像"法兰西民族"、"美利坚民族"等也就自然与 nation 一词相匹配了。那么对于我国的56个民族及尚待识别的僜人、夏尔巴人等的英文表述又当如何呢？我们说这要具体分析而不能一概而论。目前，国内官方对这一层次"民族"概念的表述基本上用的是 nationality 一词。这在《中国大百科全书·民族卷》，甚至 China Daily 中均有充分体现。但笔者认为，这不是依据当今英语语言应用习惯的结果，而完全是苏联民族理论的全盘中国化移植和对马克思主义经典的绝对神化在"民族"概念问题上的反映。虽然苏联学术界曾把"民族"一词统一译为"nationality"，但依据我国民族特点，结合前文对该词的考察，不难发现，用"nationality"表述我国56个民族这一层次的人类共同体，在内涵和所指范畴上均明显不符。而且在应用实践中，该词在20世纪60年代以后的英文文献中，就已很少见了。针对国内流行的这一译法，不仅国内学者翟胜德、阮西湖等人多次撰文表述不同意见，就连一些国外学者亦不能理解：英国开放大学的伊恩·休姆就曾指出，把"藏族"译为"the Tibetan nationality 是与我们的立场不一致的。[①] 当然，可能有人认为，用 nationality 一词可更好地体现我国"各民族平等"和"民族区域自治"的民族政策特色。但须知，无论是过去所谓"五族共和"的满、汉、蒙、回、藏，还是今天识别后的56个民族，都是作为历史文化共同体，而非政治实体存在的。无论何时，自治权的行使都不得违背"国家主权不可分割"的原则。这也是我国宪法的基本原则之一。而当今世界，分裂一个多民族国家，没有比混淆民族与国家的界限更省事的办法了。东欧各国便是前车之鉴。而如果用 ethnic 或 ethnic group 表达组成"中华民族"的五十多个民族的民族概念便比较合适了，因为如前所叙，ethnic 一词有着明显的"次群体"内涵。再者，根据我国民族状况的特点，用 ethnic 表达各民族有很多方便。如，我国少数民族中有大量的跨境民族，如俄罗斯族，如果我们用"ethnic Russian"表示她，不仅可将其与俄罗斯的俄罗斯族人相区别，更可显示出我国的俄罗斯族同胞已纳入我国民族体系，是中华民族不可分割的一部分。当然，并不是说表述56个民族这一层次的民族概念就一定得绝对统一的使用"ethnic"，只要语境需要，当然存在例外。比如，我国历史上的一些民族，确实曾建立过自己的民族国家，若须

[①] 参见翟胜德《民族译谈》，《世界民族》1999年第2期。

在文献中反映这一历史现象，nationality 甚至 nation 的使用也就无可厚非了。而要表述尚待识别的几个民族，使用 people 似乎也更为保险。而对于 people 和 ethnos 的使用，如前所说，争议较少，也就不再赘述了。最后，想就有些学者提出的，为避免争议，凡碰见中文"民族"字样皆以汉语拼音翻译表述的观点谈谈自己的拙见。笔者以为，英文翻译中用汉语拼音表述概有两种情况：其一，所译中文词汇内涵特别，有若干英文词汇与之联系密切，但应用其中任何一个又都会令原词内涵减色不少，如"驱除鞑虏"中的"鞑虏"一词。其二，是该事物为中国所特有，外文无该词，如"功夫"等词。但若一概而论则过于极端。因为"民族"概念是一个全世界通用的概念，绝非中国特有。再说，有些民族本身就已形成其外文专门称谓，如 Tibetan（藏）、Mongolian（蒙古）等。若皆用拼音，不仅不能充分表达其内涵，亦不利学术交流之畅通。

四 "认同"与"逃逸"的互动中边疆和少数民族的二位重合

中华民族的起源是多元的，中国各民族在"亚洲东部，西起帕米尔高原，东到太平洋西岸诸岛，北有广漠，东南是海，西南是山"[①] 的幅员广阔的中华大地上过着一种多民族共居的生活。各民族所共居的中华大地从地缘上来看具有两大特点：其一是，它的四周基本是"广漠"、"大海"或"高山"，这些天然的障碍增加了对外交往的难度，从而使中华大地容易形成一个独立的地理单元；其二是，从北到南依次存在着三个自然经济带——游牧经济带、旱作农耕经济带和水作农耕经济带，相对固定的经济形式及缘于此而出现的产品的相对单一性，决定了各个经济带之间的互通有无、相互依赖的必然性。中华大地的这些特点使共居于其间的中国各民族自然地展开了历史悠久、源远流长的多种形式的互动，既包括各少数民族与汉族之间，也包括为数众多的各少数民族相互之间的关系。历史上，在汉族"自我民族中心主义"意识之下曾出现过汉族居中，东夷、西戎、北狄、南蛮居于四周的所谓的"五方格局"，也不断出现缘于对"中国"的真挚认同而发生于中华大地内部的各民族间的相互流动和出于"自我

---

① 费孝通主编：《中华民族多元一体格局》，中央民族大学出版社1999年版，第4页。

保护意识"而发生于一些少数民族身上的在中华大地范围内的"逃逸"现象。在"认同"与"逃逸"的互动中，最终形成了今天中华民族的大杂居、小聚居、交错杂居的总体分布格局，而具体到各少数民族的分布特点上，也就存在着少数民族和边疆的一定意义上的二位重合。

在人类历史发展的进程中，当某一民族群体在政治文化中处于一种制高点后，就自然会产生一种"自我中心主义"的意识，中国历史发展中的汉族及其前身华夏亦不例外。缘于政治经济的至高地位而产生强烈的自我优越感，华夏认为自己所处就是天下的中心，所以就有了与"四土"、"四国"意义相对的狭义"中国"的产生。在他们的心目中，"天下"的结构是这样的：九州即中国，中国之外是四海。那么什么是四海呢？《尔雅·释地》这样解释："九夷、八狄、七戎、六蛮，谓之四海。"再从中国古代的畿服制度来看，《国语·周语》说："邦内甸服，邦外侯服，侯卫宾服，蛮夷要服，戎狄荒服"，从五服到九服的发展反映了中央控制范围的扩大。这样，站在"华夏——我"，"夷狄——他"的立场上，深受华夏"自我中心主义"意识的影响，就构成了华夏居中，夷、戎、蛮、狄配以东、西、南、北居于四周"五方格局"。这对于长期以来汉族一直作为主体民族的中国各民族的分布格局产生了深远影响。

然而我们知道，在中国历史上，"五方格局"之下的"五方之民"间的相互流动是从来都不缺乏的，既包括汉族和少数民族之间的双向渗透，也包括各少数民族相互之间的多维互动。一系列的问题就此产生：这种多维的民族流动的合法性的理论依据是什么？也就是说是什么让某一民族向其他民族的生存空间的流动变得理直气壮？为什么这种多维的民族流动基本发生于中华大地之上和中国各民族内部？是什么原因让大规模的民族流动后的中国各民族仍然带有明显的边疆—腹地、汉族—少数民族的二维分野？从"认同"与"逃逸"及其两者的互动中我们或许可以找寻到解答。

一定民族群体往往与一定的地域空间相结合，该地域也就因此而被烙上一定民族的特色烙印。一定民族的流动必然会带来对所到之处的原有民族单元与本地域的结合冲击，对发生流动的民族而言，其必然要具备自身流动的合理性依据，遭受冲击的民族群体对流动民族的接纳也一定具有深层次原因。

中华大地在地缘方面的相对独立性和自然经济形态之间的互补性，决定了中华大地上的各民族单元之间的相互交往的密切和依赖。伴随着相互之间交往的频繁和联系的密切，中国各民族的一体化进程不断发展，逐渐地在各民族之间形成了一种自然、强烈和持久的对"中国"的归属意识，这就是"中国认同"。"中国认同"包含着对中华大地的认同、对中华民族的认同、对中华国家的认同和对中华文化的认同等广泛内涵；也可概括为对"中国"的向往、自身对"中国"的归属意识，争取他人认可，"中国认同"意识的道德化发展，即对"中国"利益的自觉维护和对"中国"前途、未来的积极探索等多个层次。这样，既然自己是"中国"的一员，那么就有着在中国范围内的当然的活动权利，这样，某一民族向其他地区的流动就有了合法的理论依据。五方格局中的"四夷"群体不断向中原地区进发，为数众多的汉人也源源不断地向各民族地区渗透，各少数民族之间的流动交融也频繁发生，虽也有着对自我地域的保护而发生的抵御，但最终由于"大中国"观念的发展，对此也都予以接纳。于是一种大杂居、交错杂居的中华民族分布格局形成并不断发展。

各周边少数民族进入汉族聚居的中原地区后，由于汉民族在文化和社会发展方面的优势，各少数民族向汉民族的这种"优势"或"先进"的不断学习和趋近便成为一种趋势，这就是中国历史上数不胜数的少数民族的所谓"汉化"过程，其实质应为各少数民族的"中国化"过程。因为各少数民族向往和趋同的绝不是汉族，而是在他们心目中代表着先进和进步的"中国"。汉族或者封建制度，不过是"中国"在当时的一种符号代表而已，"汉化"或者"封建化"的外表之下，反映的其实是"中国化"的共同本质。在各少数民族的"中国化"进程中，各少数民族又客观地成了促进汉民族不断发展的源源不断地新鲜血液。今天陕西咸阳和宝鸡一带存在的一些碑文明确地记录了历史上契丹人进入该地区后和当地人逐渐融合的情形；汉人在进入各少数民族地区后，不仅为该地区的发展作出重要的贡献，融入当地民族的事情也不断地发生。历史上汉人谋士辅佐少数民族首领取得事业成功往往被作为实现自身价值的一种手段，"纳西古乐"这类本属于汉民族的文化符号在今天汉族地区已基本消失，但却在少数民族地区的依旧流传，这本身也应是汉民族融入少数民族的历史痕迹的一种体现。这种在血缘和布局结构上的"你中有我、我中有你"成为中华民族一体化不断发展的重要动力。

在各民族的交往过程中，由于汉民族在文化、经济和社会发展等方面占据的绝对优势，进入中原地区的各少数民族能依旧保持自身民族本色的为数很少，进入少数民族地区的汉族对当地少数民族往往又会产生较大影响，各少数民族不断被吸纳进入，使汉民族像雪球一样越滚越大，成为中华民族的主体，产生越来越大的影响。

作为某一少数民族而言，在与汉民族交往的过程中，无外乎两种结局：一是融入汉族，二是民族自我保护意识支配下的"逃逸"①［当然，使汉族融入自己（少数民族）的例子在历史上也数不胜数］。单就后者而言，中华民族的发展历史进程中，虽然也有着北匈奴的远遁和外蒙古的独立等情况出现，但毕竟是极其罕见的特例，由于"中国认同"意识的存在，一般情况下，各少数民族的"逃逸"去向，只能是在中华大地范围内选择远离汉民族的地方。问题是究竟什么样的地方才能远离汉民族呢？按照费孝通先生的观点，"汉族的双腿已深深地插入了泥土"②，从生产方式上看，汉族和农耕经济是紧密结合的，所以，不利于发展农耕经济的地方往往就是能够远离汉族的地方。所以"现在那些少数民族聚居的地方，大都是汉人不习惯的高原和看不上眼的草原、山沟和干旱地区，以及一时还达不到的遥远的地方，也就是'以农为本'的汉族不能发挥他们优势的地方"。③ 1933年，胡焕庸教授绘成了中国第一张人口分布图，研究后发现，在黑龙江的爱辉和云南的腾冲之间存在着一条重要的人口地理分界线，即著名的爱辉—腾冲线。按当时中国中央政府实际控制的辖境（包括外蒙，未包括台湾）统计，此线以东的适合农业耕种的国土面积占全国面积的36%，人口占全国总人口的96%；此线以西不适合传统农业耕种的面积占国土面积的64%，而人口只占全国的4%。1982年，他又根据新的中华人民共和国版图（包括台湾，不包括外蒙）重新核算，发现此线以东的面积占国土面积的42%，人口占总人口的94.4%；此线以西的面积占国土面积的57.1%，人口占5.6%。④ 为什么会出现这样的奇特景象呢？林圣龙先生的研究成果给予了清晰说明："西北干旱区和青藏高寒区域的不利自然条件在今天的人口分布上也得到了明显的反映：在占全国陆地总面积的47.6%的东部季风区域中，集中了92%以上的耕地，居住着95%以上的人口；西北干旱区域和青藏高寒区域合计占全国总面积

---

① 参见纳麒《关于中国民族及其文化的几个观点》，载《云南社会科学》2003年第6期。
② 费孝通主编：《中华民族多元一体格局》，中央民族大学出版社1999年版，第34页。
③ 同上。
④ 参见胡焕庸《胡焕庸人口地理选集》，中国财政经济出版社1990年版，第287—331页。

的52.4%，两个区域总共只有8%的耕地，人口不到5%。"① 也就是说，在中国的民族人口分布格局中，边疆地区的这种地缘条件及由此而决定的生产方式，一方面使该地域的人们本身就很难成为"汉"民族，另一方面也决定了其他地区的少数民族在面临与"汉"的接触和碰撞后，出于对自我保护的本能，其所寻求的新的发展空间也往往就是这些区域了。

为了躲避汉族而"逃逸"的民族，到达了不利于农业发展的远离汉族的地方后，可能又会和该地域的地区性主体民族和地区性主流文化继续碰撞，同样的结果可能再次发生：要么融入该地区性主体民族和地区性主流文化，要么再次"逃逸"，逃到这些地区性主体民族也不愿意去的地方。于是，大山和密林深处、山巅和山腰、高寒地带等更加偏远或自然条件恶劣的地方就成为其选择，他们希望天然屏障的阻隔可以成为其民族血缘和文化的保护伞。这既是理解今天像云南这样的多民族地区民族立体分布的一种解释，也是探析今天各少数民族同胞在经济和社会发展方面处于落后地位的一条路径。

当然，在此必须说明的是，前文之中，笔者所用"逃逸"总是带着引号的，意思是说造成这种"逃逸"的主体原因应是一种出于自我对美好未来追求下的自由的选择。这和一种流行的臆断不同：有人认为今天的汉族大部分在生态条件较好的平原河谷，而各少数民族往往在生存条件不太好的边疆地区，所以认为是汉族把少数民族赶到这些地方去的。对此我们应有一个清醒的认识，我们承认在中国漫长的历史进程中，在浩瀚庞杂的中国历史民族关系中，这样的例子是有的。例如费孝通就曾通过广西大瑶山的瑶族分布举例："15世纪末明王朝曾调兵遣将对当地土著民族发动了一场著名的战役，战争就发生在今金秀瑶山附近的大藤峡一带。当地的土著民族，主要是瑶族，他们从此被赶入山区，形成了'无山不成瑶'的局面。"② 但是从中国民族关系发展的历史进程以及不同历史时期社会经济形态的发展阶段性特征来看，中国民族分布格局的"人为"说是站不住脚的。

首先，我们认为生态条件的好坏本身就是相对的，有利于农业生产的

---

① 参见张海洋《中国的多元文化与中国人的认同》，民族出版社2006年版，第148页。
② 费孝通主编：《中华民族多元一体格局·绪论》，中央民族大学出版社1999年版，第14页。

就是好的话，那么伴随着主要生产方式的变迁，是不是这些曾经有利于农业发展的地方也就相对地不好了呢？如果相对于今天的生计方式是好的话，那么很久以前的古人的生计方式和今天一样吗？另外，地方的好坏必须首先和生存而非发展相联系。在云南德宏的瑞丽、陇川等地的田野调查中，平原坝子夜间的蚊虫叮咬、湿热难耐，与山上寨子里的明月山泉、清风送爽形成了鲜明对比。只有亲身经历过的人才能明白长期的历史进程中平原和坝区的人们所遭受到蚊虫叮咬后疟疾肆虐的恐怖。这就是为什么长期以来最先到达某地的人们总是先抢占山头，而坝子总是最后被开发的原因。和平时期，平原和城镇当然是好的，但是人们不会忘记，特殊时期，边疆和非传统农业地区却更有利于人们生存下来的一个又一个实例。例如20世纪60年代，中国遭遇三年自然灾害的时候，3000多名上海孤儿如果继续待在上海那是万万无法继续活下去的，但是当他们被送到了内蒙古草原以后，很多人在自己的蒙古族阿妈、阿爸的无私养育下最终茁壮成长。[①]

其次，这里还有一个因与果的问题，究竟是汉族造就了平原耕作农业，还是平原定居农业造就了汉族呢？云南人常讲"苗族、瑶族住山头，傣族住水头，汉族住街头"，那么究竟是山头造就了苗和瑶，水头造就了傣呢，还是相反？答案是显然的。

再次，伴随着长期的历史变迁，人们交流的通道也是不断变化的，以前很多的交通枢纽今天成了深山老林，过去人迹罕至的边疆地区，却又成了改革开放的前沿和对外交流的窗口。地缘条件的好坏不仅是相对的，也是变化的。

最后，民族的形成不仅存在原生的形态，更多的可能是人为构建的结果。历史上中国各民族的概念可能远没有今天这般明晰，各民族之间的边界也远没有今天这般森严。在长期的历史发展进程中，认同使不断"逃逸"的人们像连着线的风筝，无论逃得多远，基本都自觉或者不自觉地为"中国"这个更高层面的共同体担负着开拓的使命。"逃逸"的人们不一定都是少数民族，更大程度上是逃逸到的地方的地域和生态把他们造就成了今天的"边疆少数民族"。历史发展之中的是是非非很难有一个判断

[①] 参见勿日汗《蒙古族母亲和他们的上海孤儿们》，新华网内蒙古频道，http://www.nmg.xinhuanet.com。

对错的绝对标准。

总之,"中国认同"意识引导下的各民族流动带来了中华大地和中华民族内部的大杂居和交错杂居的民族分布格局,也推动着中华民族一体化不断发展;民族自我保护意识下的"逃逸"现象使民族单元的聚居得以保持,有利于一体结构下多元色彩的维系;在认同与"逃逸"的互动中,各少数民族与边疆和西部在一定程度上出现了二位重合。边疆和西部成了各少数民族聚居的地方,各少数民族成了生活于边疆的群体。当对于当代国家版图完整具有重要意义的边疆和对于多民族统一具有攸关作用的少数民族结合在一起的时候,探讨边疆少数民族问题的理论和现实意义便无须多言了。

第三章

我国边疆少数民族"中国认同"的内涵体系

一 "中国"词义的历史嬗变

关于"中国"一词的词义演变和发展过程，近代学者梁启超和章太炎就曾专门撰文诠释。20世纪60年代，伴随着何尊出土，再次掀起了探索"中国"词义内涵的热潮，顾颉刚、于省吾等老一辈专家也纷纷给出了各自独到的见解。1985年，陈连开先生发表的《中国、华夷、蕃汉、中华、中华民族——一个内在联系被认识的过程》一文，在笔者看来，代表着这方面研究的最高水平。2002年何志虎先生发表的《中国得名与中国观的历史嬗变》是该领域的最新理论成果。在详细学习借鉴前贤研究成果的基础上，细考文献，结合各历史时期"中国"一词的实际用法习惯，我们基本可以描绘出该词词义嬗变的历史脉络。

关于"中国"一词出现，于省吾教授经过考证认为"商代甲骨文没有或、国二字"[1]。陈连开老师认为中国的名称出现于西周初期。[2] 而何尊和《尚书·梓材》之所以引起学者们的特别兴趣，就在于它们是已知出现"中国"两字的最早器物和文献。现存放于宝鸡青铜器博物馆的何尊铭文中有这样的记载，说周武王在克商后告天下事，云："维武王既克大邑商，则廷告于天曰，余其宅兹中国，自之辟民。"《梓材》是周公告诫康叔治理殷民的诰词，其间有词曰："皇天既付中国民越疆土于先王，肆王惟德用，和怿先王受命。"另在《诗·大雅·荡》还多见文王对该词的使用。观此时中国之词义，概有其三：一是地理概念，指天子之所居，与

---

[1] 于省吾：《释中国》，见中华书局编辑部《中华学术论集》，中华书局1981年版，第5页。

[2] 费孝通主编：《中华民族多元一体格局》，中央民族大学出版社1999年版，第212页。

四周之诸侯相对举,也指包括丰镐、雒邑为中心的黄河中下游地区;二是民族群体概念,指夏、商、周三族融合为一体的民族,其以夏为族称;三是文化概念,指夏族文化。① 我们又知道,夏和商只是被他称为"中国",而至有周一代,"中国"已成为周人的自称,故而何志虎老师断言"中国在西周已具有国名的性质,只是那时中国是人们理念中的国名,今天的中国是法定国名"②。

春秋战国是中国农业区的大分裂时期,中国一词的使用却更加普遍,据何志虎老师的统计,先秦文献中,中国一词的出现共有108处之多。③此时,伴随周边民族的不断内迁,中原地区出现了各族交错杂居的局面。东迁之后,周天子地位一落千丈,在"尊王攘夷"的旗帜下,各国展开错综复杂的争霸斗争。既有原先被视为夷狄者加入尊王攘夷的联合阵线,称为"进为中国";也有为了自身利益而从联合阵线中退出者,被称为"新夷狄",还有秦、楚这样为了摆脱"中国"内部互不攻伐原则对自身发展束缚;而自弃于"中国"之外的情形。及乎战国,战乱纷争中,一方面是"夏夷之防"下"华夏"和"夷狄"的对立,另一方面是伴随着各国交流与渗透频繁,一体性不断加强,七雄并列"中国"。"中国"的含义和范围都有了明显发展:包含七雄所占所有地域;与"诸夏"、"华夏"同义,但与"四夷"已有同居"四海"的整体意识;国名是其主流意义;④ 也特指礼乐文化。

秦汉统一封建国家建立,幅员包括了整个黄河、长江和珠江流域,这是中国农业区的第一次大一统,时语"中国"的内涵发生了变化。由于秦汉郡县制的实行,西周至战国时期"国"、"野"分治下,"中国"意指城中的用法已基本淡出了人民生活。由于秦汉疆域辽阔,时人讨论边疆问题时往往以"中国"和边疆对举,这应是先秦将"中国"作为中原的用法的一种延续,但此时"中国"所指已大大超过中原的范围,实指所有实行郡县制的广大地区。秦汉时"中国"词义的一大变化就是其国名含义的加重,尤为重要的是,就是在这个时候,"中国"之所指开始超越

---

① 费孝通主编:《中华民族多元一体格局》,中央民族大学出版社1999年版,第219—223页。

② 何志虎:《中国得名与中国观的历史嬗变》,三秦出版社2002年版,第24页。

③ 同上书,第25页。

④ 同上书,第26页。

某朝某代的含义，具有了世代相传、一脉相承的"祖国"内涵。在记载汉代的历史时，太史公用"中国"指汉政权，同时他又认为中国各民族同源同种，都是皇帝子孙，尧、舜、禹、夏、商、周、秦、汉乃同一国家之传承序列。自此，以后各朝各代，便皆以"中国"为国号，另有表示一家一姓"社稷"的庙号。

三国是中国农耕区的大分裂时期，从《三国志》中对"中国"一词的使用情况的记载来看，当时的孙吴和蜀汉都称曹魏为中国，但多指河、淮之地。由于曹操挟天子以令诸侯，有时也指"中央政权"。但无论蜀汉还是孙吴都没有自弃于"中国"之外，均以完成统一为己任。特别是诸葛亮在晚年时已不再称曹魏为"中国"，而改称"中原"，《出师表》说："当将率三军，北伐中原"[1]，此后，以"中国"代指中原的用法逐渐消失。

早在战国之时，人们就有着"中国者，聪明睿智之所居也，万物才用之所聚也，贤圣之所教也，仁义之所施也，诗书礼乐之所用也，亦敏技艺之所观赴也，蛮夷之所义行也"[2]的普遍观念，汉司马相如已清楚地看到了这一点，客观地指出，周边少数民族"闻中国有至仁焉，……举踵思慕若枯旱之望雨"[3]。正是源于这种对"中国"的向往意识的不断发展，周边少数民族人们的脑海中，一种自愿而迫切地将自己"归属于中国"的心理观念越来越强烈。对"中国"的向往，让他们不断产生向"中国"进发的冲动，"归属于中国"心理让他们觉得自己有着向"中国"进发的权利。于是周边各少数民族不断向中原地区汇集，而由于长期战乱，人口锐减，中原王朝政权也有过号召少数民族内迁的举措，例如三国时的魏、蜀，所以周边各民族内附的规模越来越大，至魏晋南北朝时达到了高潮。

然而，当这些自称为炎黄之后、以"中国之民"自谓的周边民族内附之后，却遭受到了汉族统治阶层"非我族类，其心必异"心态下的歧视。因为汉族统治者们知道，如果承认了周边少数民族的"中国"身份，则不仅意味着其有着在中华大地活动的权利，也意味着对周边少数民族也具有代表"中国"并行使管理权的承认。对汉统治者而言，这必然意味

---

[1] 参见方北辰《三国志注译》，陕西人民出版社1995年版，第1661页。
[2] 《战国策·赵策二》。
[3] 《史记·司马相如列传》。

着对自身代表"中华正统"身份的挑战，是万万不能接受的。于是在不同的"中国观念"的支配下，双方碰撞不断。汉族统治者力图将周边少数民族排斥在"中国"之外，以确保自己对"中华正统"的独占地位；周边少数民族一方面不断加快自身的"中国化"改革进程，另一方面也试图通过完成"大一统"来让自己的"中国"身份和成为"中华正统"的权利事实化。羯族前赵政权的创建者石勒、氐族前秦皇帝苻坚在时机不成熟的情况下仍急于完成统一，便是这种意图下的冲动；类似北魏孝文帝这样的少数民族上层改革，在其"汉化"的形式下，确是"中国化"的实质，是各少数民族自归"中国"的特殊路径。最终，魏晋南北朝之间，由少数民族完成"大一统"的努力虽未实现，但是在北魏孝文帝"中国化"改革的表率之下，匈奴、羯、氐、羌等民族亦纷纷"进为中国"。我们说，这一历史时期的民族融合与少数民族的"大中国观念"为后来隋唐时中国大一统局面的出现奠定了基础。

隋唐均是由汉人建立的大一统王朝，是中国封建社会的鼎盛时期，为"大中国"观念的重要发展期。唐时版图极为辽阔，东越海表，东北到达黑龙江以北的外兴安岭，西部到达新疆以北，南与今天越南相接。奠定了中华大地的雏形。唐太宗曾说："自古皆贵中华，贱夷狄，朕独爱之如一"①，开明的民族政策使中国各民族基本能够平等相待，血缘和文化上进一步交融，一体性越来越强。何志虎老师对当时的政治文献和文学作品中对"中国"一词的使用进行了考察，认为可概括为三种情况②：其一，对古今中国的统称。例如大文学家韩愈在《谏迎佛骨表》中说"佛者，夷狄一法耳，自后汉流入中国"③。其二，国名，指包括各少数民族地区的唐统治下的全国。如《送郑尚书序》："外国之货日至，珠香犀玳瑁奇物，溢于中国。"④ 其三，仅指唐设立郡县的地方。如德宗时的陆贽语："今四夷之最强盛，为中国甚患者，莫大于吐蕃举国胜兵之徒，才当中国十数大郡而已。"⑤ 唐末，周边少数民族相继崛起，从而开始了对传统"中国"观念的又一轮冲击。

---

① 《资治通典》卷198，贞观二十一年五月。

② 参见何志虎《中国得名与中国观的历史嬗变》，三秦出版社2002年版，第31—33页。

③ 韩愈：《韩昌黎全集》，中国书店1991年版，第506页。

④ 同上书，第301页。

⑤ 《旧唐书》列传第八十九《陆贽传》。

五代十国辽宋夏金时期是周边少数民族向"中国"进发的又一个高潮时期。紧紧围绕谁是"中华正统"的问题，周边少数民族和汉族统治者两种"中国观念"不断激烈碰撞。面对周边民族不断进入，中原汉族统治者对"中华正统"代表权的独占局面受到了严重挑战，在现实力量无法占据绝对强势的情形之下，他们力图通过对传统"中国"观念的理论阐述，说明周边民族若成为"中华正统"的不合理性，并力图将周边民族排斥在"中国"之外，从而完成对自身原有地位的维护。宋初理学三先生之一的石介，曾对传统的"中国"观念作出过全面概括，他认为："中国"的地域是汉人居住的九州，"中国"的文化是汉文化，"中国"民族是汉人，"中国"的主权应由汉人世代相承来行使。所以，汉族传统的"中国"观念的狭隘性是不言而喻的，甚至宋太祖赵匡胤还有着"大渡河之外，非吾有也"的观点。[①] 汉族这种观点为周边各少数民族所不能苟同。他们均以完成大一统为己任，并希望借此巩固自己的"中国"身份。辽、金等虽未能完成统一，但他们相对先进的"中国观念"却对汉族的传统观念造成了强烈冲击。岳飞抗金时，传统的"中国"观念是其强大的精神动力，所以取得了很大成绩；但后来韩侂胄北伐却几无进展，就在于北方人民的中国观念中已不再极力排斥周边各少数民族了。

　　元代是蒙古族建立的大一统王朝，少数民族大一统政权的建立，对于"中国"词义内涵的发展产生了意义深远的影响。少数民族对整个"中国"地域的实际控制，蒙古民族对自身"归属中国"的坚持，蒙元政权成为当时"中国"代表的事实化，以及作为统治民族文化的游牧文化从各个方面与汉文化的相互融入，这都给传统的汉族的狭隘"中国"观念以沉重打击。但是，由于蒙元统治者民族分化政策的施行，民族矛盾再次激化。

　　明太祖朱元璋聪明地利用了广大汉人对蒙元统治者施行民族压迫的不满，提出了"驱逐胡虏，恢复中国"的口号，这样，传统汉人狭隘的"中国"观念就成为朱元璋反元立明的有力武器，就这样，明代的"中国"观念又出现了一定程度上的反复。但综观明代对"中国"一词的使用，我们可以明确地感受到明代人的一种矛盾心理：一方面，传统的汉人

---

① 《续资治通鉴·宋纪》：北宋初年，"王全斌既平蜀，欲乘势取云南，以图献。帝鉴唐天宝之祸，起于南诏，以玉斧画大渡河以西曰：'此外非吾有也！'"。

的"中国"观念是其立国之本，是必须坚持的；另一方面，多民族统一"中国"观念又客观地存在着巨大的合理性。就是在这种矛盾中，明代对"中国"一词的使用上就出现了一定程度上的混乱：有时专指内地，有时又指包括各少数民族地区的整个明政权辖区；有时专指汉人，有时又具有多民族内涵；有时主要指汉文化，有时也包括周边少数民族文化；坚持明是当代的"中国"，认为汉人才能成为"中国正统"，但明政权又大量吸收蒙、回等少数民族上层分子。

满族建立的清王朝对全国的再度一统，使多民族统一中国观念基本确立，谈及"中国"，已与今天该词词义没有本质冲突。大清的版图，基本确立了中华大地的地域范围，其人民包括了满、汉、蒙、回、藏等五十多个民族单元，其主权是多民族统一的中国主权，是时中国之主权由满清代表，其文化包括多民族文化成分。

此时，有几个事件需要引起大家的注意：

在康熙二十八年，即公元1689年订立的《中俄尼布楚条约》的用语中，清楚地表明了"大清"朝号和"中国"国名之间的关系。例如，订立条约的主体是清朝廷，但使用的国名却为"中国"；决策人为康熙皇帝，但却表述为"中国大皇帝"或"中国大圣皇帝"；订约代表索额图的身份是"中国大皇帝钦差分界大臣"。条约规定双方以格尔必齐河为界"凡岭阳流入黑龙江之河溪尽属中国；其岭阴河溪尽属俄罗斯"。[①] 这说明，康熙帝清楚地认识到自己行使的"中国"的主权，是作为"中国"的代表与俄方签订条约的。而此后清代诸帝在对外交往中也都能处理"大清"和"中国"，朝号和国名之间的关系，中国的国名内涵，完全确立。

清代后期，由于满清统治者在代表各族人民行使"中国"主权的过程中，外辱国权，损害了各民族人民的利益，人们掀起了大规模的反对满清统治者的浪潮。而这一过程中，许多汉人再次将传统的汉族"中国"观念作为自己斗争的有力武器。例如，资产阶级革命派的邹容提出的"驱逐居住在中国之满洲人，或杀以报仇"[②] 的口号。甚至资产阶级革命

---

① 王铁崖：《中外旧约章汇编》（第一册），生活·读书·新知三联书店1957年版，第12页。

② 张枬、王忍之：《辛亥革命前十年间时论选集》第二卷，生活·读书·新知三联书店1963年版，第673页。

先行者孙中山先生也都有过"将满洲鞑子从我们的国土上驱逐出去"① 的说法。但是,面对代表历史前进方向的"多民族统一中国"观念的深入人心,与时俱进的孙中山很快就放弃了自己"驱除鞑虏"的口号,转而追求满、汉、蒙、回、藏等民族的"五族共和",最终创建"中华民国"。

辛亥革命的胜利果实不幸为军阀所窃取。代表全国各族人民利益的中国共产党领导人们取得了新民主主义革命的胜利,建立了"中华人民共和国",其简称为"中国",她的内涵包括:960万平方公里领土神圣不可侵犯;56个民族和谐如一;她是具有悠久历史的"中国"在当代的唯一合法政府,主权属于全国各族人民;建设包括全国各族文化在内的新型文化。

综上所述,中国一词的内涵经历了一个长期复杂的历史嬗变过程,中国历史上也发生了少数民族和汉族两套"中国观念"的激烈碰撞,虽然所指范畴历经变化,但中国一词的四项含义却一直存在。伴随统一多民族国家在历史长河中曲折但永未停息的发展,中国一词的四项含义所指范畴也不断发展并逐渐完善。今天,所谓"中国"可是一地缘概念,指中华大地,包括汉族人口较多的东部、内地也包括有着较多各少数民族同胞的西部和边疆地区,包括中国内地也包括香港、澳门和台湾,包括广袤的领土也包括广阔领海、附属岛屿和领空;可是一民族概念,指中华民族,包括汉族、五十五个少数民族单元和一些尚待识别的族群群体;可是一国家概念,指形而上的观念层次的中国国家,即所谓的"祖国",也指形而下的历代代表中国国家的各王朝及各时期合法政府;可是一文化概念,指中华文化,包括汉文化和丰富多彩的各少数民族文化。

行文至此,还有几点需要作一解释和交代。为了完成此节内容,笔者曾借假期回陕西探亲之际专门拜访过《中国得名与中国观的历史嬗变》的作者何志虎老师,聆听了他对这一问题的独到见解,受益颇深;笔者也认真拜读了前辈学者们关于这一问题的相关精彩论述,消除了不少疑团;此外,还针对这一问题查阅了大量的相关文献,有了一些收获。然而,把握"中国"一词内涵的嬗变脉络的难度还是远远超出了笔者的想象。学习中笔者发现,历史上对该词的使用,往往是旧义还未

---

① 孙中山:《孙中山全集》,中华书局1984年版,第255页。

消失，新义便已开始出现，甚至经常是新义旧义一起流行，不同时期的文献中对"中国"一词的词义采纳往往不同，同一时期不同作者的作品中该词的词义也经常大相径庭，甚至同一作者的同一作品中该词的词义也是交杂混用。上文历史文献引用较少的原因就在于此。总之，上述行文仅仅是对"中国"一词在不同历史阶段的主要流行词义的一种大致概括，带有浓厚的历史时代内涵色彩，是一个粗线条而已，细致深入的工作，需要日后继续。

二 归属感——认同的本质内涵

中文"认同"一词来自于对英文词汇 identity 的翻译。Identity 起源于拉丁文 idem，其原意基本等同于 the same，表示相同、同一性等内涵。作为学术术语概念的 identity 最早由弗洛伊德提出并使用。最初，他把由人的潜意识下的欲望或是内疚激发的，对他人的模仿命名为认同，儿童把父母或教师的某些品质吸收为自身人格的一部分的行为就是所谓的认同作用。在弗洛伊德看来，认同是用以表述个人与他人、群体或准备模仿的人物在感情、心理上趋同的过程，是个体与他人有情感联系的最早表现形式。[1] 认同就是个人与他人、群体或模仿人物在感情上、心理上趋同的过程。[2] 认同"是一个心理过程，是个人向另一个人或团体的价值、规范与面貌去模仿、内化并形成自己的行为模式的过程，认同是个体与他人有情感联系的原初形式"。[3] 由此可见，在弗洛伊德的认同概念中，认同是一个主体与客体通过互动达到一致的过程，这个过程往往是需要通过主体的仿效榜样的行为等主客体相联系的方式来完成的，其意义是能够以此满足主体的归属感的需求。

随后，埃里克森在弗洛伊德的基础上，给认同概念注入了新的内涵。他认为，所谓认同，是关于"我是谁？"这一问题或明确或隐晦的回答，他进一步解释说，这种认同是由基本的同一感和延续感开始，而其答案已经显示在个人的现在和过去之中，而且可以引导出人们在一定领域的一种

---

[1] 参见王亚鹏《少数民族认同研究的现状》，《心理科学进展》2002 年第 1 期，第 102 页。

[2] 车文博：《弗洛伊德主义原理选辑》，辽宁人民出版社 1988 年版，第 375 页。

[3] 梁丽萍：《中国人的宗教心理：宗教认同的理论分析与实证研究》，社会科学文献出版社 2004 年版，第 12 页。

虽有变化但却持久的行为走向，从而保证个人从目的的远景出发有效地融入社会，这其中最重要的就是基本的忠诚和忠实，以及有关幸福、自尊、自信根深蒂固的、强烈的、下意识的感觉。①

而今天，伴随着学术研究及其交流的不断发展，"认同"已俨然变成了一个"到处弥漫，深不可测的术语了"。尤其是伴随着该词20世纪90年代在中国大陆的勃兴，其内涵更加令人兴趣倍增而又头痛不已。

综观今天对于"认同"概念的使用场境，不难发现，学者们对于该概念的使用和解释往往是富含特定的角度和学科色彩的。例如希尔多逊认为：认同是"一种同化与内化的社会心理过程，它是将他人或群体的价值、标准、期望与社会角色，内化于个人行为和自我概念之中"②；台湾学者张春兴将认同具体化为"一个人将其他个人或群体的行为方式、观念态度、价值标准等，经由模仿、内化而使其本人与他人或群体趋于一致的心理历程"③；美国《心理学百科全书》这样解释：认同是精神分析理论中的一个核心概念，指的是主体同化、吸收其他人或事项，以构建自身人格的过程。④《社会心理学辞典》这样认为：认同是一种情感、态度乃至认识的移入过程，在人际交往中，无论是别人被自己同化，还是自己被别人同化的过程，都称为认同。⑤ 在沙莲香看来，"认同是心理学中用来解释人格统合机制的概念，即人格与社会及文化之间怎样互动而维系人格统一性和一贯性，认同是维系人格与社会及文化之间互动的内在力量，从而是维系人格统一性和一贯性的内在力量，因此，这个概念又用来表示主体性、归属感"。⑥ 费孝通先生则将认同感归结为"感觉是自己人的心理态度"⑦。泰勒认为许多认同的形成是由于"自我的根源"。自我对善恶认识不同，会造成不同的认同派别。要阐明认同的形成，必须涉及自我的根

---

① Augusto Blasi, Kiberly glodis, The Development of Identity: A Critical Analysis from the Persoective of the Self as Subject, Development. Review, 1995 (15).

② 李继利：《汉族、藏族和回族大学生族群认同与群际归因的跨文化研究》，硕士学位论文，西北师范大学，2002。

③ 张春兴：《张氏心理学词典》，上海辞书出版社1992年版，第122页。

④ 参见周晓虹《中国中产阶层调查》，社会科学文献出版社2004年版，第24页。

⑤ 费穗宇、张潘仕主编：《社会心理学辞典》，河北人民出版社1988年版，第45页。

⑥ 沙莲香主编：《社会心理学·前言》，中国人民大学出版社2002年版，第4页。

⑦ 费孝通：《费孝通民族研究文集》，民族出版社1988年版，第174—175页。

源、人性的善恶、社会与日常生活的影响等。①《辞海》对认同的解释是："认同一译'认定'，在心理学上指认识与感情的一致性。认为经过认同，形成人的自我概念。在社会学上泛指个人与他人有共同的想法。在人们交往活动过程中，为他人的感情和经验所同化，或者自己的感情和经验足以同化他人，彼此产生内心的默契。分为有意和无意两种。"②

认真学习和领悟前辈学者关于认同的真知灼见，我们不难发现：

其一，认同概念包含有客观地、现实的、的的确确存在的同质性、共同性或者相似性的意思；也包括源自主观的、认识层面的一致性、共同性等内涵。这种来自客观事实的，抑或是主观构建的"共同性"，是认同的基础性含义，认同的其他层面的含义，均基于此而发生或产生意义。

简单地说，认同就是寻求主体自我与客体"共同性"关系的过程。现实生活中我们发现，对于主体而言，个体主体通过发现自己与某一身份或群体的"共同性"，把自己和客体共同组成"我们"，这个我们通过发现自身与客体的"共同性"，从而建立起规模更加宏大的"我们"。所以，主体与客体之间的这种"共同性"便成为能否构建"我们"的最基础性因素。而这一"共同性"还是决定某一客体能否成为"我们"的关键：不管是否有着"共同性"的客观存在，一旦意识认识到了"共同性"的存在，那么这一客体就成了"我们"；不管是否有着"共同性"的客观存在，只要意识没有发现或者认识到"共同性"，客体就成了"他们"。对主体而言，"共同性"存在的客观性与真实性并不是最重要的东西，关键是主体只要认识或者意识到某种"共同性"。所以，对于客观存在的"共同性"一定要强化认识；在"共同性"缺失的情形下，人不是无能为力的，而是可以通过构建创造出"共同性"的。

例如现实中，在一个各种肤色的人们汇集的场景中，黄种人之间马上寻求的彼此相互之间的"共同性"，当大家意识到"黄种"这一"共同性"的时候，这一个"我们"也就形成了。当不同地域的人们汇集的时候，云南人彼此间只要意识到其所共有的"云南"这样的地域共同性的时候，云南人的"我们"也就是形成了。当中华民族面临外来凌辱的时

---

① 参见［加］查尔斯·泰勒《自我的根源：许多认同的形成》，韩震译，译林出版社2001年版。

② 夏征农主编：《辞海》（缩印本），上海辞书出版社1989年版，第433页。

候，大家彼此之间一旦意识到了"中国各民族同胞"这一"共同性"，"我们"也就出现了。这个时候，没有人会在意这种同胞关系是真的客观地存在彼此间的血缘关系还是一种人为的强调或者是构建。当然，没有这种"同质性"就不可能产生对以这种同质性为最鲜明特征的群体的认同。不同的"同质性"基础之上也必然产生不同的认同类型。没有参照对象条件下群体成员之间特定"同质性"的不断强化发展必然促进该群体的自在发展，参照对象的出现会使这种"同质性"明确化，也必然会使这种"同质性"基础上形成的群体的边界明确，成员对该群体的认同意识得以彰显。

其二，认同是主体与客体通过一定的互动而达到一致的过程，而主体又是一个包含多层次的范畴，例如单个的人，叫个体主体；不同规模的群体集合，叫群体主体；甚至是整个人类，称之为类主体。由此观之，从主体的角度而言，认同至少可以分为个体认同、群体认同、类认同等层面。

每一个体，一生都要面对对于多种群体的归属问题。然而我们知道，整个社会系统中所存在的不同标准下的各种群体，从结构上来看又存在着多级倒金字塔形状的特征，倒金字塔的最底端就是个人，他会隶属于一定标准下的某一群体，而该群体也必然地存在着对更高一级群体的归属，就这样从小到大、从下到上，层层隶属，群体的规模也就越来越大。因此，就群体而言，也存在着对更高一级群体的归属问题。总之，无论认同的外延如何宽泛，对其的研究也总是沿着个体认同和群体认同两个层面来展开。就以民族认同为例，某一个体首先面对的是对自己所属民族支系的认同；该支系又存在着对该民族单元的认同，该民族单元也客观地存在着对中华民族这个更高层次的民族群体归属。就地域认同而言，一个瑞丽人首先存在着对瑞丽的认同，所有瑞丽人又存在着对德宏的认同，所有德宏人同样存在对云南的认同，云南人又会认同"中国人"。

其三，如果说认同缘起的基础是"共同性"，那么认同的发生就需要以能够激发主体对"共同性"认知彰显的具有明显"差异性"的他者的或客观或构建的存在和一定认同场景的发生或出现为条件。

从认同的发生来看，是一定需要一个参照对象的。我们知道，在一个只有黄种人的环境中，也就无所谓黄种人这一概念了；在没有"外地人"意识时，强调我是"云南人"，丝毫不会让其他云南人感到亲切；面对中华民族而言所谓中华民族也将失去任何意义。然而，当面对其他种族成员时，黄种人对自己的种族归属感便会油然而生；在与其他地域的人交往时，不同地区的云南人之间总会有一种相互的亲切感；"凡遇一他族而立刻有'我中国人'之一观念浮于脑际者，此人即中华民族一员也"，[①]这描绘的就是所谓的中华民族认同。此时，其他种族的人、其他地域的人和"他族"，就分别是产生黄种人的种族认同、云南人的地域群体认同和中华民族认同的参照对象了。其中，与参照对象的差异度越大，认同感就会越强烈。

其四，社会的角度而言，主体对于一定的角色、身份，特别是群体的归属，是认同的本质内涵。

每个人一生都要归属于多种依照不同标准所划分的群体，从而也就具有了林林总总的多种身份。综观林林总总的各种认同概念，我们不难发现，认同说到底是对自己属于谁的，一定的时空维度下的，一定角度、一定程度的回答。例如现实中，某一个体对于某一地域的认同，说到底是对自己属于哪一地缘群体的回答，强调的是自己对这一地域群体的"归属"。中日两国矛盾尖锐的时候，我们每一个个体对中华民族的认同，其实解决和回答的是，自己和谁一起构成了"我们"，自己归属于谁的问题。认同的本质内涵是"归属"。

其五，基于"归属"这一认同的本质内涵，我们发现，认同还存在着不同的表现层次：基于对某种"归属"的认知，即主体对于自己"归属"于某种身份或群体的知晓或自觉；主体对于自己"归属"于某一身份或群体的情感，这种情感可以是积极的，也可以是消极的；主体对于自己"归属"于某一身份、群体的自觉和情感基础之上的一定的行为方式。

个体对于某一群体，不仅存在着认同或者不认同的问题，对于同样认同该群体的不同个体而言，其认同的强度也往往存在着较大的差异。这又是为什么呢？我们认为，就认同而言，其基于某种被意识到的"共同性"为基础，本质上表达的是"归属性"的内涵，而在对"归属性"的回答中又可以按照强度由低向高、由弱及强的分为三个层次。

一是自己对自身"归属"于某一群体的认知。这是认同发生的必要条件。社会历史发展进程中，所谓的群体，不仅仅是原生的，更多的都是

[①]（清）梁启超著，吴松、卢云昆、王文光、段炳昌点校：《饮冰室文集点校》，云南教育出版社2001年版，第3211页。

人们精心构建下的创造。对于所谓的一定群体的某一个体而言,如果从未超越某一群体的边界,那么他就不会认识到自己对这一群体的"归属",这时,他将自己所归属的层面一定是低于这个群体的单元。虽然此时他客观地存在着与该群体其他个体的众多的"共同性",但这种"共同性"本身是隐性的。只有当一定的某种程度的边界被打破后,他者用"差异"才能使这种"共同性"得以彰显,也只有这时这个个体才能产生自己"归属"于此原生群体的认识。对于所谓的一定的构建性的群体的个体而言,其对于自己属于该群体的认识一般而言有两种途径,一种是来自自身的认知,另一种是来自于他人的告知。前者认知的是一种客观现状,不代表个人就认为这是合法、合理的结果,存在着既然与应然的辩证统一问题;后者被告知的是一种他人安排下的后果,不代表个人就一定会欣然接受,同样存在着他人的"安排"和自我"选择"的统一问题。归属感本应是主体的一种心理意识,但是,由于对某一群体的身份的认定,往往意味着主体某种利益的得失,所以实践中又现实地存在着主体的"自述"和外界"他述"之间的互动。从逻辑的角度来讲,主体对某一群体的"归属"是需要两个条件的:其一,是主体自身要有对于该群体的"归属"意愿;其二,是要获得该群体的其他成员的认可、承认和接纳。前者就是所谓的认同的"自述"方面,后者就是所谓的认同的"他述"方面。以民族认同为例,虽然弗里德里克·巴斯认为民族认同的终极依据应当是当事人自己,换句话说就是某一族群中的人们根据自己的族源和背景来确认。[1] 但现实远非如此,例如现今,一些人可能自己不断地宣布着对某一民族单元的"归属",但是由于今天针对少数民族的优惠政策的存在,这种"自述"只有在经过代表该民族的机构(通常是国家机构)的审核和认可之后所做出的"他述"后方能有效,方能获得该民族的身份和资格,从而实现自身对该群体的"归属"。

二是自己对于自身"归属"于某一群体的情感,亦即态度或心理感受。现实不能代替情感。认同问题上,个体对于自身"归属"于谁的认识往往是对一定现状或者现实的认知,却代表不了自己对自己这种"归属"现状的态度。一般而言,当这种"归属"现状有利于自身对需求满

---

[1] "Ethnic Adaptation and Identity", A Publication of the Institute for the study of Issues, Phalidelphia, p. 3.

足的追求的时候,主体对这一"归属"现状的情感和态度就会积极而热烈;当这种"归属"现状不利于自身对于需求满足的追求的时候,主体对这种"归属"现状的情感和态度就会消极而隐抑。需要注意的是,这里说的是有利于对需求满足的追求,而不是需求的满足,或者是利益获得的多少;需求的满足不能简单地理解为利益的获得,尤其不能理解为就是物质利益的获得。例如,某一群体取得了较大的胜利、成就的时候,该群体的个体对于"归属"于这一群体的情感往往是热烈的,态度往往是积极而彰显的,但是,不是说某一群体遭受了外来的侵辱、大的灾难等困难的时候,该群体的个体对于自身"归属"于该群体的情感就会削弱或淡化,恰恰相反,像抗日战争、汶川大地震等这样的凌辱和灾难来临的时候,中华儿女们对于伟大祖国的"归属"的情感却更加炽热和忠诚,因为此时,只有大家的团结才能共渡难关,只有大家的平安和发展才能有小家和个人的福祉和自由,在这种外来凌辱或自然灾害面前,只有强调这种"归属",才是有利于自身对于需求满足的追求的。因为困难或者灾害面前个体对于自身"归属"现状的情感和态度往往会获得道德性的评判和评价,所以个人在困难时刻对于自身"归属"现状的情感往往会更加高涨而热烈。

三是主体对于自己"归属"于某一身份、群体的自觉和情感基础之上的一定的行为方式。建构主义有一个基本观点:观念影响身份定位,身份影响行为方式。主体对于自己"归属"于谁的认识会形成对自我是谁的身份定位,当这种身份被赋予一定的社会或者文化的意义以后,又会形成一种强大的力量,反过来影响主体的行为方式。例如一个中国人,在面临外来的具有明显差异的他者时,会认识到自己对于"中国"的归属,当"中国人"被赋予了"同文同种"、"血脉相容"等意义,尤其是和中国历史文化中光芒万丈的祖先发生关系之后,一种强大的力量就形成了,是否认同"中国",对任何一个中国人而言,就不仅仅是个人的事情了,这包含着无穷无尽的道德内涵,而且在行为方式上,一个人往往只有自觉地维护"中国"尊严和利益才不会为道德体系所谴责,在特殊的历史场域和背景下,一个人为了维护"中国"的尊严和利益所采取的行为方式越是亢奋和极端,其越能获得道德体系的赞扬和称颂,虽然这种行为方式在理性原则下是不一定被称颂的,也可能并不一定符合成本收益的经济原理,甚至是可能根本就没有取得任何的积极后果。总之,主体对于自己

"归属"于某一身份、群体的自觉和情感基础之上的一定的行为方式往往是受其对自己所"归属"的身份和群体的现状的情感影响的，这种情感是存在强度差异的，所以行为方式也明显地存在着强度的差异，反过来，一定的行为方式也往往能够直接地反映出主体对归属一定身份和群体的认同强度。

综上所述，如果一定要给认同下一个定义，我们可以这样叙述：一定意义而言，认同就是基于某种"共同性"之上的，主体对于自身"归属"的认知、强烈的情感依附和由之而产生的行为方式。

三　边疆少数民族"中国认同"的理论构建

在考察完"中国"一词词义嬗变的历史轨迹和"认同"概念的本质内涵之后，让我们再次回到我们的老问题上：在漫漫数千年的历史长河中，究竟是什么力量，不断地促进着中华大地的浑然一体、不容分离，凝聚着中国各民族的血脉相连、命运相戚，决定着中华国家每逢分裂后的重新一统、海内归一，孕育着泱泱中华文化的源远流长、生生不息？也就是说，促使中华民族凝聚的动力到底是什么？

长期以来笔者对该问题的基本思考有两点：任何经济的、政治的、文化的因素都是必须通过人的观念意识才能发挥作用的，此为其一；其二，能够促使多个平等的民族主体凝聚成更高级别的民族共同体的根本性因素，必定是各个民族主体一起共同拥有的，这种"同质性"才是凝聚的关键。所以，伴随着经济、政治和文化等方面交往和联系的不断紧密，在分布于中华大地各个不同地域和不同民族的人们身上，逐渐地形成并客观地存在着一种共同的观念意识，这一观念意识让各地各族的人们自愿地将自己归属于一个更高层次的大家庭之中，并以这个大家庭中的一员和主人的身份，自然地去参与这个家庭的相关事务，维护这个大家庭的各种利益。这就是"中国认同"。正是"中国认同"，让各少数民族并未自摒于"中国"之外，而是自归"中国"之列，以中国的一部分，参与到中国历史和现实之中并扮演重要角色。正是共同存在于各地各族人民身上的"中国认同"，把各地各族人民凝到了一个更高层次的共同体——中华民族之中。而中华民族这一称谓是对该共同体的民族学取名，在所指范畴上，她也相当于基于共同地缘——中华大地之上的人们群体，基于共同政治国度——中国国家之上的人们群体，基于共同文化——中华文化之上的人们群体，等等。也正是"中国认同"，才是历史长河中，尤其是在国家民族战乱及民族危机中维系中华民族多元一体格局和统一多民族国家形成、巩固并不断发展的最直接因素。

通过对"中国"词义嬗变的考察，我们知道，在完备的情况下，今天所谓"中国"可是一地缘概念，指中华大地，包括汉族人口较多的东部、中部，也包括有着较多各少数同胞的西部和边疆地区，包括中国内地也包括香港、澳门和台湾，包括广袤的领土也包括广阔领海、附属岛屿和领空；可是一民族概念，指中华民族，包括汉族、55个少数民族单元和一些尚待识别的族群群体；可是一国家概念，指形而上的观念层次的中国国家和形而下的历代代表中国国家的各王朝及各时期合法政府；可是一文化概念，指中华文化，包括汉文化和丰富多彩的各少数民族文化。

通过对"认同"概念的论述，我们知道"归属感"是认同的本质内涵，而其表现又可以分为认知、情感和行为方式等几个层面。认同本身不仅存在多类型的冲突或博弈，也存在强度的现实差异。

站在个体、群体两个层面上，所谓边疆少数民族的"中国认同"就是指，基于"中国"范畴的共同性基础之上的，边疆少数民族同胞对自身"归属"于"中国"的认知、强烈而持久的情感以及由此而产生的对于"中国"利益的自觉维护的行为倾向。

边疆少数民族"中国认同"的体系内涵应包含以下层面和内容。

（一）边疆少数民族的中华大地认同

任何民族或群体都有自己特定的生存空间，中国人的生存家园就是中华大地。它"坐落在亚洲东部，西起帕米尔高原，东到太平洋西岸诸岛，北有广漠，东南是海，西南是山的这一片广阔的大路上"。[1] 逻辑地讲，一个地域要成为相对独立的地理单元，至少应该符合两个条件：一是对外而言，要有一定的屏障以形成交往的障碍或边界；二是内部而言，要能够形成不断地打破边界的交流体系或系统。中华大地四周的天然屏障自不必多言，其内部的地理特征也是特别有利于统一的交流体系的形成的。例如中华大地内部的地理结构明显具有东部分隔西部贯通的特点，而东部的这

---

[1] 费孝通主编：《中华民族多元一体格局》，中央民族大学出版社1999年版，第4页。

种分隔又被内陆的主要河流网络、紧傍陆地的海洋通道、西部的高山和由此造成的气候相似性连接起来。① 故而,"这片大陆四周有屏障、北部有结构完整的体系,形成一个地理单元"。② 其结果就是中华大地内部"共同性"的不断增加,内部各次级地域单元对自身边界的不断打破和超越,各次级地域单元对中华大地归属的不断增强,各次级地缘群体对中华大地基础之上的群体的归属性的不断增强,中华大地系统和中华大地之上的地缘群体单元整体性和不可分割性的增强。站在各少数民族同胞的角度,从个体认同和群体认同两个层面出发,则中华大地认同可分为以下几个层面。

1. 自己所在各级次层次地缘对中华大地的归属

地域单元的归属性不由地域单元与地域中心的空间距离决定,而是由其所处的单元边界的内外决定的。例如,等嘎的景颇族村寨距离缅甸克钦的空间距离更近,但是就其归属性而言,它一定是归属于中华大地的,因为中缅两个地缘系统边界的存在,使这种地域的归属性只能在中华大地内部发生。但在中华大地内部,这种归属性又是逐层上升的。例如等嘎对于弄岛的归属、弄岛对于瑞丽的归属、瑞丽对于德宏的归属、德宏对于云南的归属、云南对于中华大地的归属。而对于这种归属,等嘎的景颇族同胞是认知的,并且也认为就是这样的。

2. 自己所属各级次地缘群体对基于中华大地而形成的地缘群体的归属

再以等嘎的景颇族同胞为例,自己虽然是景颇族,但也是等嘎人,而等嘎人又是弄岛人,弄岛人是瑞丽人,瑞丽人是德宏人,德宏人是云南人,云南当然属于生活在中华大地上的中国人,他们对此是认知的,并且认为本来就是这样的。

3. 中华大地和中华大地地缘群体的不可分割性

边疆少数民族对中华大地的认同,不仅仅表现在其对归属的认知上,更表现在其对于中华大地归属的情感上。因为伴随着长期的历史发展,中华大地上的人们——中国人,彼此间"共同性"不断提升,"你中有我,

---

① 参见张海洋《中国的多元文化与中国人的认同》,民族出版社2006年版,第146—147页。

② 费孝通主编:《中华民族多元一体格局》,中央民族大学出版社1999年版,第4页。

我中有你"、"谁也离不开谁",彼此为自己人的情感不断上升,中华大地在长期历史进程中作为一个整体性的单元存在深入人心。这一切都为边疆少数民族对中华大地和中国大地之上的地缘群体——中国人的整体性充满情感,并自觉的为维护其整体性和不可侵犯性而贡献自己的一切力量。

(二)边疆少数民族的中华民族认同

人类群体按照不同的标准,可以划分为众多不同的类型。在民族的视野下,边疆少数民族的中华民族认同,不仅表现在其对自身民族单元及该民族单元群体对于中华民族这样民族系统归属的认知上,更表现在其对于中华民族单元及该单元整体性的情感和维护上。

1. 自己所属的次级民族单元对中华民族这一民族系统的归属

中华民族是存在多层次性的,对边疆少数民族而言,其对于民族单元的归属往往存在着层层递进、不断向上发展的情况。例如,无论是景颇、载瓦、勒期、浪峨还是波拉支系的景颇族同胞,其都存在着对于自己支系归属于景颇族的认知,而景颇族同胞也都存在着对于景颇族归属于中华民族的认知。他们不仅知道这种归属的存在,并且认为这是当然的,合理的,本来就是这样的。

2. 自己和自己所属民族的成员对中华民族成员组成的大家庭的归属

除了民族单元的这种层层上升的归属外,民族单元内的人们也存在着类似的层层上升的归属。以中国的景颇族为例,一个景颇族同胞对自己所属支系的全体成员都归属于景颇族,景颇族这个民族单元的所有成员都归属于中华民族这个大家庭的认知。例如认为我国境内的载瓦支系的人都是景颇族人,中国的景颇族人都是中国人等,他们不仅认识到是这样,并且认为本来就是这样的。

3. 中华民族本身和中华民族成员之间的不可分割性

边疆少数民族的中华民族认同不仅表现在其对于自己所属的次级民族单元、自己所属次级民族单元的所有成员对于中华民族单元、中华民族单元的众多成员组成的大家庭的归属的认知上,更包含着其对于这种归属的真挚的情感,包含着其对于中华民族本身整体性和独立性的情感,包含着其为维护中华民族独立和神圣不可侵犯而自觉作为的行动。

(三)边疆少数民族的中华国家认同

中国国家在结构上是具有特殊性的,例如康有为在 1898 年的《请君民合治满汉不分折》中所述的一样，中国是存在着祖国中国、历史上的历代王朝、同一王朝中的不同政府等这样的分野的。因而，逻辑地看，边疆少数民族的中华国家的认同至少分为对形而上的中华国家的认同和对形而下的各历史时期代表中国国家的王朝和合法政府的认同两个层次。在对第一层次认同的共性中也可能存在着对第二层次认同的不一致，但就其内容，具体仍可包括以下层面：

1. 自己所属民族单元对中华国家的归属（亦包含有我是主人之一我亦有行使国家权利的内涵）

例如，景颇族同胞对于中国的景颇族属于中国，是中华人民共和国的一个少数民族，也是祖国层面的中国的一个民族单元的认知。意识到景颇族拥有今天中华人民共和国《宪法》所赋予的一切权利，它的历史也属于中国历史的一部分，并且认为本来就是这样的。

2. 自己和自己所属民族的成员对基于中华国家所形成的政治群体的归属

一位中国的景颇族同胞认识到不仅自己，也包括所有中国的景颇族同胞都是中国的合法公民，都享有中国法律所赋予的一切权利，担负中国法律所规定之义务。并且要享有民族区域自治法所规定的特殊权利和义务，并且认为本来就是这样的。

3. 中华国家和基于此的政治群体的独立性和不可分割性

边疆少数民族对于中华国家的认同，不仅表现在其对于自身归属于中国祖国和当代中国唯一合法代表政府——中华人民共和国的认知上，更表现在其对于中国祖国、今天的中华人民共和国、历史上的中国人、今天的中华人民共和国公民的自主与独立的神圣不可侵犯，以及为了维护祖国和人民的独立与尊严而自觉奋斗的行为上。

（四）边疆少数民族的中华文化认同

不仅中华国家，也包括中华文化，都是包括边疆少数民族在内的各族人民共同创造、传承和发扬光大的。边疆少数民族的中华文化认同不仅表现在其对自己民族单元的文化属于中华文化不可分割的一部分、作为文化群体的少数民族属于作为文化群体的中国人的不可分割的一部分的认知上，并且对自己所属的中华文化和中华文化群体充满情感，并自觉地维护和捍卫中华文化的利益与荣耀。

1. 自己所在民族的文化对中华文化的归属

例如中国的跨境民族景颇族同胞对于景颇文化属于中华文化的认知，信仰伊斯兰教的回族对于回族文化或者说是回族化了的伊斯兰文化属于中华文化不可分割的一部分的认知，并且认为这种归属是合理的。

2. 自己所属次文化群体对基于中华文化形成的文化群体的归属

例如，一位回族同胞，他是信仰伊斯兰教的，而他知道自己是个穆斯林，但他也知道，中国的穆斯林同时也都是中华文化的创造者和传承者，也都是中华文化群体的不可缺少的一员。并且他认为本来就是这样的。

3. 中华文化和中华文化群体的不可分割性

中华文化是包括丰富多彩的各少数民族文化的，各少数民族文化都是中华文化不可缺少的组成部分。作为本民族文化成员的各少数民族同胞，同时也是作为中华文化成员的中国人的当然组成部分。他们自觉地传承中华文化，自觉地维护和捍卫中华文化的利益、荣耀和传统的作为，也是边疆少数民族中华文化认同的表现形式。

当然，我们所谈论的一切地域、民族、政治和文化，都是在"中国"范围内的一种讨论，例如所谓边疆少数民族中的跨境民族，我们当然谈论的是中国境内的部分和成员，而也只有该跨国民族的中国范围内的部分才存在"中国认同"问题。在此基础上，我们认为，对于边疆少数民族中国认同内涵的探讨可以得出以下两点基本结论：

一是，无论是中国的民族结构还是文化结构都是若干平等的单元共建一个整体，而这个整体又是高于这些平等单元的层次。这些平等的单元也都隶属于这个整体。例如中国的民族结构，就是五十多个平等的民族单元共建中华民族这个整体，而中华民族整体又高于这五十多个平等的民族单元。中国的民族就有 $56+1=57$ 个，这个 1 就是中华民族；民族角度的中国文化就是 $56+1=57$ 种，这个 1 就是中华文化。当然也可以说是 56 个或者更多的小 1 相加，形成了这个大 1。这个大 1，就是中华大地的整体，就是中华民族的整体，就是中华国家的整体，就是中华文化的大传统。

二是，无论是边疆少数民族的中华大地认同、中华民族认同、中华国家认同还是中华文化认同，这种认同在实践中往往都会与中国人的祖先崇拜观念结合起来。例如地域认同往往是祖先居住生活的地方，我们也往往把黄河称作母亲，民族认同往往加以"华夏儿女"、"黄帝子孙"等口号，我们已经习惯把国家称为祖国，忘却传统文化我们便会被加以背叛的罪名……由于上帝在中国人心目中的黯然失色，而祖先在中国传统中总是光芒万丈的，所以，凡是对祖先的丝毫不敬，都会为道德体系所不容，所以中国认同往往在实践中就这样具备了道德内涵。边疆少数民族的中国认同已经成为他们价值体系中的当然内容。

在此需要说明的有三点：其一，"中国认同"是一个体系，是一个系统，是一个整体概念，我们所讲的它的四项内涵是交融相织的，不是截然分开的，之所以将其分开介绍，仅是为深入研究之方便。其二，关于"中国认同"的理论构建仅是一种尝试，其间存在不足和漏洞那是必然。可能会有学者认为，中华民族认同和中国国家政治认同中都包含着所谓中国认同的四项基本内涵，对此我不否认，但这不应成为说明"中国认同"理论不科学性的理由，而是其为一个系统及学术研究殊途同归特性的又一例证。其三，前面所有论述从逻辑上讲仅是说明了"存在着中国认同这样一个问题"，这仅是"这个问题怎么样——对中国认同的历史和现状的考察"、"为什么会这样——对中国认同历史和现状发生的原因分析"、"怎么办——对策研究"等方面研究工作的基础，也就是说，这仅是一个开始，而远非完成。

当今的民族学、社会学研究中，充斥着一种片面的"历史唯物主义"的论调，人们总是喜欢一味地谈论历史、现实对社会意识的决定作用，言必称什么所谓的"必然性"和"支配性"，却对现实与观念的互动性特点、对社会意识对社会现实的反作用置若罔闻，好像但凡讨论社会意识、社会观念就有历史唯心主义的危险。我们认为这不是真正的历史唯物论观点，历史唯物论不仅强调历史现实对社会观念的决定作用，也重视社会意识对社会现实的反作用，强调的是社会现实与社会观念意识的互动论。中国认同属于社会观念意识范畴，它是在中国各民族长期复杂的历史进程中逐渐形成的，是一种存在于各族人民头脑中的共同的观念。它源于中华民族的各级次层次民族群体的同一性的历史现实，作为一种普遍存在的根深蒂固的、强烈的、下意识地对"中国"的忠实归属的社会观念意识，在形成之后又明显地表现出了相对于社会现实的独立性的特点，通过对人们行为取向的影响，在中华民族发展的历史进程中发挥了且正在发挥重要的作用。长期以来，我们一直在探寻着一系列历史现象发生的深层次原因。例如，中华民族为什么能以"滚雪球"的方式不断发展？每逢战乱分割后又总能重归一统？边疆各少数民族为什么总是一心地想要入主中原？作为曾经的郑氏台湾海军统帅,在郑经企图仿朝鲜例宣布独立时,施琅为什么要坚决地从郑经集团手中收复台湾?近代面临外辱时,哪怕相隔万里,各地的各民族同胞为什么总能够同仇敌忾、共赴国难?笔者认为,面对上述问题,以中国认同为视角,我们都能够给予一定的解答。同样,从社会意识观念与社会历史现实的互动性来讲,中国认同对新时期我们面临的维护边疆民族地区的和谐与稳定、祖国统一大业的最终完成以及中华民族的伟大复兴等一系列重大历史使命,均是有着重要的作用和意义的。

第四章

我国边疆少数民族"中国认同"的缘起

民族问题对人类社会历史进程影响如此之深，让埃里克·霍布斯鲍姆（Eric Hobsbawm）发出了这样的感叹：如果不对"民族"这个字眼以及由它派生的有关词汇有所了解，简直就无法对人类最近两个世纪的历史作出理解。[1]尤其是民族主义勃兴以来，在"族体的疆界不得跨越政治的疆界，尤其是在一个国度里，族体的疆界不得将掌权者与其他人分割开"[2]的原则要求下，其莽撞而又固执地把一个个曾经辉煌无比的多民族国家撕扯得四分五裂。例如有超过20个新的国家出现在原苏联、南斯拉夫、捷克斯洛伐克和埃塞俄比亚的土地上，每一个新的国家都声称自己代表着原有帝国或联盟体制下的受压迫的少数族群或民族利益，然而这些新国家又往往仍然是多民族国家，于是新的以寻求少数族群或民族独立的民族主义斗争在这些地方不断继续，车臣和科索沃便是其间典型。少数族群或民族的"国族"认同成了世界性难题。需要注意的是，人们往往只习惯于专注"为什么这些地方存在这样的问题"，并极力吸取教训，亡羊补牢；又往往松懈于考虑"为什么那些地方没有这样的问题"，疏忽于总结经验，未雨绸缪。长期以来，在统一多民族中国内部的边疆各少数民族人们的脑海中客观地存在着一种忠诚、持久而强烈的"中国认同"意识，横向上她涵盖中华大地认同、中华民族认同、中华国家认同和中华文化认同四种内涵，纵向上她包括次级地缘、民族、政治和文化单元对中国的归属，次级地缘群体、民族群体、政治群体和文化群体对中国的归属，中国的整体

---

[1] ［英］厄内斯特·盖尔纳：《民族与民族主义》，韩红译，转引自徐波、陈林《全球化、现代化与民族主义：现实与悖论》，中央编译出版社2002年版，第2页。

[2] Ernest Gellner, Nations and Nationalism [M], Basil Blackwell, Oxford, 1983, p.1.

性和不可分割性三个层次。① 问题的关键是，我国边疆少数民族同胞身上这种持久而强烈的"中国认同"究竟是如何缘起的呢？首先必须承认，任何现实的造就和形成都很少是单一甚至是少数几个因素作用的结果，边疆少数民族"中国认同"的缘起同样如此。下文笔者仅仅从地理基础、文化基础、政治基础和社会基础等几个方面和角度简单地对此加以探讨，以期得到大家的盛意佳言。而探悉边疆少数民族中国认同意识的缘起问题，不仅对于边疆地区的社会和谐稳定、祖国统一大业的最终完成以及中华民族的伟大复兴均具有重要意义，也可为研究世界其他国家少数族群或民族的"国族"认同问题提供新的视角。

一 边疆少数民族"中国认同"缘起的地缘基础

一般意义而言，一定民族的形成总是要依据于一定的地缘条件，而该民族的发展过程和文化特质也总是反映着一定的地缘生态特征。中华大地是中国各民族人民共同的家园，中华大地的地缘特点为中国各民族人民的凝聚提供了最原生的条件，也为边疆少数民族"中国认同"的缘起奠定了坚实的地缘基础。

作为中国各民族生息繁衍的共同空间——中华大地，对外而言是具有作为一个独立地理单元存在的地缘特点的。中华大地"西起帕米尔高原，东到太平洋西岸诸岛，北有广漠，东南是海，西南是山……"②，这是费孝通先生对中华大地地缘特点言简意赅而又一语中的的概括。具体而言，在中华大地的东北区域，其西有兴安岭将之与蒙古草原相隔，其东是浩渺的太平洋，其北是外兴安岭；在中华大地的北面是广袤的蒙古大草原，而大草原又被横亘于其间的大漠一分为二，大草原的北方就是极度寒冷，甚至并不适合人类居住的西伯利亚；在中华大地的西北，其北方是唐努山和阿尔泰山，西边是葱岭和帕米尔高原，南边是巍巍昆仑，昆仑山之南又是雪域高原；中华大地的西南，是世界屋脊、雪域高原以及千山万壑组成的云贵高原；中华大地的东南和东面则是一片汪洋，长期被人们视为大地的

---

① 参见何博《中华民族的中国认同意识及其影响因素》，载《云南社会科学》2006年第4期。

② 费孝通主编：《中华民族多元一体格局》，中央民族大学出版社1999年版，第4页。

尽头。也就是说，中华大地的四周是存在着天然屏障的，这种天然的屏障在古时人们交通技术和方式有限的情况之下，就成为天然的外向交往的边界。

中华大地存在着对外交往的自然屏障和天然边界，而在中华大地内部却又有着有利于内部交流的地理结构和系统。

首先，让我们来看看中华大地的南北交往体系。长期以来，在我们的传统意识里，中华大地是有着比较明显的南北分野的。自北而南，黄河、秦岭、淮河、长江、南岭、珠江等高山天堑，将中华大地划分为若干长条，为南北方的交流带来极大不便，也增加了中国南北方人较为明显的差异。但是，南北交流的这些天堑却被多种天然的交流通道所连接：其一是东西走向的大江大河之间为南北走向的小江小河所连接，例如黄河和长江之间有汉江贯穿，而人工开凿的大运河又成功地连接了黄河、长江、海河、淮河、钱塘江等五大水系。其二是中华大地的东面和东南面存在着长达18000多公里的广阔海岸线，并且大陆架宽广、滩涂众多，这就使近海成为贯通中华大地南北的又一有效通道。其三，中华大地的东部虽南北分野明显，但是西部却是基本畅通无阻的。也就是说，中国西部虽然地域广袤、人口稀少，但是西部的南北之间却没有大的天然阻隔，这对于北方的游牧民族而言，基本没有什么交通的天然困难。西部的贯通成为打破东部南北分野的又一交流通道。例如汉取南越、元灭南宋，甚至是中国工农红军的长征，基本都是利用了西部的南北贯通而克服了东部的南北天堑。

其次，让我们考察一下中华大地的东西交往体系。中华大地在地貌特征上自西向东大概可以分作为三个阶梯。最高的一级是青藏高原，平均海拔在4000米以上；中间一级由青藏高原东北两坡的昆仑山—祁连山—岷山—邛崃山，东至大兴安岭—太行山—巫山—雪峰山连线，主要由高原和盆地组成，海拔在2000—1000米之间；第三级从上述连线东延至海，海拔基本在500米以下。明显的呈西高东低，若从西向东，很容易有居高临下的东下之便。而缘于这种地貌之故，中华大地上的主要河流也基本是自西向东而殊途同归于海，而这些大江大河本身除了担任交通渠道作用之外，沿河道两岸也成了人们交流的长廊。

另外，中华大地的东北—西南方向和西北—东南方向也均有着交流的天然地缘基础。首先来看东北—西南走向。如前文所述，根据胡焕庸教授的研究，从中华大地上的人口分布来看，是存在着一条从黑龙江的爱辉到云南腾冲连接而成的人口地理分界线的,这就是著名的爱辉—腾冲线。为什么此线以东的人口分布占到了总人口的90%以上,而此线以西的国土面积占到了全国的60%左右,人口却只占全国的4%—6%?原因就在于此线以东地区大部分都处于东部季风区域之中,这里集中了全国92%以上的耕地。这也就是我们所说的传统的定耕农业区。从东北至西南方向的广大地区,就被这种生态和气候的相似性连接了起来。而西北至东南方向的连接则由于中国长期的历史进程中,主要的对外交流窗口都在西北,而对外交流的主要特色商品的产地又主要集中在东南。所以在历史上西北—东南方向的交往与流动一直是相当频繁的,例如起于东南向西北一直延伸而出国境的北方丝绸之路。

中华大地四周的地缘特点为中华大地上的人们,尤其是边疆少数民族同胞们的对外交往设置了天然的障碍,从而为其交往的内向性奠定了地缘基础;而中华大地内部的地貌特征又为中华大地之上的不同地区,尤其是边疆和内地之间的交往铺就了天然的网状交错的通道和桥梁,从而为不同地区直接的连接奠定了地缘基础。对外交往的困难和对内交往的便利,共同将中华大地造就为一个相对独立而又内部畅通的地理单元。但是,条件的提供不等于现实的出现,中华大地内部存在相互交流的需要吗?答案显然是肯定的。

中华大地是广袤的,自北向南,覆盖了约50个纬度,跨度达到了5500公里,兼备了从寒带到热带的所有气候带;自东向西跨越了约62个经度,跨度也达到了5500公里左右,时差甚至超过了四个小时。版图的广袤和地貌的多元决定了生态环境的多元,生态的多元又产生了多元的生产类型和习惯。例如在中华大地上,从生产类型来看大概从北向南陈列着三条不同的生产类型带。最北边的是游牧带,中间是黄河流域的旱作农业定耕区,南面是长江流域以及以南地区的水田稻作定耕区。独特的地缘生态条件决定了自我的生产类型和文化,由此也决定了自我生产产品的单一性,中华大地内部不同生产类型的区域和人们之间对于其他生产类型和地域产品的需求和依赖便成为必然,不同生产类型及人们之间的交往需求因此而变得强烈并难以阻挡。例如北方游牧地区对于中原和南方地区茶叶、粮食、布匹等物品的依赖和需求;南方农业地区对于北方游牧地区马匹、皮毛、珍贵药材的需要和喜爱。各经济类型间的彼此需求和依赖为相互的交往提供了需求的空间,这也就是为什么中国历史上北方游牧民族和中原及南方汉族之间或友好、或碰撞，总之是剪不断、理还乱的不断交往持续、普遍和高频发生的原因之一。

中华大地不同经济类型人们之间的这种基于相互需求和依赖之上的普遍而频繁的交往，一定程度地打破了前资本主义社会经济交往苍白的局限，使一种类似于K. 德茨所描绘的交换经济场景较早地、一定程度地在中华大地上出现了，而这恰恰是"国族成长理论"的首要条件。[①]

中华大地上不同经济类型人们之间的相互需求和相互依赖，使经济角度的中国各民族之间"你离不开我，我离不开你，大家彼此谁也离不开谁"的情形首先出现。而缘于这种相互需求和依赖的频繁交往，使一种特殊的中国各民族共同的、独特的"共同经济"形成了。

中国长期的历史发展进程的实际情况又如何呢？北方蒙古草原的人们，自公元前4世纪匈奴建国以后，不同时期的不同游牧民族，却又相同而执着地一浪高过一浪地不断南下冲向中原；起源于东北地区的少数民族虽有像鲜卑、室韦等越过兴安岭进入蒙古草原的，但更多的是不断向西南方向发展而进入中原；西北为数众多的少数民族也基本以东部的中原和蒙古草原为主要交流和发展方向；西南方向的几十个民族，也都演绎出了漫长的与中原地区剪不断、理还乱的千丝万缕的历史联系。[②] 一定意义而言，中国的历史就是这些地区和民族与中原地区和民族，以及它们相互之间的色彩缤纷的关系史。

当然，仍需说明的是，中华大地上人们之间缘于这种相互需求和依赖而发生的交往，其本身是不一定能够打破民族单元存在的边界的，但是一定会带给民族交往的边界以前所未有的冲击。而民族交往边界的打破，又是非常有利于在各民族单元之上形成一个更高层面的共同体的。具体而言，中华民族的实体，就是在各平等民族单元这种频繁而又复杂的、不间断的、长期的交往中逐渐形成的。

这种中华大地内部的频繁交往又为更高层面共同体的形成奠定了一个坚实的"共同地域"基础。当然，中华大地这个"共同地域"仅仅是针对中华民族这个更高层面共同体而言的，而对中华民族之下的任何民族单元而言，都是不存在所谓的"共同地域"的。因为中华大地上，这种不

---

① 参见王恩涌《政治地理学》，高等教育出版社1998年版，第216—224页。
② 参见杨圣敏主编《中国民族志》，中央民族大学出版社2003年版，第12—14页。

同地域和民族单元之间的交往和流动使得任何的民族仅仅存在"聚集区",而没有所谓"民族共同地域",因为就一般意义而言,中国的各民族分布形态往往不是区划整齐的,而是插花式、交错式的,大杂居、小聚居、交错杂居是中国民族分布的基本特征。

最后,有几个问题需要进一步说明。首先是个原则性问题,那就是中华大地的范围究竟如何确定?因为自清末以来,面对外辱,中华大地的范围是发生了较大变化的。对此笔者完全同意陈连开老师的观点。

"1840年西方资本主义列强侵入中国以前的中国疆域,是中国确定无疑的历史疆域;凡是在这个疆域范围以内的各民族,都是中国的民族,他们的历史都是中国历史的组成部分。凡是不在1840年以前中国疆界以内的邻国土地,不管在历史上与中国某一个王朝的关系采取何种政治形式,都是邻国的历史疆域,这些地区的历史,也应当是邻国历史的一部分。"[1]

对此陈老师的依据有三:其一是按照马克思列宁主义关于殖民地民族解放运动的理论与世界殖民地民族解放运动的通例,都是以资本帝国主义破坏其独立以前的疆域确定其历史疆域的,中国自然也应该如此;其二是资本主义侵入中国以前,中国是一个有明确疆域与边界的统一国家,中国的主权与疆域的完整性,历来受到马克思列宁主义创始人的深切关注与支持;其三是在西方资本主义各国步入民族国家前,西方各国眼里"中国"的概念和边界就是明确和清晰的。[2]

第二个问题是,为什么中华大地对外交往困难而内部交流畅通的地缘特点就有利于边疆少数民族"中国认同"的缘起呢?前文不断强调中华大地作为独立地理单元对于边疆少数民族"中国认同"缘起的意义又是什么呢?逻辑是这样的:中华大地对外交往边界的明显存在和内部交流界限的不断打破,使中华大地成了一个独立的地理系统,也就是一个地理单元整体。无论是内地还是边疆,都是这个整体不可分割的一部分。而地缘认同的特点就是,其往往首先与空间距离无关,而优先考虑自己属于哪个系统。例如,中国A省某地在空间距离上距离B省省会更近,而距离自己A省省会更远,甚至它和B省地界毗邻相接,但是这个地方的人们在认老乡的时候,首先考虑的绝对是A省的哪怕和自己空间距离更远的人,

---

[1] 陈连开:《求同初阶》,中央民族大学出版社2008年版,第477页。
[2] 同上书,第477—491页。

而非 B 省的和自己空间距离毗邻的人。同理，地处中国边疆的各少数民族同胞，其在地缘认同中，要寻找"自己人"，首先考虑的也往往是我自己共同属于中华大地的哪怕是空间距离遥远的"中国人"，而非哪怕和自己毗邻的他国人。因为不同的系统确定不同的整体，不同的整体产生不同的中心和向心力。

第三个问题是我们需要注意边疆少数民族共同努力维护中华大地整体性的一个重要原因，这便是中国文化当中地缘认同往往和祖先认同相互渗透和交融的情况。中国人心目中祖先是光芒万丈的，中国文化的内在价值追求之一便是祖先崇拜。对祖先的尊崇在中国人的世界里往往充满了道德内涵。长期的历史进程中，边疆少数民族将自己的家园归属于中华大地这个整体，如果有什么人或者力量要破坏中华大地的这种整体性，那么在道德层面就是对边疆少数民族祖先的一种伤害，是对边疆少数民族在内的全体中国人情感的一种伤害。包括边疆少数民族在内的全体中国人是要自觉而充满情感地维护中华大地的整体性的。

二 边疆少数民族"中国认同"缘起的文化基础

代表一定时代先进文化前进方向的社会理论、学说甚至文化，必然能够真正把握其特定时代的主题，并能够为该时代主题所赋予的主要课题的解决作出卓越贡献，甚至是解决它。而该种理论、学说或文化若要寻求"普世"意义的获得，既需要追求永葆青春的特质，跟随时代主题的演变而前行，也需要增强本身的更新能力，根据一定民族和地域的实际不断进行自我调适。因此其需要在形式和内容两方面，在"时间"和"空间"两个维度，不断突破，谋求发展。

所谓"时间"维度的突破是指，一定的社会理论必定产生于一定历史时段范围所提供的具有时代特色的实践基础之上，并与之相适应。社会历史前进的脚步是永不停止的，社会实践在无论内容还是形式上也必将发生变化，因此，从逻辑上来讲，一种以一定的时代所提供的一定的实践为基础的理论，均存在着"过时"的可能。如果该理论在坚持原有理论体系的基础上，能够紧跟时代的步伐，抓住新的时代主题及其所赋予的课题，它就获得了永葆青春的源泉。这叫"与时俱进"。

所谓"空间"维度的突破是指，一种社会理论、学说甚至文化所赖以存在的社会实践基础从空间范围来看也总是有限的,这就使该理论或学说在产生时带有浓郁的地域色彩。人类生活的家园——地球在地缘上的广袤性,也就决定了人类文化的多元性。一种带有一定地缘色彩的文化在空间上的扩散,必将产生与新的地域、群体及其文化的碰撞,所以,若要在新的地域或群体中获得认可并不断发展,该理论就必须取得新的地域或民族的形式,并在内容上与该地域或民族的文化进行对话、交流甚至融合,从而产生一种该理论或学说的新形态。这叫"因地制宜"。

形成于先秦时期的中国儒家文化的发展模式,就是对上述理论的典型说明。儒家文化在"时间"和"空间"方面的不断突破和发展,不仅造就了中华文明数千年任凭风雨飘摇却连绵不断、传承至今的文化奇迹,使其依旧作为当今世界主要的文明形态之一,也客观地为边疆各少数民族同胞"中国认同"意识的缘起奠定了坚实的文化基础。

从对"时间"维度的突破来看,儒家学说在发展过程中的绝大多数时间内总能够把握时代的脉搏,适应时代的发展和变迁的需要,适时地吸收新的养分,发生适当的变形,从而基本担当中国不同时代的主流文化的角色。

儒家学说的原型是先秦的孔、孟思想。孔子是儒家学说的创始人,其学说的中心是"仁"。其内涵是要求人与人之间的相互友爱,也就是所谓的"仁者爱人"。孔子所讲的仁爱有两个特点:其一是特别重视亲、子之爱,强调"孝悌为仁之本";其二是认为仁爱的动机决定仁爱的性质,也就是说动机比物质供养更重要。孟子发展了孔子的思想,提出了"仁义"的思想。认为在"仁"的贯彻过程中,需要用"义"的原则来进行规范。他还提出了人性本善学说,认为仁、义、礼、智根植于人的本性之中,也即恻隐之心、羞恶之心、辞让之心和是非之心是人天生的本性,这就是所谓的"四端",四端扩充而为四德,能否扩充就成了君子和小人的分水岭。

汉武帝罢黜百家、独尊儒术,从而使儒家学说成为中国封建社会的正统思想。但是需要注意的,汉代的儒学已经不同于其先秦原型了,其实质是,在先秦孔孟思想的基础上大量地吸收了当时盛行的阴阳五行学说的思想成分,从而产生了儒学在汉代的新形态——汉学。

宋代前后,在佛教思想的冲击下,儒学出现了危机。我们知道,儒家学说在内容上强调实用价值,在传播形式上一味重视说教,往往以"子曰"的单一方式进行，这种在思辨成分上的缺失，使儒学在佛学哲辩思想的冲击下遇到危机。于是，儒学再次大量吸收佛学的哲辩养分，从而出现了儒学在宋代的佛学化形态——宋学。

上述两例是从"时间"维度对儒学发展特点的简单说明，下面再让我们从"空间"维度，以民族的视角对儒学的发展进行一下简单的探悉。

先秦时期，儒家学说与中原地区和华夏在一定程度上是重合的，那么后来为什么能够冲破"中原"的地域空间，向"四夷"之地不断扩散，最终成为整个中华民族的主流文化呢？我们认为，这是由于儒家文化是中国古代社会的先进文化之一，其无论在内容还是形式上都存在相对的先进性。

其内容方面的先进性表现在：其一，伴随儒学的不断发展，其反对民族歧视、提倡各民族间的相互平等的观念不断彰显。关于"华夷之辨"，儒家反对"尊华夏而贱夷狄"的观点，坚持以文化作为华夷之辨的标准，认为"诸侯用夷礼，则夷之；（夷而）进于中国，则中国之"；[①] "用夏变（于）夷者，夷之；夷而进于中国，则中国之"；[②] 并一反"不与夷狄之入主中国"的传统偏见，认为"舜生于诸冯，迁于负夏，卒于鸣条，东夷人也；文王生于周岐，卒于毕郢，西夷之人也。地之相去也，千有余里；世之相后也，千有余岁。得志行乎中国，若合符节，先圣后圣，其揆一也"[③]。也就是说在民族观上，儒家宣扬的是"中国圣王无种说"的民族平等观点，认为中国任何一个民族的首领，只要其有一统中国的抱负和能力，并能为"中国"百姓谋福利，他就可以成为中国圣王的正统，而无论族别。这种观点的正确性为历史进程所证实：无论是 13 世纪的蒙古族，还是 17 世纪的满族，入主中原后建立的全国性统一政权元和清，均成为中国历史发展中不可缺少的重要阶段；那些在中国历史上曾做出卓越贡献的少数民族杰出人物，例如一代天骄成吉思汗、清圣祖康熙等，均受到整个中华民族的崇敬和爱戴。

其二，主张仁政德治，反对民族间的暴力征伐和相互倾轧，提倡各民族间的和谐相处。儒家有着"以夏变夷"的观点，但值得注意的是，他

---

① 韩愈：《原道》，见马其昶校注《韩昌黎文集校注》，上海古籍出版社 1987 年版。

② 《路史·国名纪》。

③ 《孟子·娄离下》。

们主张的"变夷"方式不是征伐和战争,而是用先进的文化和仁政德治去感化和影响周边各少数民族,因为"以力服人者,非心服也,力不赡也,以德服人者,中心悦而诚服也"①。中国历史进程中的事实表明,但凡盛世必然实行仁政德治,追求民族和谐;但凡进行民族歧视和暴力倾轧,必然带来政治混乱和人民涂炭。例如贞观盛世的出现,就与唐太宗"自古皆贵中华而贱夷狄,朕独爱之如一,故其种落皆依朕如父母"②的开明民族政策不无关系,这就是开明民族政策的历史作用。

其三,将"重民众、尚忠勇、贵气节、行勤俭、守诚信、抑强暴、尊亲祖"等各民族人民普遍追求的伦理道德作为自己的价值目标之一。儒家学说在很多方面追求的目标和各少数民族文化的价值追求都表现出了很大的一致性,例如在对祖先和长辈的尊崇方面便是如此。各少数民族的民族文化中普遍存在着一种对血缘的重视和对祖先的崇敬,而儒家文化中,仁为提倡孝道而设,礼为祭祀祖先而备,儒家文化的这两大支柱都和祖先崇拜密切相关。正是儒学和各民族文化之间的这种共性,才使上帝在中国黯然失色,而祖先却在中国历史和中华文化中光芒万丈的。

内容上的这种先进性,使需要在空间上不断突破发展的儒家学说也同时成为对周边各少数民族来说是"先进的、对自己有益的,而又是自己所容易接受"的文化类型。因此我们就不难找到产生于中原地区的、一度被视为汉民族所独享的儒家文化为什么会在中华大地的各个角落,在中国各民族之间广泛传播并不断获得发展的原因了。

而在形式上,儒家文化在与各少数民族文化发生交融时所表现出的极大的灵活性和极强的适应能力,更体现出该文化形态的先进性。在儒学与各民族文化的结合过程中,总能找到一种适合其在特定民族范围内发展的外在形式,从而使儒学的内容与民族文化的形式合二为一,加上彼此内容上的通融,就实现了儒学的民族化。以儒释经如果可以看作儒学回族化的例证,那么在今天西南边境的一些少数民族中出现的,以传统民歌形式传承《三字经》内容的现象,当然也可以视为儒学与这些民族的民族文化结合的象征。

儒家学说与各少数民族文化的结合,使儒学既不同于原来的中原和汉

---

① 《孟子·公孙丑下》。
② 《资治通鉴》卷一九八,贞观二十一年五月。

族的儒学原型，也使各少数民族文化不断地获得突破和发展，成为一种"你中有我、我中有你"的文化新形态。这种具有各民族文化色彩的儒家文化被各民族吸收、改造、传承和发展，对中国各民族在思维方式、价值观念、心理状态、礼仪道德和行为习俗等方面"同一性"的形成，具有巨大的作用，也客观地形成一种影响深远的文化内聚作用，从而为边疆少数民族"中国认同"意识的缘起奠定了坚实的思想文化基础。所以我们发现，现实中分属不同国家的跨国民族的各个部分，若其分别与各自国家主流文化靠拢，则其国家认同意识高涨；若其分别与各自国家主流文化相互背离，并彼此之间产生一种向心力，则民族认同意识强烈，分离主义倾向明显。

三 边疆少数民族"中国认同"缘起的政治基础

人类要追求自由、解放和全面发展，至少要处理好三方面的基本关系：正确处理人与自然的关系，人类正确处理与自然界关系的能力高低集中表现为生产力的发展水平，为了求得人与自然的和谐，人们极力探索自然科学；正确处理人与人之间的关系，人类正确处理自身相互关系的能力集中地体现在社会关系状态上，为了求得社会关系的和谐，人们努力发展社会科学；正确处理人类自身与人类思维意识的关系，人类与自身思维意识的关系越和谐，则人类的发展就可以得到越多的精神动力和智力支持，所以我们越来越重视人文科学。而在人类努力构建和谐、走向自由的进程中，由于地缘条件、生产方式等诸多方面的差异，必然会有一些地方和一些民族率先发展起来。这既为"民族中心主义"的产生提供了土壤，却也客观地对周边地区的人们产生了相当的吸引力。

早在战国时期，人们就有着"中国者，聪明睿智之所居也，万物财用之所聚也，贤圣之所教也，仁义之所施也，诗书礼乐之所用也，亦敏技艺之所观赴也，蛮夷之所义行也"[1] 的普遍观念。而周边少数民族更是"闻中国有至仁焉……举踵思慕，若枯旱之望雨"。[2] "中国"是各边疆少数民族人民心目中的理想家园。

---

[1] 《战国策·赵策二》。
[2] 《史记·司马相如列传》。

很明显，此时的"中国"俨然是那个时代"先进"的代名词，是美好生活的象征，进入"中国"不仅意味着一种共享先进的荣耀，也会带来活生生的现实的各种利益和好处，例如稳定祥和的生活、丰富殷实的物质、诗书礼乐的熏陶、良好的自然生态、子孙后代的健康发展，等等。而对于先进的向往和对于现实利益需求又是人们与生俱来的天性，所以长期以来，边疆少数民族对于"中国"便充满了向往憧憬和趋之若鹜的行为现实。问题是，究竟是什么力量让此时的"中国"具有了这样的先进性呢？是什么让此时的"中国"集诸般美好于一身呢？是什么滋生着边疆少数民族对"中国认同"的缘起，并引导强化着这种"中国认同"的不断发展，并将"认同中国"造就为我国边疆少数民族同胞的一种强烈而持久的不朽传统呢？我们认为，这可能要从社会制度形态层面找原因。

长期以来，在关于认同缘起因素的探析中，有一种力量可能被我们长期地忽视了，这便是社会制度形态对于认同产生的导向功能。一种社会制度形态在现实中的实效功能往往会让人们产生对其工具理性的认同，当然社会制度的工具理性认同的发展是绝不会形影相吊、一路独行的，因为一种社会制度形态往往是价值理性与工具理性的合二为一。如果其能在一定的历史时期代表一定社会发展的方向和趋势，则人们对之的认同会超越工具理性的层面而达到价值认同的高度。例如，资本制度是包含着其在促进社会生产力高速发展的工具理性，与追求天赋人权、人人平等、个人权利神圣不可侵犯的价值理性的共同作用下，才自中世纪末期不断地激起西方世界的人们对于资本主义制度形态的普遍认同，也正是由于社会制度形态认同力量的引导，才有了西方世界民族国家的不断凝聚。再如近代以来的中国，对社会主义制度形态的认同对新民主主义革命和社会主义革命成功的作用是何等巨大，当代对中国特色社会主义的认同对于中华民族的伟大复兴的意义又是何其明显。那么在近代以前中国漫长的历史进程中，是否存在着这样一种令各边疆少数民族普遍认同的相对先进的社会制度形态呢？它又是什么呢？

"征服产生封建主义"是马克思、恩格斯关于人类社会制度形态演变规律的一个基本观点。[①] 在中国历史上的西周初期，伴随着"小邦周"对

---

① 参见何博《从周代殷商看征服产生封建主义》，载《新疆石油教育学院学报》2003 年第 3 期。

"大国殷"征服的完成，周统治者却处于前所未有的"内忧外患"之中，为了摆脱困境，出于对内对外安全的考虑，周统治者顺应了历史发展的趋势，施行了大分封。其分封的对象除了姬姓嫡亲外，也包括了大量的"是非王之支子母弟甥舅也，则皆蛮、荆、戎、狄之人也"，[①] 从而出现了"周之所封四百余，服国八百余"[②] 的局面。这么做就能够摆脱困境吗？清人顾栋高在《春秋大事表》之《列国都邑表序》中解释其中奥妙说，诸侯之初封，"不过百里，今之下州小县，尚可当古之大国。盖古之疆域，不及今五分之一，而执玉帛者有万，非俭于制，其势不得尔也。故其势亦弱，其力亦分，无能抗衡为患，方伯连帅，得以臂指相使"。可见，大分封不仅将诸多族类的上层纳入到了周统治者的统治基础体系之中，并且为数众多的各诸侯国之间的相互牵制，使周王室控制全局的能力相对加强了。就这样，这种"典型的封建主义"在中国社会诞生了。

产生于西周的这种封建主义还有一个显著的特征，就是它会伴随着社会历史的变迁和时局发展的需要而不断地自我调适，发生相应的变形。傅筑夫将西周的这种封建主义称为"典型的封建主义"，而将其后来所发生的多次变形称为"变态的封建主义"。[③] 但是，无论是西周"典型的封建主义"还是后来的"变态的封建主义"，在长期的中国古代历史发展的进程中都扮演者重要的历史作用。一方面，封建主义之下的中国，在人类社会历史发展进程中长期地扮演着"先行者"角色，具有无与伦比的重要性；另一方面，在中国内部，但凡是封建主义之下的地区和族类，其所拥有的军事力量不一定是具有明显优势的，但是其下的人民所拥有的生活无疑是相对安逸的，其物质是相对殷实的，其社会是相当稳定祥和的，其文化是相对繁荣璀璨的。而中国历史上，中原王朝所拥有的种种优势，究其根源，封建主义这一相对先进的社会制度形态无疑起到了至关重要的作用。因为在中国古代历史上，一个政权和民族，其封建化水平往往是和其拥有的实力呈正向相关关系的。一定意义而言，正是源于这种相对先进性的吸引，周边少数民族不断向中原地区进发，从而演绎了中国气势磅礴的民族关系史的伟大篇章。长期的搅动和相互的多元渗透，使周边少数民族

---

① 《国语·郑语》。

② 《吕氏春秋·观世》。

③ 参见傅筑夫《中国古代经济史概论》，中国社会科学出版社1981年版。

不仅仅要享受封建主义带来的现实利益，同样要追求封建主义"大一统"的价值取向。所以，中国历史上所谓少数民族的"汉化"现象，其实质是周边少数民族的"封建化"，是少数民族的"中国化"历程。

史学大师白寿彝先生曾经表达过这样的看法："在中国历史悠久的过程中间，我们怎样看不同民族在中国历史上的地位呢？在封建社会时期，就是看他的封建化程度怎么样，是保守在民族社会，保守在奴隶制社会，还是朝着封建制社会发展，这一点很要紧。在中国封建社会里面，民族的封建化，包含各少数民族在内。封建化的水平，封建化进展的快慢，这很有关系，这才是主要的问题。现在我们看统一问题，统一在什么上呢？统一在社会主义的方向上，是否以社会主义作前进的方向和轴线。这样看，是否更好一些。如果简单地作为形式上的统一的看法，是不够的。当然，是否各民族之间、各民族的统一，也要有一定限制，一定的规程，那当然要，但主要的，总的是社会方向、社会历史发展前途的方向，我看这一点的理解，尤其对我们研究民族很重要。"[①]

当然，对于封建主义的这种相对先进性的理解是需要历史眼光的。今天无论是学术研究还是现实生活之中，众多矛盾和误会的产生都源于同一种根源，那就是人们总喜欢用自己的标准去衡量别人的世界。一种情况是用今天的标准去衡量历史，另一种情况是用自己的臆断代替别人的想法。封建主义这一社会制度形态在中国历史发展进程中的这种巨大功能，是要放在特定的历史时空中去理解的。

总之，源于封建主义的这种相对先进性，封建化程度最高的"中国"就成了周边少数民族现实中"先进"的代表，"中国"成了周边少数民族现实中的理想家园。

而在中华民族的历史上，经夏、商时代的漫长发展，西周国家的建立为统一多民族国家的形成奠定了广阔的空间，春秋时期封建经济的发展及传统文化的繁荣亦为统一多民族国家的形成提供了充足的物质基础和丰富的文化风帆。秦创建了中国历史上第一个中央集权的多民族封建国家，唯其失之于政，享国过短。汉承秦制，经过一系列对边疆少数民族的经营：进发东北，争取乌桓、鲜卑以断匈奴东方屏障；打通河西走廊，阻断匈奴

[①] 参见白寿彝《关于"多民族统一国家"的几点体会》，载《史学史研究》1991年第2期。

与西羌联系，向西域渗透力量，拉拢乌孙等西域各部以断匈奴西方依靠；消灭南粤和西南夷割据势力，消除后顾之忧……最后，从武帝元光五年至元狩四年（前130—前119），经过争夺河套之地、控制河西走廊以及主力决战等三大战役，汉匈之间的对抗以匈奴的失败而告终，从此匈奴归汉已经成为定局，后又经过约半个世纪的斗争，呼韩邪单于时，认识到"事汉则安存，不事则危亡"的现实，顺应历史潮流，于宣帝甘露三年（前51）来到长安，接受册封，从而在法律形式上确定了匈奴政权对汉中央政权的归属。而同时，在匈汉战争的胜负关键之战结束之后，南粤、东瓯等割据势力被消灭了，西南夷地区也实行了列郡而治，西域设立了西域督护，西羌设置护羌校尉，东北设护乌桓校尉，设郡统领……统一多民族的国家成为一种客观现实。东汉基本继承了西汉统一多民族国家的政治格局。后经三国、两晋、南北朝时期周边少数民族源源不断地大规模内附，隋、唐之际，统一多民族封建国家的格局达到了前所未有的高度。五代十国、辽、宋、夏、金时期，周边少数民族与汉族不断互动，进一步相互融合。及至元（经明）、清，少数民族全国性统一多民族政权的建立，不仅使统一多民族之"中国"观念深入人心，也成为一种不断发展的现实常态。近代各族人民在与东西方列强的对抗中，同仇敌忾、血脉相连，"中国"成为他们浴血奋战的强大动力。新中国成立后，建设强大祖国成为各族人民的共同信念，在中国共产党的领导下，中国人为了祖国统一和中华民族的伟大复兴而共同奋斗。漫长的历史进程中，"中国"也客观地成了各少数民族与汉族现实的共同家园。

但是，一个共同家园的代表权如果长期地为某一个民族所垄断，那么这个家园的共同性的合法基础就逻辑地存在漏洞。"中国"这个中国各民族人民共同家园的代表权是为某一个民族长期垄断吗？周边少数民族拥有"中国"的代表权是毫无疑问的，问题是他们是否曾经成过"中国"的完全代表。中国的历史对此作了异常完美的解答。纵观中国古代民族关系史，一定程度而言，就是周边少数民族对"中国"代表权的执着追求并逐步实现的历史。对此，后文有详细论述，此不赘述。

最后，必须强调的是，一方面，在统一多民族国家不断发展的进程中，边疆各少数民族政权或地方性政权虽可能与中央政权或汉族政权发生碰撞，但大都以争夺"中国代表权"为实质，他们并没有自弃于"中国"之外，实际实现着对边疆少数民族地区的控制及治理；另一方面，无论是汉族还是少数民族建立的中央政权都现实地实现着对边疆少数民族和地区的常态有效管理。

总之，统一多民族中国的不断发展，边疆少数民族对中国代表权的争夺与实现，边疆少数民族人们"中国"祖国观念的形成，对边疆少数民族及其地区的有效管理的常态存在，为边疆少数民族"中国认同"意识的缘起奠定了政治基础。

四　边疆少数民族"中国认同"缘起的社会基础

探讨边疆少数民族"中国认同"发生的社会基础，让我们以民族学为视角，从中国各民族的同根意识、血缘上的多维交融和分布格局的犬牙交织等三个方面着手。

在古代神话、史家典籍以及今天海内外华人对"炎黄"人文始祖的追崇中，中国各民族人民均流露着浓郁的"本同一家"的同根意识。

在各民族神话传说中，人们有着对盘古、伏羲、女娲甚至黄帝、炎帝的共同追忆。在汉文典籍及汉族传说中，关于盘古开天辟地的故事广为流传，而在我国南方很多少数民族中，也均有着极其相似的这方面的传说。例如苗、侗、白、布依、拉祜、彝等民族均把盘古认同为开天辟地的始祖，瑶族源远流长的纪念盘古的传统习俗，畲族的《盘瓠王歌》，等等。汉族有着洪水过后伏羲、女娲兄妹成婚的神话，南方的壮、苗、布依等民族也均有着洪水泛滥、兄妹成婚以繁衍人类的故事，只是各民族的传说各具民族特色罢了。例如在壮族的故事中兄妹的名字变作了非常类似的伏依和且咪。

西南一些民族的创世传说虽稍有差异，但其间彰显的各民族本同一家的同根意识则更为明了。例如，白族中广为流传的《九隆神话》说，古代哀牢山地区有一女子叫"沙壶"（又作沙壹），在水中触到了沉木，而这沉木是龙所化成的，因而怀孕，生下十个儿子，十个兄弟各自娶妻繁衍，后人散居各地，就发展成为了包括白族在内的各民族。彝族的创世神话很多，但内容大同小异。如哀牢山一带流行的《查姆》，姚安、大姚一带流行的《梅葛》，大、小凉山一带广为流传的《勒俄特依》，滇东南彝族阿细分支的《阿细的先基》等表达的是各民族均为一母所生，同为兄弟的意义。如《查姆》中说，洪水之后，世上只剩下了阿普和笃幕两兄妹，后两人成亲，生下36个娃娃，"各人成一族，三十六族分天下，三十六族常来往，和睦相处是一家"。《梅葛》中说，兄妹成亲后，生下了一个怪葫芦，从葫芦中又生出了今天的各个民族，所以各民族都是兄弟。纳西族的《创世纪》神话说，人祖从忍利恩和天女生了三个儿子，都不会说话，后来让蝙蝠到天上探知了天神的秘密，三个孩子就都说话了。大儿子说藏话，就成了藏族；二儿子说纳西话，就成了纳西族；三儿子说白语，就成了白族。怒族的神话说洪水之后，拉瓜、少光兄妹成婚后，生了很多儿子，老大为独龙族，老二是怒族，老三是白族……汉族是最小的儿子。德昂族的《天王地母》说，包括汉族在内的各民族都为同一葫芦所生，"一天电闪雷鸣，劈开葫芦，里面有103人……这就是汉、傣、白、阿昌、傈僳、回等民族"。①

而更需注意的是，西南各族人民的这种同根意识不仅仅覆盖在西南各少数民族之间，这种同根意识更具有明显的内向性，汉族亦被西南各少数民族看作为同胞所生的兄弟。由于这种同根意识的存在，所以西南各少数民族在现实交往中的内向性是非常明显的，而交流本身也不断地加大着彼此的"共同性"。例如"大理之民，数百年之间，五姓守固。值唐末五季衰乱之世，尝与中国抗衡。宋兴，北有大敌，不暇远略，相与使传往来，通于中国。故其宫室、楼观、言语、书数，以至冠、婚、丧、祭之礼，干戈战阵之法，虽不能尽善尽美，其规模、服色、动作、云为，略本于汉。自今观之，犹有故国之遗风焉"。② 这种"共同性"也就是白族"自古及今，为汉不侵不叛之臣"③ 的一个重要原因。又如傣族，两汉时期已普遍使用从中原传入的干支纪时法，傣语称干支日为"腕乃"或"腕傣"，意为"里面的日子"或"傣族的日子"、"我们的日子"，而称从东南亚传入的周日纪时法为"腕诺"、"腕命"，意为"外面的日子"或"你们的日子"。④ 可见这种同根意识对西南众多少数民族"中国认同"意识的缘起所起的作用是何等的巨大。

---

① 参见胡小安《西南少数民族同根意识刍议》，载《广西民族学院学报》2001年12月社会科学专辑。
② （元）郭松年：《大理行记校注》，王叔武校注，云南民族出版社1986年版，第20页。
③ 大理市文物保管所：《南诏德化碑》（影印资料）。
④ 参见胡小安《西南少数民族同根意识刍议》，载《广西民族学院学报》2001年12月社会科学专辑。

而一些史家典籍中是通过对各民族先祖间的密切联系的梳理来表达这种"同根"意识的。汉史家普遍地表达着至少这样两层意思：一是"先圣王之后遍布中国"，二是中华各大族系的先祖们在血缘上有着千丝万缕的联系。而古代各少数民族统治者也均有着"诚追先圣王之后"的习惯。这方面的史料极多，缘于篇幅，故不再赘述。

长期以来，全球华人有着对"炎黄"人文始祖的强烈认同。当然疑古派可以用"神话历史化"来说明人们对"炎黄"的虚构，我们也可以用常金仓老师的"历史神话化"给予有力回应。① 但这均不是我们所要表达的关键。从《国语·周语》"夫亡者岂系无宠，皆黄炎之后也"，② 到《辽史·世表》"君四方者，多二帝子孙"，③ 从民国以来人们对"中华民族之全体，均皆黄帝之子孙"的普遍接受，到今天"炎黄子孙"成为连接海内外华人的强韧纽带，我们认为虚构也罢，真实也罢，在中国历史神话化与神话历史化的并行不悖中，包括各民族的创世神话和史家对各民族先祖关系的描述，如果这些还不能完成对中国各民族"同根性"的证明，那么它们至少是阐释中国各民族同根意识源远流长的见证。"炎黄子孙"这个貌似血缘的符号外表下，彰显的其实是"中国之人"相互认同的人文意蕴，而之所以要用这个可能产生争议的符号，盖源于血缘纽带在人们相互认同中的强大作用吧。

中国各民族的同根意识源远流长，而现实中中国各民族的血脉相融也是不可辩驳的事实。

这可以从三个方面予以说明。首先，汉族是"长时期内许多民族混血形成的"。④ 历史上，各少数民族融入汉族大概可分为三种情形：一是各少数民族内附后融入汉族。如仅在前121年和前56年就有近十万匈奴人家居长城内外。东汉末年，仅辽西郡就有30万乌桓人移入。羌人在这个时代移入陕西扶风等地的数目也比较可观。我们说这种战争、天灾、贸易等因素造成的各少数民族内流现象，两千多年来络绎不绝，而这些内流的少数民族少则几十年、多则一个世纪也就逐步融入汉族了。二是伴随少

---

① 常金仓：《中国神话学的基本问题：神话的历史化还是历史的神话化》，载《陕西师范大学学报》2003年第3期。

② 《国语·周语》。

③ 《辽史·世表》。

④ 毛泽东：《论十大关系》，《毛泽东文选》第7卷，人民出版社1999年版，第33页。

数民族入主中原而发生的融入汉族的情况。如东晋十六国南北朝时期的匈奴、鲜卑和氐羌人，五代十国辽宋夏金时期的契丹、党项、女真等民族，元、清时代的蒙古和满洲，伴随他们对汉文化的接触、提倡和学习，或自上而下汉化改革的发生，他们中的部分甚至大部分也就都归属了汉族了。第三种情况则发生在边疆少数民族地区。指的是伴随着边疆少数民族地区的汉族移民人数的增多，在对当地少数民族的影响不断加大的情况下发生的少数民族融入汉族的情况。

其次，历史上汉族融入各少数民族的也未必就少于汉族中的少数民族成分。其一，周边各少数民族同中原地区汉族漫长地争夺"中国代表权"的冲突过程中，被俘掠或者降入到周边地区而融入当地少数民族的汉族人口是巨大的。这在中国历代的史书中屡见不鲜。其二，中原地区的汉族为了逃避战乱、天灾或者政治避难而逃到周边少数民族地区而融入其中的也为数甚众。其三，历代实边而迁徙到周边融入当地少数民族之中的更是难以量计。① 例如，仅在西南的云南，历代都有大量的汉人迁徙至此，而"明代以前，云南境内的汉族大都融合于少数民族之中"② 了。

最后，漫长的历史过程中，各少数民族之间在血缘上的多维流动也不乏事例。这大概有两种情况：一是多个少数民族，当然也少不了汉族的成分，在多维交融后形成一个新的少数民族，例如回族的形成；二是多个少数民族之间多维交融后，虽然仍相互独立，但已然是你中有我、我中有你了。

今天，我国的民族分布格局呈现出大杂居和交错杂居的特点。大概可分为三种情形：汉民族在边疆少数民族聚居区极为广泛和深入地分布；各少数民族同胞在内地和汉族地区的分布和流动；各少数民族之间的交错杂居，尤其是在西南地区。中国各民族之间的这种分布格局，使相互之间的多维交往变得方便、频繁和密切，而交往又为各民族之间的了解和理解奠定了厚实的基础。有一种情况尤其需要注意，那就是大量各民族人员以个体散居的形式，像满天繁星一样长期与其他民族成员居住和生活在一起，并且这种情形在今天仍广泛存在着。我们说这些以散居形式生活于其他民

---

① 参见卢勋《中华民族凝聚力的形成与发展》，社会科学文献出版社2007年版，第267—274页。

② 编写组：《云南各族古代史略》，云南人民出版社1977年版，第12页。

族当中的个体不仅成为展示自己民族风貌的一个个窗口，更有利于自身更加理性地面对其他民族及其文化。因为不同民族单元的个体在相互交往的过程中，往往会比不同民族单元的群体与群体的交往更能表现出一种相互理解的理性。例如，笔者在云南大学和云南民族大学做调查的过程中发现了这样一个非常有趣的现象：一个藏族同学和一个彝族的同学从不认识到认识，并相互了解，甚至理解、成为朋友，都是水到渠成和常见的；但是，当一群藏族同学和一群彝族同学哪怕是在校园中邂逅，表现出的往往不是和谐、相互对对方的理解，甚至连了解对方的耐心都没有，民族主义等各种形式的非理性因素在这些特定的时间和空间下往往变得难以驾驭。

总之，中国各民族的同根意识、现实中的血脉相连以及大杂居和交错杂居的分布格局，为边疆少数中国认同意识的缘起奠定了坚实的社会基础。

最后，有两点需要进一步强调：其一，无论是文化基础、政治基础还是社会基础，其最终功能都是在不断增强中国各民族的"共同性"，这种无论来源于构建还是真实的"共同性"才是边疆少数民族"中国认同"意识缘起的关键。因此对于认同意识，我们完全可以作出这样的总结："共同性"是认同意识缘起的关键，相对参照物的出现是认同意识显现的前提，认同的本质内涵是"归属感"，既定的"被给予"因素和利益驱动下的"选择"因素是影响认同意识强度的两大方面。其二，彻底摆脱庸俗唯物决定论的束缚，高扬物质与意识、社会基础与社会意识互动论的风帆，真正重视"中国认同"意识在中华民族一体化进程中的巨大作用。须知，一定意义而言，观念影响身份定位，身份影响行为取向。中国认同意识是一种力量！

第五章

我国边疆少数民族的"中国认同"与中华民族的孕育和形成

从族体上来看，中华民族是由五十多个相互依存的民族单元凝聚而成的不可分割的整体，各民族均为该统一整体所不可或缺；中华民族和统一多民族国家的历史是各民族人民共同创造的，各民族当然应一律平等。然而，由于各平等单元在发展程度和人口众寡上的差异，使一种在世界上很多文明古国所共有而我们称作"民族中心主义"的东西肆意滋生蔓延，时至今日，甚至是在教育领域，还在不经意间存在。例如，但凡"中国"的历史，往往在很大程度上是以汉民族为纲为线的，这不仅容易让人产生对中华民族族体单元构成的五十六分之五十五的无知，也往往让人有了中华民族历史和中国历史就是汉族历史的错觉。能否让我们站在各少数民族的立场上，以其"中国认同"历史发展为线索，重新对中华民族和统一多民族国家的历史发展进程作一简单的粗线条式的梳理，以便揭示边疆少数民族"中国认同"与中华民族和统一多民族国家的历史发展之间客观存在的内在深层联系。

一 边疆少数民族"中国认同"的萌芽与中华民族的孕育

中华大地上远古人类活动遗址的不断发现和分布格局，不仅给予"中华民族外来论"（主要是西来论）的谬误以彻底批判，也对曾经长期存在并有着极大影响的"中华民族一元起源论"的错误予以纠正。今天，中华民族起源于中华大地，中华民族在中华大地的起源犹如满天星斗而绝非一元的观念已经深入人心。广袤的中华大地在地缘是多样的，这种地缘条件的多样性必然决定了人们生产方式和行为方式的差异，也由此而产生了文化类型的不同,不同族群单元产生的基础就此而奠定。

空间的阻隔使最初中华先祖们的活动边界尤为明显,各民族的先祖们在一定的空间范围内按照自己的特有模式或快或慢地向前发展着。但是,由于地缘条件和其他方面因素的共同作用,人们在处理人与自然界的关系、人与人的相互关系和人类与自身思维意识关系的过程中出现了能力的强弱差异。人类正确处理自身与自然界关系的能力,突出地表现为生产力,其目标是人与自然的和谐;人类自身相互之间的关系就是社会关系,突出地表现为经济关系即生产关系,其目标是追求社会和谐;人类正确处理自身与思维意识之间关系的能力就是所谓的文化力,其目标是力求让文化为自身的发展提供充足的精神动力和智力支持。这种在生产力、社会发展和文化发展方面的不同步使一些族群单元在中华民族和统一多民族国家发展的历史进程中的地位首先凸显出来。

在距今约5000年前,炎黄族群和东夷族群经过涿鹿和阪泉等一系列战役而融合,成为华夏。华夏发展较快,进入文明社会,在前2070年建立了"夏"国家实体,那么夏何以以"夏"为朝代名呢?这里有一个传统的问题,就是在中国历史发展进程中,曾经很早就出现了一种以封地或者原居住地作为个人称谓甚至国家名称的习惯。例如,颛顼因为初居高阳而称高阳氏,喾因初居高辛而称高辛氏,尧因初居陶又居唐而称陶唐氏或唐尧,舜因初居虞而称有虞氏或者虞舜……而以代表人物或者创建者最初的封地作为朝代名的例子就更多了,商朝因商王最初被"封商"而得名,周朝以周王最初被"封周"而得名,秦朝因为秦王最初被"封秦地"而得名,汉朝的得名也缘于刘邦最初被封为"汉王"……诚如孔颖达注《尚书》所总结的那样:"颛顼以来,地为国号。"① 历史发展进程中的这种现象,反映的是血缘关系此时的没落和地缘关系的勃兴。夏之名称来自于禹之原居住地名,所谓"禹受封为夏伯"应为其正解。所以,夏之国名不仅是地缘关系上升的一种体现,夏国家的形成也进一步促进了地缘关系地位的不断上升,因为自此后中华大地上的人们共同体再也不是以血缘纽带为基础,而是以区域的划分为准绳了。但是,伴随着"夏"的不断发展,以及"夏"与周边力量的对比,"夏"又获得了新的时代内涵。

---

① 《尚书正义》卷二,《尧典第一》。

《尔雅·释诂》说："夏，大也。"① 《尚书》注云："冕服采章曰华，大国曰夏。"《尚书正义》曰："冕服采章对被发左衽，则为有光华也。《释诂云》：夏，大也，故大国曰夏。华夏，中国也。"② "夏"在当时显然成了先进与强大的代名词。

后来在豫东南和江苏一带、关中西部先后出现了"商"、"周"等国家实体。但是需要注意的是，无论是商人灭夏建立商朝，还是周代商自立，这种王朝的变化背后也包含着族类的继承、统一和发展。譬如说，夏的建立不仅意味着我国中原地区从部落组织发展到了国家形态，更标志着中原地区的人们共同体从氏族部落逐渐地向民族过渡，这就是夏族。在夏统治的四百多年间，夏族不断发展壮大。商代夏后，虽然商亦可作为民族称谓，但是商人也称为夏人，或者华夏。周代殷商后，周人也称为夏人或者华夏。秦朝时，秦人也称夏人或者华夏……只是伴随历史车轮的不断前行，其规模和发展程度不断发展而已，直至汉朝后，由于这个时代的发展达到了一个鼎盛时期，更具有代表性，所以华夏因而称汉，以后华夏或者汉人建立的各朝各代的人们，除了以自己的朝代自称之外，又统一于汉人或者华夏的称谓之内了。

华夏的经济、社会、文化等方面发展的相对先进性和所谓的优势是在与周边族类交往中才显现出来的。先秦时，在中华大地之上，除了夏族之外还存在着为数众多的族类和部落组织。所谓"执玉帛者万国"就是对此的形象描述。中华大地上的众多族类与华夏之间很早就发生了多种形式的密切关系。例如，《尚书·大禹谟》："无怠无荒，四夷来王。"③ 《史记·五帝本纪》记载尧舜之时，"流共工于幽陵以北变北狄，放驩兜于嵩山以变南蛮，迁三苗于三危以变西戎，殛鲧于羽山以变东夷"，"蛮夷率服"，"蛮夷猾夏"等。④ 《庄子·天下》："墨子称道曰：'昔禹之湮洪水，决江河而通四夷九州。'"⑤ 《路史·后记》："太康既尸天子，以佚豫蔑阙德，……于是四夷背叛，黎民咸贰。"⑥ 《诗·商颂·殷武》："维汝荆楚，

---

① 《尔雅·释诂》。
② 《尚书正义》卷十一，《武成帝第五》。
③ 《尚书·大禹谟》。
④ 《史记·五帝本纪》。
⑤ 《庄子·天下》。
⑥ 《路史·后记》。

居国南乡,昔有成汤,自彼氐羌,莫敢不来享,莫敢不来王,曰商是常。"周朝时,华夏和周边族类的关系就更加密切了,甚至连周王室搬离镐京、东迁洛阳都在很大程度上是为了躲避犬戎的强势。当然,周边族类与华夏交流的这种频繁局面,一方面与中华大地的对外相对封闭、对内较为畅通的地理结构有关,另一方面华夏此时在经济、社会、文化发展等方面展示的相对优势所产生的吸引力也是一个重要原因。

华夏在经济、社会和文化发展方面的优势使一种我们习惯称为"民族中心主义"的东西开始在其头脑中滋生和蔓延。无论在观念意识还是现实生活中他们都把自己作为了"中心",认为自己既是其他各族群向往和围绕的中心,也现实地以为自己之所居就是所谓的"中心"之地。

例如,《尚书·梓材》说"皇天既付中国民越厥疆土于先王",我们知道,周乃是受殷商之移民,由此可以推知,商人就已经当自己是"中国之民"了。商代的卜辞中有这样的内容:"东土受年?南土受年?西土受年?北土受年?"由此可见,商人当然就把自己所在之地当作"中土"了。周人继承了商人的这种观念,《左传·昭公九年》詹桓伯说:"我自夏以后稷。魏、骀、芮、歧、毕,吾西土也;及武王克商,蒲姑、商奄,吾东土也;巴、濮、楚、邓,吾南土也;肃慎、燕、亳,吾北土也",同样的道理,自己居住的被东、西、南、北土包围的,当然就是"中土"了。而在周代,居于四土的国家又被称为"四国",所以,居于"中土"的国家当然也就是"中国"了。所以,按照常金仓老师的说法,"中国"之名,概因与"四土"、"四国"相对而来,因为某地区政治、文化处于制高点上的国家由自豪而生骄傲,以为他们居于天下之中,在一切方面都优越于四邻的国家和人民。①《尚书·禹贡》曾这样记载:"五百里甸服,百里赋纳緫,二百里纳铚,三百里纳秸服,四百里粟,五百里米。五百里侯服,百里采,二百里男邦,三百里诸侯。五百里绥服,三百里揆文教,二百里奋武卫。五百里要服,三百里夷,二百里蔡。五百里荒服,三百里蛮,二百里流。""五服",当然还有其他记载里的"九服",如果绝对地按照制度去理解,可能就失之偏颇了,其应该也是这种"民族中心主义"的又一种表现,是华夏站在自我中心主义的立场上对周边族类与自己关系

---

① 参见常金仓《中国得名与中国观的历史嬗变·序二》,载何志虎《中国得名与中国观的历史嬗变》,三秦出版社2002年版,第2—3页。

亲疏程度的一种描绘罢了。

这种基于先进"中国"之上的共同性使华夏民族相互之间有了一种彼此为自己人的感觉，他们有着维持和继续"中国"先进性的共同利益和愿望，春秋战国时期的"尊王攘夷"阵线就是维护"中国"利益的组织。华夏内部的"中国认同"首先产生了。这具有深远的历史意义。

以"中国"自居的华夏，必然极力维护并力图发展"中国"的先进性，这就为华夏民族及其经济、社会、文化的发展获得了一种巨大的精神动力，而华夏的强大及其在各方面的发展又使中华大地上的一个民族和一种文化成为"中心"，并使这个"中心"以"中国"为媒介，向四周不断蔓延、渗透和扩散发展成为可能。而这种由内而外的使各民族趋向一体化的发展，就是我们说的"凝"的作用。这种"凝"的作用的不断强化和发展使中华民族的凝聚有了一个主体，这就是华夏（以后发展为汉民族）有了一种主流文化，这就是礼仪文化，也单方面说明了中华民族的凝聚有了一个核心和不竭的精神动力，这便是"中国"。

华夏的"中国认同"还有一个功能，那就是造成了"华夏"和"四夷"的明确分野。"中国"的先进性此时对于周边的"四夷"具有巨大的诱惑：经济方面，华夏先进的农业生产方式代表着当时先进的生产力；华夏的礼乐文化使华夏内部歌舞升平，代表着当时先进的文化；而无论经济还是文化甚至社会发展，"中国"的身份都意味着当时社会老百姓的一种根本利益的获得。所以，周边"四夷之民"出于对本身利益的追求和对先进事物的向往，出现了一种对于"中国"的无限遐想和向往。因为"中国者，聪明睿智之所居也，万物财用之所聚也；贤圣之所教也，仁义之所施也，诗书礼乐之所用也，异敏技艺之所试也，远方之所观赴也，蛮夷之所义行也"。[①] 所以诚如汉司马相如所指出的，周边少数民族"'盖闻中国有至仁焉，德洋恩普，物靡不得其所，今独曷为遗己'。举踵思慕，若枯旱之望雨"[②]。这就是周边少数民族"中国认同"意识的萌芽。

周边少数民族"中国认同"意识的萌芽，使他们产生了一种由外而内的，源于对"中国"向往而强烈、持久，客观上围绕华夏的向心意识，这就是我们所说的"聚"的作用。我们认为"中国"及其"中国"的先

---

① 《战国策·赵策二》。

② 《史记·司马相如列传》。

进性不仅为周边少数民族的"内聚"提供了一个目标和核心,还提供了源源不断的巨大精神动力。所以,从先秦时期开始,周边各少数民族的对外交往就具有明显的内向性特征,而其与华夏交往的密切程度也是远远超乎我们想象的。中华大地上众多族类之间围绕华夏而展开的密切交流具有重要意义,这使中华大地上的各种族类在交流中不断地相互渗透、整合,彼此之间的差异性越来越小,共同性越来越多,相互依赖性越来越强,而与中华大地之外的交流边界越来越明显,差异越来越大。一个自在的中华民族实体,在这种频繁的交流中不断孕育。

总之,华夏的"中国认同"使华夏在族体和文化上均不断向外扩散,一个主体民族和主流文化的酝酿为中华民族的孕育和发展提供了巨大的由内而外的"凝"的作用;周边少数民族"中国认同"意识的萌芽,又使周边少数民族不断向主体民族和主流文化靠拢,中华民族在族体和文化上的发展又获得了重要的由外而内的"聚"的力量。

由外而内的"聚"和由内而外的"凝"不断互动和结合中,中华民族开始孕育,而中华民族的"凝聚"和不断发展亦成为不可阻挡的历史潮流。

这个阶段在时间跨度上大致相当于从远古到战国。

二 边疆少数民族对"中国代表权"的争夺与中华民族实体的逐步形成

在由内而外的"凝"和由外而内的"聚"的共同作用下,华夏不断吸收来自边疆少数民族的丰富养分,历经秦汉统一国家政权的整合,于魏晋之际完成了向汉族的转变,而汉族在吸纳他族成分过程中实现"滚雪球"式发展的脚步却从未停止。

与此同时,边疆各少数民族也在不断发展。在边疆这个广阔的民族大舞台上,通过多种形式的多维联系和交融,经历历代多个少数民族政权的作用,从族体到文化,各少数民族不断地实现着重组和整合,也不断地推进着中华民族和统一多民族国家的发展。

从华夏到汉族的形成以及汉民族的发展过程中,他们一直以"中国"自居,也基本实现了对"中国代表权"的垄断。为实现对"中国代表权"的独占,汉民族及其前身华夏,在不同的时期对边疆少数民族采取了不同的态度和方式。当最初自身实力特别是军事力量不占绝对优势的情况下，为维护对"中国"的独占，其极力抵御和防止边疆少数民族对"中国"的进入。秦时万里长城的修建便是这一态度的产物，汉初对匈奴的战争就是这种方式的例证。当自身实力不断发展并取得绝对优势时，由于自身对"中国代表权"的独占变得毫无威胁，汉民族及其统治者又对边疆各少数民族表现出"爱中华，夷狄若一"的接纳和包容。隋唐统一多民族国家的强盛为汉民族统治者这一开明民族政策的出台奠定了基础；开明民族政策也为隋唐多民族国家的巩固发展和繁荣昌盛提供了保证。当汉族封建政权开始走下坡路，在与边疆少数民族争夺"中国代表权"的斗争中开始显现出劣势时，为维护其对"中国代表权"的垄断，其对边疆少数民族的态度变得极端而狭隘，甚至歇斯底里地宣扬"汉族"等于"中国"。汉族政权的这一历史倒退突出表现在积贫积弱的宋政权所宣扬的"大渡河之外非吾有也"[1]的态度上。而当少数民族入主"中国"变得不可阻挡，特别是由少数民族建立的统一多民族国家政权成为一种事实，并取得蒸蒸日上的发展态势时，广大汉族人民顺应了历史潮流，和各少数民族一道为统一多民族"中国"的发展而共同奋斗。

经过长期的密切联系和相互交融，边疆各少数民族之间也逐渐地由分散走向了一个个局部统一。中国历史上出现的为数众多的立足边疆的少数民族政权，往往被我们习惯性地看作某个民族的民族政权，但是纵观历史，我们不难发现，大多时候它们本身就是一种多民族的局部统一政权。例如，西汉时期北方的匈奴政权，其完成了对北方广大地区的统一，其内部不仅有匈奴人，更是包括有楼兰、乌孙、呼揭、丁零、东胡等众多族类。而南方的南越国内所包含的南方族群的构成情况就更加繁多和复杂了。这些少数民族局部性统一政权的建立及其对内部族群关系的整合，为统一多民族"中国"的形成和巩固发展奠定了坚实基础，也为自身的发展提供了契机。伴随着自身实力的不断发展，边疆各少数民族越来越难以忍受汉族对于"中国"身份的独享和对"中国代表权"的垄断。他们自归于"中国"并同汉族展开了对"中国代表权"长期而又激烈的争夺。纵观这个历史过程，大致可以分为四个阶段。

---

[1] 《续资治通鉴·宋纪》：北宋初年，"王全斌既平蜀，欲乘势取云南，以图献。帝鉴唐天宝之祸，起于南诏，以玉斧画大渡河以西曰：'此外非吾有也！'"

第一阶段，边疆少数民族的自愿内徙、内附、自归"中国"。

因为在各少数民族眼里"中国者，聪明睿智之所居也，万物财用之所聚也，贤圣之所教也，仁义之所施也，诗书礼乐之所用也，异敏技艺之所试也，远方之所观赴也，蛮夷之所义行也"①，是一切美好事物的集中地。其高度发达的农业经济代表着当时先进的生产力；其礼乐文化代表着当时先进的文化；其民富国强、国泰民安也为"中国之民"谋得了一种最根本的利益。所以他们对于"中国"的"举踵思慕若枯旱之望雨"②也便不难理解了。当其还不具备争夺"中国代表权"的实力之时，他们只能以"内附"的方式，来使自身"中国之民"的身份合法化。而内徙、内附，不仅可以使自己归于"中国"，合法地享受"中国"先进的文化、经济、稳定的生活状态以及良好的气候生态，也为他们日后争夺"中国代表权"谋得了更为有利而合法的身份外衣。匈奴的内徙便是这一阶段具有典型意义的事件。

在中国古代，匈奴活跃在自战国到南北朝长约七个世纪的漫长历史时期中。其最强盛时期是在秦朝末年到汉武帝初期，也就是冒顿、老上、军臣单于时期。秦始皇并六国，结束群雄战乱，统一了长城以内的农业区，这对于中国历史的发展具有重大的进步意义；而秦末汉初，匈奴统一长城以外广大游牧区，结束众多游牧部落的战乱与纷争，完成民族整合，同样具有重大的进步意义。这为后来大一统的出现共同奠定了不可磨灭的历史基础。但是，自汉武帝对匈奴多年用兵之后，匈奴实力逐渐衰落。源于对中原地区先进的文化、经济条件、稳定的政治和生活状态、良好的生态环境的向往和追求，当自己内部纷争和战乱不断，其他游牧势力威胁的不断加大，尤其是自然灾害连年发生而导致重大生存困难的情况之下，从汉宣帝时因内部政乱而臣服于汉，成为汉之藩邦开始，匈奴便不断内徙。后虽一度借王莽之乱而摆脱对中原的臣服关系，但为时不久又因内乱而分为南北两部。北匈奴一直难以恢复强大国力，最终在汉、鲜卑、南匈奴、丁零等压迫下，逐渐西去。南匈奴则归附于汉，并被安置于汉北边诸郡。匈奴的这种内徙，一直延续到魏晋时期。当然，匈奴的这种内徙一方面为自己日后在中原地区建立区域性政权，参与争夺"中国代表权"奠定了基础，

---

① 《战国策·赵策二》。
② 《史记·司马相如列传》。

例如魏晋南北朝时刘渊建立汉、刘曜建立前赵、赫连勃勃建立大夏等等；另一方面也为自己以后与其他族类相互融合提供了契机，经魏晋南北朝北方的民族大融合之后，匈奴这一曾威震中国历史的民族名号，就基本在中国历史记载中消失了。

第二阶段，边疆少数民族对汉族独占"中国代表权"局面的强烈冲击。

魏晋南北朝之际，由于汉族各个地方割据政权的战乱纷争，使"中国"经济萧条、文化衰落、人民生活于水深火热之中，苦不堪言。在各少数民族看来，汉族统治者的行为有损"中国"的形象，已完全无法肩负代表"中国"的历史重任。伴随着此时内迁到黄河流域的各北方少数民族人数的急剧增长，多个少数民族政权纷纷建立，汉族政权被迫南迁。此时，一种有意思的情形出现了：南北双方此时虽然都承认对方也是"中国"之人，但均认为只有自己才是真正的"中国"代表，北方各少数民族从自己对中原地区占有的现实性出发，讥笑东晋统治者为"岛夷"，东晋统治者却从文化的角度，蔑称北方少数民族为"索虏"。因而，对急切希望实现"中国代表权"的北方各少数民族而言，此时消除南人诬蔑的最好方式有二：其一是彻底地完成南北一统，用完成统一使得自己对"中国"的代表权事实化；其二是从文化和生活方式等各个方面使自己完全和汉人一样，这就需要完成"汉化"改革，其实质是"中国化"。前秦苻氏急于完成统一便是第一种情况例证；北魏孝文帝改革就是第二种情况的典型。

前秦是氐族苻氏领导建立的政权，所以也称为苻秦。苻秦的建立者为苻健，由于苻健非常注意处理民族关系，据关陇而又入关中，所以"秦、雍夷夏皆附之"[①]。永和七年（351年），苻健即天王、大单于位，缘于对始皇帝一统中国的崇敬和效仿，为表明自己对"中国代表权"的向往和追求，苻健将自己的国号也定为大秦，同时也改元皇始。其对中国代表权的炙热心态可见一斑。为了完成自己对"中国代表权"的追求，苻健励精图治：经济方面，于丰阳县（今陕西山阳县东南）设荆州，"以引南金奇货，弓竿漆蜡，通关市，来远商，于是国用充足，而异贿盈积矣"，[②]

[①] 《资治通鉴》卷九十五，晋穆帝永和六年。
[②] 《晋书》卷一一二，《苻健载记》。

为实现"中国代表权"积极地奠定物质基础；军事方面，积极军备，并成功击败桓温北伐；政务方面，与百姓约法三章，薄赋敛，卑宫室，专心政事，并立来宾馆于长安平朔门内，以招徕远人，昭示自己博大胸怀；文化方面，这位被后人严格地划归为"氐族"的政治家，却极度地优礼耆老，并大力的修尚儒学。苻健的这些"中国化"举措取得了良好效果，使西晋末年破败不堪的关中地区，一时"关西家给人足"。[1]

苻健之后，是雄才大略的苻坚。苻坚自小就接受了系统的儒学教育。其"性至孝，博学多才艺，有经济大志，要结英豪，以图纬世之宜"。[2]永和十一年（355年），苻健死，其子苻生继位，荒淫残暴，苻健之弟苻雄之子苻坚发动"云龙门之变"，杀苻生自立，称大秦天王，改元永兴，重用王猛等人，开始了苻秦的又一轮封建化或者称之为"中国化"高潮，并对汉人对"中国代表权"的垄断进行了前所未有的剧烈冲击。

苻坚改革的内容涉及多个方面。例如军事上重用王猛等人，改革军治，军力大增，并逐步地完成了对中国北方广大地区的统一，其辖地"东极沧海，西并龟兹，南苞襄阳，北尽沙漠"[3]，东北新罗、肃慎，西北的大宛、康居、于阗，西域六十二王等，均遣使来秦献方物。吏治上，重法纪而严执行，"数旬之间，贵戚强豪诛死者二十有余人。于是百僚震肃，豪右屏气，路不拾遗，风化大行"[4]。发展经济方面，苻坚劝课农桑、鼓励生产。例如371年，推广区种法以抗旱增产；377年，苻坚发动王侯以下以及豪望富室僮隶三万人，开泾水上源，凿山起堤，通渠引渎，以灌冈卤之地，及春而成，百姓赖其利。社会治理上，"修废职，继绝世，礼神祇，课农桑，立学校，鳏寡孤独高年不能自存者，赐谷帛有差。其殊才异行、孝友忠义、德业可称者，令在所以问"[5]。但是苻坚的众多改革举措中，最有特点的当数民族政策和文化教育了。

首先来看民族政策，苻坚继位后就提出了"黎元应抚，夷狄应和"[6]的观点，他废除了传统的胡汉分治的策略，无论氐汉，赏罚视同。大规模

---

[1] 参见《太平御览》卷一二一，《前秦苻健》。

[2] 《晋书》卷一一三，《苻坚载记》。

[3] 《高僧传》卷五，《晋长安五级寺释道安传》。

[4] 《晋书》卷一一三，《苻坚载记》上。

[5] 同上。

[6] 同上。

地迁徙各少数民族于关中地区，实现各民族大杂居。例如380年，苻坚"徙关东豪杰及杂夷十万户于关中，处乌桓与冯翊、北地，丁零翟斌于新安、渑池"①。380年又"以诸氐种类繁滋，秋七月，分三原、九嵕、武都、汧、雍氐十五万户，使诸宗亲各领之，散居方镇，如古诸侯"②。苻坚的诸多民族整合措施，对于此时民族关系的改善与和谐，对于众多族类的混同和融合都起到了至关重要的作用。这不仅是符合历史发展潮流和趋势的，而且在客观上对于改变"中国"的内涵，对于今天我们看来的中华民族实体的形成进程的加快，都起到了无法磨灭的客观作用，作出了历史贡献。

再者让我们再关注一下苻坚的文化政策。苻坚不仅精通儒学，还特别重视普及儒学教育。他将氐族武人将士乃至宫廷妇女等一统纳入到了儒学教育的范围之内，"广修学官，召郡国学生通一经以上充之。公卿以下子孙遣受业"③。于是，从苻健到苻坚，甚至"聪辩明慧，下笔成章"的苻融、"耽玩经籍，手不释卷"的苻朗等，氐族苻氏的儒学造诣是有目共睹的，苻秦统治之下的各族人民的儒化也是普遍而深刻的。这是什么化？传统观点总将此命名为"汉化"，难道凡此种种都是汉民族的专利吗？究其本质，这应是儒学教育引导下的封建化，是一种少数民族的"中国化"历程。所以，苻秦统治者以此而自居为传统文化的继承者、中国正统的继任者，其积极推行"圣君贤相"的传统封建治国之道，希望获得"中国"的代表权。但是汉族东晋政权却成为苻秦统治者实现这一理想的最后和最大障碍，于是，我们再也不难理解为什么励精图治、雄才大略的氐族前秦杰出领袖苻坚，在条件还不成熟的情况下，一改冷静秉性，而冲动地要完成一统，从而导致失败。我们说苻坚的失败，完全是"中国代表权"惹的祸。当然，这种对于"中国代表权"追求的执着、热衷甚至偏执，在当时条件不成熟的情况下，可能是不理性的，但其心境如果放在历史的眼光下加以审视，放在汉族长期垄断"中国代表权"的背景下加以考察，又是完全可以理解的，甚至是值得敬仰和具有历史功绩的。

淝水之战后，前秦政权被颠覆，北方地区再次陷入了分裂和战乱纷争

---

① 《资治通鉴》卷一〇四，晋孝武帝太元五年。
② 《资治通鉴》卷一〇四，晋孝武帝太元五年。
③ 《晋书》卷一一三，《苻坚载记》上。

的局面中。东晋太元十一年（386年），拓跋鲜卑贵族拓跋珪趁机召集旧部，在牛川（内蒙古锡拉木林河，呼和浩特东南）召开部落大会，即代王位，同年4月，改称魏王，天兴元年（398年），正式定国号为魏，史称北魏或者后魏，迁都平城，改元天兴，拓跋珪即位皇帝，是为魏道武帝。

鲜卑贵族建立的政权为何要定国号为"魏"呢？《魏书·崔玄伯传》说："夫'魏'者，大名，神州之上国。"① 从跋珪开始，拓跋鲜卑便开始对北方广大地区进行整合，截至皇始二年（397年），其已拥有了黄河以北之地，隔河与东晋对峙。至拓跋珪之孙、拓拔嗣子焘即位之后，428年，灭西夏，杀夏主赫连氏；436年，占龙城（今辽宁朝阳市），灭北燕冯氏；439年，凉州、收姑藏（今甘肃武威）；442年，收服西凉李暠之孙李宝；同时败柔然、高车，兵袭吐谷浑，使西域诸部和东北契丹等族遣使朝贡。最终结束十六国战乱纷争局面，重新统一北方广大地区，并不断南下，直至瓜步（今江苏六合东南）。北魏是少数民族冲击"中国代表权"的又一典型代表，而北魏政权在中国历史上留给人们最为津津乐道的话题，又非道武帝、孝文帝等人的改革莫属了。

长期以来，我们谈及北魏道武帝、孝文帝的改革，往往为其冠以"少数民族'汉化'改革典型"的大帽，那么这种少数民族主动发动的所谓"汉化"改革的本质和意义到底是什么呢？这种所谓的少数民族的"汉化"改革究竟是在何种情况下，出于何种动机进行的？其改革的内容彰显的真是"汉化"这样的本质吗？下面，就让我们作一个简单的考察分析。

拓跋珪在建立北魏政权和向中原进发的过程中，采取了一系列的改革措施，首要的，也是被后人用以作为证明这种改革是"汉化"改革的最为有力的证据就是拓跋珪大肆选拔和任用汉族士人。例如，登国初年，任用许谦为右司马，张衮为左长史，"参赞初基"②。395年，参合坡之战后，"于俘虏之中擢其才识者贾彝、贾闺、晁崇等与参谋议，宪章故实"③。396年，夺取并州后，"初建台省，置百官，封拜公侯，将军，刺

---

① 《魏书》卷二十四，《崔玄伯传》。
② 《魏书》卷二十四，《许谦传》。
③ 《魏书》卷二，《太祖纪》。

史、太守,尚书郎以下悉用汉人"①。我们认为,任用汉人本身是说明不了问题的,除非北魏统治者任用且只任用汉人,我们必须考察的是,北魏统治者任用汉人的目的、用意和效果是什么。我们注意到,任用贾彝、贾闺、姚崇等人的效果是"宪章故实",任用尚书吏部郎中登渊是为了"典管制,立爵位,定律吕,协音乐",任用仪曹郎中董谧是要让他"撰效庙、社稷、朝觐、飨宴之礼",任用三公郎中王德是要他"定律令,申科禁",太史令晁崇"造浑仪,考天象",而吏部尚书崔玄伯的任务就是"总而兼之"了。②看来北魏统治者之所以能够打破族类界限,大肆地任用汉族士人,不是汉族这一身份特殊,而是这些汉族士人掌握着能够代表当时中国先进文化的封建文化,使用汉族士人的直接目的让其为己建立实现封建化所需要的封建的典章制度规范基础。

拓跋珪改革的第二项内容就是离散鲜卑诸部,使其分土定居,把过去建立在血缘纽带基础之上的部落成员,转变为建立在地缘关系之上的国家编户,克服各部落各自为政的局面,积极强化封建的中央集权,加强国家控制。例如,登国元年(386年)拓跋珪改称魏王后,就下令"散诸部落,始同为编民"③;击败后燕之后,在天兴初,又第二次下令"离散诸部,分土定居,不听迁徙,其君长大人皆同编户"④。拓跋珪的第三项改革内容是实行大量迁徙边界族类到中原地区与汉人杂居,并实行"计口授田","劝课农桑",扩大屯田,减轻租赋,大力发展农业生产。很明显,这些措施和任用汉人一样都是形式,实现北魏政权的"封建化"才是内在目的。北魏建国近百年之后,孝文帝(元宏太和年间),孝文帝及其祖母冯太后所进行的所谓"汉化"改革的内容可以再次印证其对这种"封建化"不懈追求的内在本质。

例如,创颁"均田令",改革租调力役制,初立三长制,推行百官俸给制度等,是为了加速北魏在政治、经济上实现封建化的进程;迁都洛阳,也是为了更便于吸收汉族掌握的封建文化,与汉族封建地主联合也是为了更利用自己的封建化;禁止鲜卑人着胡服,禁止在朝廷上说鲜卑语言,提倡改鲜卑姓氏为汉姓,定姓族,说汉语,穿汉服,鼓励鲜卑人与汉

---

① 《魏书》卷二,《太祖纪》;《资治通鉴》卷一〇八,孝武帝太元二十一年。
② 《魏书》卷二,《太祖纪》。
③ 《魏书》卷一一三,《官氏志》。
④ 《魏书》卷八十三,《贺纳传》。

人通婚，等等，更是为了使自己和长期以来的中国正统趋于混同，本无二致。

看来，北魏统治者所谓的"汉化"改革，其目的明显是向当时能够代表中国先进文化的封建主义学习的过程，是北魏统治者在完成了对北方广大地区"征服"之后，"出于对内对外压力"调整自己统治体制的结果，是"征服产生封建主义"在中国历史进程中的又一次印证过程。当然，这些"封建化"的政令和举措也客观地产生了鲜卑与汉人"混于一同"的结果，但是结果不能等同于本质，所谓的"汉化"改革，其实质应是"封建化"的过程。可能有人要问，那么边疆少数民族的这种"封建化"又是为了什么呢？当然，我们可以说是为了学习先进，为了鲜卑族的生存和发展，但具体说来，还是因为出于对"中国"的认同而产生的希望成为"中国"正统并进一步实现"中国代表权"的理想和追求。例如，天兴元年（398年）七月，拓跋珪就"迁都平城，始营宫室，建宗庙，立社稷"，① 十二月，"又用崔宏议，自谓黄帝之后，以土德王"②。而太和十九年（495年），孝文帝诏令鲜卑族官员"不得以北俗之语言于朝廷，若有违者，免所居官"③，并提倡广大鲜卑民众著汉装，从汉俗，这是"孝文帝认为（旧俗旧装及原有语言）不合魏晋以来中原传统礼仪，欲以华夏正统文化自居，必然在衣冠上要与汉族地主趋向一致"。④

总结这个阶段边疆少数民族冲击"中国代表权"的历史过程，有两个问题值得我们特别注意：

第一，纵观这一时期对"中国代表权"进行了一定冲击的少数民族政权，都存在着明显的名为"汉化"，实质为"封建化"，目标为"中国化"的现象。例如匈奴刘汉政权的高度汉化，⑤ 石赵政权对于儒学教育和选拔的重视，⑥ 氐族后秦姚氏的众多"汉化"改革措施。⑦ 那么，究竟是这些少数民族政权的"封建化"和"中国化"促进了这些民族的发展，

---

① 《魏书》卷二，《太祖纪》。
② 《资治通鉴》卷一一〇，晋安帝隆安二年。
③ 《魏书》卷七下，《高祖纪》下。
④ 白翠琴：《魏晋南北朝民族史》，四川民族出版社1996年版，第83页。
⑤ 同上书，第164—165页。
⑥ 同上书，第195页。
⑦ 同上书，第262—266页。

进而导致了他们对"中国代表权"的争夺呢？还是因为要争夺"中国代表权"，所以他们才努力实现自身的"封建化"、"中国化"呢？我们认为，少数民族争夺"中国代表权"和少数民族此时的"封建化"、"中国化"这本身就是一个互为因果、相辅相成、循环上升的历史过程。

第二，这个时期，源于多种因素，众多民族都出现了相互混同、彼此融合的现象，那么究竟是什么力量导致了这种民族大融合局面的出现呢？我们认为原因一定是多重的，但是有这样一种因素，可能尤其需要我们注意，这便是封建主义这一当时能够代表中国先进文化的先进社会制度规范的引导功能，以及"中国化"这一更高层面的追求对于横向族类差异的消弭作用。一定程度而言，正是封建主义这一当时相对先进的社会制度规范和"中国"这一更高层面的目标才使魏晋南北朝时期的族类界限在一定程度上出现了松动和突破。魏晋南北朝时期的民族大融合及少数民族政权对"中国代表权"的冲击，无论在观念还是现实上，都为隋、唐统一多民族国家的建立和昌盛做好了准备、奠定了基础。

第三阶段，边疆少数民族对"中国代表权"的进一步冲击。

在统一多民族中国发展的历史进程中，秦汉建立大一统的中央集权国家，其虽是包含着多民族的一统，但一统中求同为主，存异却很难彰显。南北朝十六国的搅动、混同与整合，使"中国"民族单元的"多"的色彩更加明显。在此基础之上，"隋唐的统一，就是承认民族多样性的统一、多元的统一，也就是中华民族多元一体关系的基本确立"[①]。面对中央政权的鼎盛与强大，周边诸如吐蕃、南诏、突厥、回鹘、渤海等少数民族地方政权，一方面不断强调自身也是"中国"这一体系不可分割的一员，从而与中央政权的关系充满了友好和亲情。例如吐蕃与唐的两次和亲[②]；赤德祖赞将吐蕃与唐的关系定性为甥舅关系及对蕃唐"和同为一家"的描述；[③] 唐蕃会盟碑双方共同表达的"社稷如一"的愿望；[④] 南诏的《德化碑》以及"我自古及今，为汉不侵不叛之臣"[⑤] 的深情告白；等等。另一方面，这些周边少数民族对汉族对"中国代表权"的垄断又

[①] 伍雄武：《中华民族的形成与凝聚新论》，云南人民出版社 2000 年版，第 105 页。

[②] 吐蕃与唐的两次和亲指：太宗时文成公主嫁松赞干布，中宗时金城公主嫁赤德祖赞。

[③] 参见王辅仁、索文清《藏族史要》，四川人民出版社 1981 年版，第 34 页。

[④] 同上书，附录《唐蕃会盟碑》。

[⑤] 转引自伍雄武《中华民族的形成与凝聚新论》，云南人民出版社 2000 年版，第 111 页。

十分不满,他们很难压抑自己对"中国代表权"争夺的冲动,于是与中央政权又不断发生着摩擦甚至战争。等到中央王朝衰败、分裂之时,周边少数民族争夺"中国代表权"的热情便激烈地迸发出来。

从唐朝末年到元朝重新实现大一统,这是中华民族实体一个重要的搅动和混同时期,也是边疆少数民族在魏晋南北朝之后对"中国代表权"的进一步冲击时期。在中原王朝分裂和衰败之际,多个边疆少数民族纷纷崛起。

例如北方契丹建立的强大辽政权[1],其在与中原北宋政权争夺"中国代表权"的博弈中,双方虽以兄弟之国相称,但彼此争夺却异常激烈,连绵不断的战争中,总体而言,北宋是处于劣势的,还出现了北宋向辽缴纳白银、绢、帛,甚至是割地的情形。强盛之时,其疆域东至大海,西越金山(今阿尔泰山),北抵胪朐河(今克鲁伦河),南达白沟(今河北中部拒马河),统一了中国北方广大地区。其区域内民族众多,辽朝实施了众多的经济、政治、文化政策和措施,使辖区内的汉、女真、蒙古和契丹不断地相互搅动和融合,"他对于中华民族的融会和凝聚产生了极为重要的历史作用","可以说,对于后来金、元的民族凝聚与融合,辽起到了开启的前期准备作用"。[2]

1038年,党项首领元昊称帝,建立大夏政权,又号白上国,汉文文献称为西夏。西夏是以党项族为主体的地方民族政权。其在与北宋的争夺中,多次打败宋军,具有了今天宁夏全部和陕甘北部地区,先与辽国、北宋鼎足而立,后与金和南宋相对峙。西夏存续期间,党项和各民族的交流和融合大为加深和普遍,也正是因为有了这种交流和融合的基础,所以西夏亡国以后,党项人很快地融入汉、蒙古、吐蕃、回纥等民族中去了。"可以说,党项因西夏而显著于世,也因为西夏而消融于中国各民族之中。"[3]

特别是1115年女真建立的金政权,更是在与中央汉族政权争夺"中国代表权"的过程中,展示了少数民族政权前所未有的强大和优势。

---

[1] 916年契丹可汗耶律阿保机建国称帝,以族名为国号曰"契丹";947年改国号为"大辽";983年又改为"大契丹";1066年复号"大辽";1125年金灭辽后,耶律大石在西域又建立了西辽政权,直到1211年。

[2] 伍雄武:《中华民族的形成与凝聚新论》,云南人民出版社2000年版,第148页。

[3] 同上书,第152页。

1125年，金联合北宋灭掉了辽国，1127年又一举南下灭掉北宋，1153年迁都于燕京（今北京），从而占据了中国淮河以北的半壁江山。女真金政权积极推广和普及儒家文化，重用文人儒士，推进民族和文化间的交流。"总之，金朝在120年的时间里，在中国北方实现了一次大规模的、有深度的文化互渗和民族融合，为元代的更大统一和融合创造了诸多条件。"①

契丹辽政权、女真金政权、党项夏，当然也包括白族大理政权等，这些少数民族政权在与汉宋政权对"中国代表权"的争夺中，伴随自己的不断发展和实力的不断增强，不仅使北宋政权显示出了"积贫积弱"的衰态甚至灭亡，更是让南宋政权处于偏安一隅的尴尬境界。他们不仅实现了自身对于"中国代表权"的激烈冲击，更是少数民族进一步冲击"中国代表权"的历史典范，其客观上对中国各民族的进一步混同和融合起到了促进作用，更为元、清边疆少数民族对"中国代表权"的完全实现奠定了坚实基础。

第四阶段，元、清统一多民族国家的建立与边疆少数民族对"中国代表权"的实现。

关于谁才有资格取得"中国代表权"的问题，争论由来已久，传统的看法往往是将汉族政权作为"中国代表权"的当然享有者。但是伴随着边疆少数民族对"中国代表权"冲击的愈演愈烈，传统的中国正统观念也在逐渐地发生变化。例如，在石介传统观点的基础上，欧阳修曾经作过这样的补充，"正天下之不正"、"合天下之不一"、"推天下之至公，据天下之大义"② 也是作为"中国代表权"的条件。欧阳修的观点解决的问题是，当中原分裂为数个汉人政权时，谁才是"中国"正统的问题。他认为，只有能实现国家的统一，并能维持社会秩序安定的政权，才能行使"中国代表权"。这给了有能力实现中国统一的少数民族政权以莫大希望和鼓舞。而金时，赵秉文曾按照"夷狄进于中国则中国之"的原则，而认为金是"中国"；鲜卑人元好问因金遵循了中国传统文化，地理上也占据了九州的主要地区，而称金为"中国"，并视其为中国正统。③ 这也就是说，在中国历史发展的进程中，"中国代表权"已经慢慢地突破了汉人

---

① 伍雄武：《中华民族的形成与凝聚新论》，云南人民出版社2000年版，第155页。
② 《欧阳修集》卷十六，《居士集》卷十六，《附论七首·原正统论》。
③ 参见何志虎《中国得名与中国观的历史嬗变》，三秦出版社2002年版，第141页。

政权的局限,"中国"是多民族的共同家园,只要少数民族政权能够结束战乱纷争,完成一统,给人民带来安定和谐,那么它就理应成为中国正统,拥有"中国"的代表权。

在多个边疆少数民族政权实现了区域性局部统一的情况下,在像辽、金等少数民族完成了对北方广大地区实现统一的基础上,迅速崛起的蒙古民族实现了中国历史上第一次由少数民族完成的大一统局面。基于这样的事实,蒙古统治者自然地对"中国代表权"当仁不让,把自己建立的政权视作"中华正统"。

忽必烈即位元年,其国号仍是"大蒙古国",但是其年号却意味深远地定为"中统",明显表达了要成为"中国正统"的意思。1271年,由于考虑到"蒙古"这个称号只是表达了自身起源,而不能完全体现自身政权的广袤版图,众多族类,以及自身完成了旷古烁今的大一统的丰功伟业,所以在《建国号诏》中明确表示要"绍百王而继统",并取《易经》"大哉乾元"之义,定朝号为"大元",表达多民族大一统之义。不仅如此,忽必烈还在理论和实践上双管齐下,不断强化自身作为一个少数民族政权而发迹的王朝对"中国代表权"的拥有。在理论上,元代对以往长期存在的将"汉族"等于"中国",认为只有汉族政权才是"中国正统"、才具有"中国代表权"的狭隘民族观念给予了彻底批判。元世祖通过郝经的论证说:"天无必与,惟善是与;民无必从,惟德之从"[1],认为,无论是汉族还是少数民族,只要能实行德治、实现善治,给所有的中国老百姓带来美好生活,就都可以得到人们拥护,成为"中国代表权"的当然拥有者。实践中,他虽然深知南宋对于元政权的恭顺,但是从"中国统一"的己任出发,还是毅然出兵攻灭南宋,彻底实现大一统。

通过元代既定现实的冲击和有效有力的理论宣传,最终,"中国"获得了其基本完备的正确含义:地缘上,她西至天山东到大海,北越大漠和大兴安岭,南盖南海和南沙群岛,也包括整个西藏;民族上,中国不仅是汉族的国家,而是多民族的共同家园;文化上,她包括汉文化和各少数民族文化;主权行使上,代表中国的,不仅可以是汉族政权,也可以是少数民族政权。

然而,元末由于政治的昏暗和民族政策的失衡,聪明的朱元璋利用民

---

[1] (元)郝经:《陵川集》卷十九,《辩微论·时务》。

族矛盾实现了王朝更替，直至17世纪中叶东北的满族（其前身为女真）入主中原，并统一中国，才再次实现了边疆少数民族对"中国代表权"的拥有。我们认为，清对于"中国代表权"的拥有是建立在其实现了中国的再次完全统一的现实基础上的。而现实中，作为少数民族的清统治者却在实践中，把自己对"中国"的代表权行使得淋漓尽致；理论上，作为少数民族入主中原的代表，清统治者也把少数民族政权作为"中国"代表的资格论证得几近完美。

康熙二十八年（1689年），在与俄国签订《尼布楚条约》时，清朝廷在使用"大清"和"中国"的过程中，正确地处理了两者的关系，表达了两者各自正确的内涵。比如说，订约的主体是清朝廷，但是使用的国名是"中国"；订约的决策者是清朝的康熙皇帝，但是订约时的称谓是"中国大皇帝"或者"中国大圣皇帝"；订约的代表是清朝的议政大臣领侍卫内大臣索额图，但他签约时的身份是"中国大皇帝钦差分界大臣"；条约的内容中规定双方以格尔必齐河为界"沿此河源之石大兴安岭至海：凡岭阳流入黑龙江之河溪尽属中国；岭阴河溪悉数属俄罗斯"，"将流入黑龙江之额尔古纳河为界：南岸属中国，北岸属俄"。①

雍正五年（1727年），在与俄罗斯签订《布连斯奇条约》时，条约的开头这样写道："中国政府为划定边界事，特遣多罗郡王和硕，额附策凌伯四格，兵部侍郎图理琛等合同俄国特遣全权大臣、内廷大臣、伯爵萨瓦务拉德斯拉维赤，商定如左。"② 条约中有这样的内容："由华沙纳依岭起至额尔古纳河为止，期间在迤北一带者，归俄国，在迤南一带者，归中国。所有山河鄂博，何者为俄属，何者为中国属，各自写明绘成图说。"③

同年，在与俄国签订《恰克图界约》时，签约代表图理琛的身份名号是"中国大臣"，条约中有这样的内容："由沙毕纳依岭至额尔古纳河岸，阳面为中国，阴面为俄国。"④ 而在乾隆、嘉庆时，在对外交往中清王朝也总是以"中国"作为自称。⑤ 当然，如果要悉数少数民族统一政权

---

① 王铁崖：《中外旧约章汇编》（第一册），生活·读书·新知三联书店1957年版，第12页。

② 同上书，第5页。

③ 同上书，第6页。

④ 同上书，第4页。

⑤ 参见何志虎《中国得名与中国观的历史嬗变》，三秦出版社2002年版，第166—167页。

对外交往中以"中国"自称的情况,此绝非起端于清代。例如,至少在元代时,忽必烈对日本的国信诏书中就有这样的内容:"日本密迩高丽,开国以来,亦时通中国。"① 士人魏初此时因忽必烈在宴请诸国来宾时,对那些不能用大杯喝酒的外国使者有不尊敬的行为而上疏时也说:"臣闻君犹天也,臣犹地也,尊卑之礼,不可不肃。方今内有太常,有史官,有起居注,以议典礼,记言动。外有高丽、安南使者入贡,以观中国之议。昨闻赐宴大臣,威仪弗谨,非所以尊朝廷,正上下也。"②

看来,实践中,边疆少数民族争夺"中国代表权"的完全实现,一方面,用事实明确地证明,无论是汉族还是少数民族,只要能够主导中国的统一和稳定,那么其就有资格成为"中国"的代表,并行使"中国"的代表权;少数民族一样可以争夺并拥有"中国"的代表权。另一方面,边疆少数民族拥有"中国代表权"的事实,不断地完备着"中国"的内涵。同时,伴随着对外交往的不断发展和愈加频繁,"中国"内部的界限和差异不断消弭,"中国"作为一个整体的边界不断明晰和强化。历朝历代的朝号、庙号成了"中国"单元内彼此历时分辨的代号;而"中国"成了各个朝代、各个民族在对外交往中归属其中而标识为"我"的整体单元。

但是,理论上,这种"统一多民族中国"的观念总是会遭受到那些腐朽地将"汉"等同于"中国"的狭隘观念的威胁和挑战,尤其是当部分汉族士人将"汉"等同于"中国"的观念工具化,用以作为实现自己王朝更替的口号而大肆宣扬的时候,它还是具有相当大的迷惑性和煽动力的。例如,南宋抗金、抗蒙古时,传统的"汉即中国"观念便是其强大精神动力;朱元璋的"驱除鞑虏、恢复中华"③ 在其反元斗争中也发挥了重大作用。甚至是到了康熙、雍正之时,作为少数民族入主中原的清不仅真正实现了中国的完全大一统,而且也造就了社会稳定、经济繁荣、人民生活殷实的良好治世,但是一些头脑僵化而无法适应社会历史进步潮流的汉族士人仍然拒不承认"清"的正统地位,仍以"华贵夷贱"的腐朽观念进行反清活动,例如著名的吕留良、曾静等。

---

① 《元史》卷二百八十,列传第九十五,《外夷列传·日本》。
② 《元史》卷一百六十四,列传第五十一,《魏初传》。
③ 《明太祖实录》卷二十一,《鸿遒录》五,《北伐中原》。

综观清代这些传统汉族士人反对作为少数民族的"满"对"中国代表权"的拥有的主要论据,主要集中在以下几个方面。其一,是从地域角度谈及的,认为这些少数民族的起源地是周边而非中原,而中原又是中国地理内涵的最初含有,所以只有世居于中原的汉族才能是中国正统,才能拥有中国的代表权。其二,像满这样的边疆少数民族在生活习惯、衣着发型上均与中原汉族有着很大的差别,其和汉人本身就不是同一族类,而"非我族类、其心必异",故其不能成为"中国"之主。其三,是从传统的封建制度规范上来强调边疆少数民族的作为不符合传统的封建制度和伦理规范。其四,是从当政者个人的品行方面大做文章,例如说雍正篡改遗诏、逼父杀兄等。清历代皇帝均感受到了夷夏之防对于国家统一稳定和民族团结和谐的重大危害作用,特别是雍正皇帝借审理曾静案之际,将此案的审问记录和自己的批驳编订成册,以喻诏形式发行全国,希望全国各族人民能以此为戒,彻底地从陈腐的"夷夏之防"的观念中解放出来,坚决觉晓国家统一和民族团结和谐之大义,故而将其命名为《大义觉迷录》。

首先,雍正皇帝在《大义觉迷录》中深刻说明了"夷夏之防"在国家统一和民族团结之时的不合时宜和现实危害。在雍正皇帝看来,所谓的"夷夏之防"、"华夷之辨",不过是在中国国家分裂、各民族未曾统一的历史条件下,各自为了争夺"中华正统"和"中国代表权"所使用的工具罢了。"盖从华夷之说,乃在晋宋六朝偏安之时,彼此地丑德齐,莫能相尚,是以北人诋南为岛夷,南人指北为索虏"[1],蛮夷不过是争夺"中国代表权"的双方彼此诬蔑诋毁的称谓罢了。而到了"天下一统,华夷一家之时"[2],还沉迷于腐朽的"汉即中国"观念而"妄判中外,谬生忿戾"[3],那就是对国家统一和民族团结的破坏了,这"非只获罪于我国家"[4],而且是历史的"千古罪人"[5]了。

其次,雍正皇帝对以地域断夷夏的观点给予了迎头痛批。如果地域是

---

[1] 雍正:《大义觉迷录》,北方妇女儿童出版社2001年版,第9页。
[2] 同上。
[3] 同上。
[4] 同上书,第16页。
[5] 同上。

判断夷夏的标准，那么"舜为东夷之人，文王为西夷之人"①，他们又何以成为华夏的先祖呢？在雍正看来，"本朝之于满洲，犹中国之有籍贯"②，其表达的意思有二，一是东三省和内地省份一样都是中国的一部分，二是东三省只是满族的籍贯和发源地。

再次，雍正皇帝强调了以文化作为"华夷之辨"根本标准的意思。雍正强调，衣着和打扮不应成为"华夷之辨"的标准，因为这是个"随地异宜，随时异制"的外在表征问题，更无关于"人之贤否，政治之得失"③的文化根本。他说："若夫本朝，自关外创业以来，存仁义之政，即古昔之贤君令主，亦罕能与我朝伦比。且自主中国，已八十余年。敷猷布教，礼乐昌明，政事文学之盛，灿然备举，而犹得谓为异类禽兽乎？"④表明自己在文化本质上已经"中国化"，从而强调了自己的"中国"身份和自身拥有"中国代表权"的合法性。

最后，雍正皇帝还客观地指出了清作为一个少数民族入主中原建立的王朝的历史地位，以及其对于"统一多民族中国"大一统事业的历史功绩。他说："我朝肇基东海之滨，统一诸国，君临天下，所即之统，尧舜以来中外一家之统也；所用之人，大小文武中外一家之人也；所行之政，礼、乐、征、伐中外一家之政也。"⑤表明中国是一个整体，清不是哪个朝代的继承者，而是"中国"当时的代表人；"中国"是个"多民族统一的国家"，"中国"的人民，无论中原汉族还是周边少数民族都是一家人；清所行使的是当时"中国"的代表权。"汉唐宋全盛之时，北狄西戎，世为边患，从未能臣服而有其地"，"自我朝入主中土，君临天下，并蒙古极边诸部落，俱归版图，是中国之疆土开拓广远，乃中国臣民之大幸"。⑥清王朝不仅奠定了当代"中国"的基本基础，对于"统一多民族中国"的发展所具有的历史功绩和意义都是无与伦比的。

行文至此，很多问题都豁然开朗了。例如为什么魏晋南北朝之际的很多少数民族政权都非常重视传统儒学的教育？为什么从苻秦到北

---

① 雍正：《大义觉迷录》，北方妇女儿童出版社2001年版，第8页。
② 同上书，第9页。
③ 同上书，第147页。
④ 同上书，第75页。
⑤ 《清世宗实录》卷一三〇，雍正十一年四月已卯。
⑥ 雍正：《大义觉迷录》，北方妇女儿童出版社2001年版，第11页。

魏，少数民族统治者总是热衷于所谓的"汉化"、实质为"封建化"或者"中国化"改革？为什么作为少数民族入主中原的元却在少数民族地区广兴儒学，例如赛典赤父子治滇时的众多举措？为什么作为少数民族入主中原的清王朝却在广大少数民族地区大力推广"义学"，并通此而致力于在少数民族间推广所谓的"汉"文化？因为在他们看来，这些就不是所谓的"汉"，而是"中国"；他们要追求的不是"汉化"，而是"中国化"；他们不是将自己归属于"汉"，而是将自己归属于"中国"；他们致力于争夺"中国"的代表权；他们也实现了"中国"的代表权；他们不仅是"中国"的，而且他们在历史上的某一时期就是"中国"；他们用自己的努力一步步地让"统一多民族"中国观念深入人心；他们为"统一多民族中国"的发展作出了卓越的历史功绩。

各边疆少数民族争夺"中国代表权"的过程实质上也就是中国各民族相互之间从族体到文化不断地相互搅动的过程，边疆少数民族对"中国代表权"的不断实现，也客观地促进着"中国"从地缘到民族、从政治到文化内涵的不断完备。因此我们说，由于对"中国"的强烈认同，才有着边疆少数民族对"中国代表权"的执着追求，而其追求的过程又客观地加强着各民族在各方面的"你中有我、我中有你，谁也离不开谁"的现实基础，而这个现实又反过来积极地影响着各民族对"中国"的认同。也就是在这样一个相辅相成的过程中，自在之中华民族形成了。

当然，边疆少数民族争夺"中国代表权"的历史过程所具有的历史作用和功绩是毋庸置疑的。边疆少数民族与汉族争夺中国代表权的长期过程也客观地产生了两个理论和现实难题，其消极作用直到今天也依然对中华民族的凝聚产生着较大的消极影响。

其一是，边疆少数民族和汉族在争夺"中国代表权"的长期历史过程中，双方难以避免地相互诋毁攻击，汉与各少数民族相互之间的芥蒂和矛盾由此而生。由于历史上汉族政权为了争夺"中国代表权"，长期地将传统的狭隘的"汉族即中国"观念作为理论工具和武器，从而导致直到今天汉族中的"大汉族主义"、"中国即汉族"的阴霾还时而阴魂不散；而由于存在少数民族在争夺"中国代表权"的过程中与汉族存在矛盾等历史因素，少数民族同胞对汉族的不信任还时常显现，而别有用心者不断强化或者夸大历史上一些少数民族政权的作用和地位，又为今天的一些民族分裂行为制造人为的"传统"武器。当然，还有一种情况也需要注意，那就是历史上少数民族和汉族对于"中国代表权"的争夺往往都是在王朝或者政权的旗号下进行的，王朝或者政权就往往成为人们最主要的认同"符号"，而很多时候，人们又往往把自己对"中国"的认同不自觉地注入到了对这一符号的情感之中，"中国认同"的符号构建存在着符号与内涵的不相匹配，"中国认同"的符号构建是历史留给我们的一个难题。

其二是，边疆少数民族和汉族争夺"中国代表权"这一历史过程的长期性和复杂性，使长期以来的中国普通老百姓对于"中国"的真正边界认识不清，把"中国"的内部争夺和外敌来侵含糊混淆，由此而产生两种恶果。一是对历史上中华民族的内部矛盾和争夺无限夸大和仇恨化，在对一些历史事件和历史人物的评价上，存在定性不准和评价不公的现象；二是当"中国"真正面临外来侵略和凌辱的时候，长期以来已经看惯了"中国"内部兄弟间萧蔷之祸不断的老百姓，又会袖手以旁观，漠然而冷淡，甚至层出不穷地出现为数众多的所谓"汉奸"，中华民族的凝聚力面临严重挑战。

中国的地域边界到底何在，也就是说中华大地的幅员范围到底多大，我们究竟应该以何时的中国版图作为依据？中国人的边界到底何在，也就是说中华民族的范围到底多大，历史上的众多民族中，究竟哪些应该归属于中华民族的范畴？中国历史上的中央王朝与周边民族政权、中央政权和地方政权之间的关系究竟如何定性，究竟谁才有代表"中国"的资格，究竟怎样才算拥有了"中国"的代表权，标准何在？中华文化的本质到底是什么？文化的角度，"中国"和"汉"的区别究竟何在？

历史的难题，不断考验我们的智慧，也成为时代赋予我们的责任。

第六章

我国边疆少数民族的"中国认同"与中华民族的觉醒

不同的历史时期，社会发展的主题是不同的，不同社会发展主题之下，同一本质也会有着不同的时代表现形态。在漫长的历史发展进程中，边疆少数民族的"中国认同"在不同的具体历史时期的表现形态也是各不相同的。中国古代历史中，边疆少数民族"中国认同"的萌芽与中华民族实体的孕育，边疆少数民族对"中国代表权"的争夺与中华民族实体的不断形成之间是存在着内在联系的。当然，在历史进程中，由于历史的局限，一定时期人们的"中国认同"的具体体现方式在今天看来往往不是十分完美的，例如古代历史中，人们往往会把对"中国"的认同具体化为忠于君主、忠于朝廷。长期以来，人们对于这种忠君思想的认识可能还是不够全面的，认为这是愚忠，是腐朽的、一无是处的。我们说，用今天的标准去衡量历史的人物和事件，其本身就是一种病态的逻辑；而古代历史中所谓的"忠君"，往往是和"爱国"相互交织、同胞连体的，无论是"君"还是"朝廷"，很多时候在很大程度上往往就是"祖国"的别名词，当然在今天看来这个别名词是一个不太完美的替代"符号"和替代物，但"忠君"、"忠于朝廷"很多时候的确就是"中国认同"在特定时代的特殊表现方式。当然，由于这一符号和替代物是不完美的，所以有时候又会造成一些历史的局限和遗憾。

中国古代历史中，边疆少数民族"中国认同"表现形态的长期演绎，还具有一个历史功能，就是它客观地造就了"中国"的现实边界。由于历史进程中，中国的具体边界在不同的历史时期发生过太大的嬗变，所以人们总会产生这样的疑问，"中国"的边界究竟应该以哪个历史时期的为准呢？这是一个复杂的问题，但至少其原则是明晰的。这个原则就是我们应当以"中国"自然的、历史的发展结果为准。也就是说，当"中国"

的发展是自主而独立的,是没有遭受外来干扰和侵略的情况下,"中国"在历史进程中,最终发展到的面貌才是其本来的面貌。很明显,中国历史自我独立的发展进程被打断,是在1840年前这个历史阶段,所以,1840年前这个时候,中国在遭受到西方资本主义入侵以前的实际边界就是中国应该的边界。这应该包含两层含义:一是即使是在历史上曾经一度出现在"中国"范围内的地域和人群,后来由于各种因素,在1840年前这个时候已经不在"中国"范围之内了,那么他们也就不再属于"中国"范畴了;二是只要是1840年前这个时候属于"中国"范围之内的,即使其后来由于各种原因,已经不在今天中国的实际范围内了,但其也应该是属于"中国"范畴内部的。(当然,迁入"中国"并历经"共同历史命运"的历史锤炼而融入中华民族的朝鲜族情况有些特殊,但本质上也符合这些原则。)而这也应该是我们衡量一定民族之间的关系和事件,是属于"中国"内部的互动,还是"中国"对外的关系状况的基本标准。在这一标准下,让我们继续来考察近代以来,边疆少数民族"中国认同"的具体表现形态与中华民族发展进程之间的内在联系。

"中国"历史自我的发展进程在东西方殖民主义者侵华之前从未停止过前进的步伐。殖民主义不仅要把"中国"变为其能源、原料产地和商品倾销市场,它们还企图直接瓜分"中国",更重要的是,它们的侵略阻断了"中国"自身的历史发展进程。殖民主义的入侵,不仅让"中国"沦落为其原料产地和商品倾销地,也让"中国"失去了大量的能源资源和广袤国土。虽然殖民主义者在某些微小方面客观地、不自觉地对"中国"的发展起到了一定的刺激作用,但是殖民主义的入侵才是近代"中国"落伍的最直接原因之一。哪里有侵略和压迫,哪里就会有斗争和反抗。正是有了东西方侵略者这样的外部参照,"中国"的边界才进一步明晰起来;正是在反抗东西方殖民主义者的侵略斗争中,中华民族才一步步走向了觉醒。而在这一过程中有两点尤其需要引起我们的注意:其一是由于"中国"的边缘地区往往是中国众多少数民族的聚集地,所以,边疆少数民族就成了东西方殖民主义者侵略的最早受害人和抗争者,故而边疆少数民族在中华民族觉醒进程中扮演着至关重要的角色;其二是抗争外来侵略的过程中中华民族的这种觉醒不是爆发式完成的,而是逐步、渐进地实现的。

一 晚清边疆少数民族积极抵抗外来侵略与中华民族的初步觉醒

第一次鸦片战争标志着中国近代史的开端，但是西方殖民主义者对中国的侵略却远早于此。自1489年达·伽马发现新航路之后，西方殖民者就竞相东来，并纷纷把中国作为他们侵夺的对象。他们侵占中国的领土，祸害各族百姓，从而激起了中国各族人民的强烈愤慨。纵观早期边疆各族人民反抗外来侵略的斗争，至少有这样几个特点：首先，此时的反侵略斗争基本局限于边疆地区；其次，边疆少数民族在早期反抗外来侵略的斗争中往往扮演着主力军的角色；最后，此时反抗外来侵略的规模虽然不大，斗争也往往是以自发的或者配合官军收复失地的方式进行，但是这样的经历却使中华民族作为"共同历史命运共同体"存在的性质逐渐彰显，从而为整个中华民族大规模地抵抗外辱的斗争奠定了坚实基础。边疆少数民族抗击外来侵略的早期斗争中，以台湾高山族同胞反抗荷兰殖民者和西北、东北各族人民反抗沙俄侵略者为典型代表。

在西方殖民者早期侵略中国的历史中，葡萄牙、西班牙都曾经有过侵略宝岛台湾的经历，而荷兰殖民者更是其间为害最甚者。"中华民族的各族人民都反对外来民族的压迫，都要用反抗的手段解除这种压迫。"① 外国侵略者侵略中国的开始，也就是中国人民反抗外来侵略历史的开端。1624年，荷兰殖民者强迫台湾西南部各族人民为其修筑城堡，繁重的劳役激起了高山族人民的强烈不满，目加瑠湾200余名高山族同胞自发组织起来，放火捣毁了敌人的堡垒，迫使敌人仓皇逃窜。1629年，新港的高山族同胞也因为殖民者的虐待而揭竿起义。1635年9月5日，麻豆社高山族同胞由于不满荷兰东印度公司的欺诈和剥削，一举杀死殖民者60余人。1641年11月，鹿港附近爆发高山族人民英勇的抗荷斗争。1652年，高山族同胞和汉族人民一起，在郭怀一的领导下，又掀起了一次大规模的抗荷起义。中国各族人民的激烈反抗给殖民者以沉重打击，侵略者也认为"对台湾的继续占领，随处都会遇到许多迫切的危险，这些危险不但来自十万以上的野蛮人（殖民者对高山族的侮称），而且来自居住在那里的中

---

① 《毛泽东选集》第2卷，人民出版社1964年版，第586页。

国人（殖民者对汉族的另称）。"①特别是在1661年，郑成功收复台湾的战斗中，台湾的高山族同胞是作出了卓越贡献的，1662年郑成功收复台湾的胜利，是台湾各族人民的胜利，是中华民族的整体性胜利。

沙皇俄国是近代历史上给中国带来沉重灾难的侵略者，其早在16世纪后期就开始染指我国领土，而边疆各族人民从一开始就给予侵略者以坚决抗击。在西北地区，早在1581年沙俄入侵额尔齐斯河流域时，当地各族人民就进行了顽强抵抗。17世纪前期，面对沙俄侵略，我国的喀尔喀蒙古、鞑靼蒙古、厄尔特蒙古准噶尔部，特别是柯尔克孜族同胞，都进行了英勇的抵抗。当18世纪沙俄变本加厉地侵略我们西北地区的时候，各族人民的反抗就更加激烈了。1715年，彼得一世派布赫戈利茨率领远征军企图进入我国天山南部地区掠夺当地金矿，英勇的准噶尔军民在大将策凌敦多的率领下给予侵略者以迎头痛击。1716年，准噶尔部又在亚梅什湖击败了侵略者。直到18世纪中叶，清政府加强对西北的控制，西北各族人民对沙俄侵略者的英勇抗击都一直没有间断。②

沙俄对我国东北地区的早期侵略就更加令人发指了，1643年，一支沙俄远征军侵入中国境内的精奇里河流域，并无耻地绑架了当地的达斡尔头人进行勒索，当地达斡尔同胞奋起抗击，击毙侵略者10人，打伤50人，其残部狼狈逃窜。次年，这支侵略军又沿着黑龙江顺流而下，一路抢劫，沿途朱舍里人（女真）、赫哲人再次给予他们沉痛打击。1650年，沙俄侵略者又强占了达斡尔人的村寨雅克萨，并不断抢掠附近的达斡尔人、赫哲人和朱舍里人，各族人民一面积极联合反抗，一面向清政府驻宁古塔章京海色求救，海色率所部，在各族人民的配合下，毙敌88人。政府军队在各族人民支持下抗击沙俄侵略者的斗争自此揭开序幕。1654年起，清政府开始派遣军队全面肃清侵入东北地区的沙俄侵略者，1658年，满族将领率领所部在松花江口击毙、活捉侵略者270人。1660年，清军再次在黑龙江下游大败侵略军。1685—1686年，清军在当地各族人民配合下，两次围歼盘踞在雅克萨的侵略者。最终，侵略者不得不在平等基础上与清政府签订了《尼布楚条约》。需要注意的是，各族军民联合抗敌所签

---

① 菲利普斯：《荷兰占领台湾简讯》，载《中国评论》卷10，第127页；转引自罗开云《中国少数民族革命史》，中国社会科学出版社2003年版，第17页。

② 参见罗开云《中国少数民族革命史》，中国社会科学出版社2003年版，第17—18页。

订的这个条约,是以大家共同的名字——"中国"的名义签订的,这个条约的全称是《中俄尼布楚条约》,这更加彰显了各族人民对于"中国"的认同与热爱。

1840年第一次鸦片战争的爆发,不仅标志着中国近代史的开端,更意味着"中国"作为一个整体与外来资本主义的侵略全面抗争的开始。从第一次鸦片战争到辛亥革命清政府灭亡前,边疆少数民族同胞对"中国认同"的主要表现形态大概体现在两方面:一是对东南沿海抗击外来侵略战事的万里赴戎机,例如两次鸦片战争中英勇抗敌的各少数民族英烈;二是抵抗外来侵略时对自己家乡的坚决守卫,例如这一时期西北东北各族人民的抗俄斗争,高山族人民保卫台湾的斗争,各族人民的抗法斗争,西南边疆各族人民的抗英斗争,等等。

鸦片的输入以及烟毒的泛滥让边疆地区各族人民深受其害,鸦片战争前,边疆各地均曾掀起过轰轰烈烈的禁烟斗争。[①] 战争爆发后,清政府曾从全国各地抽调兵丁1.7万余人,而其中就包括大量来自苗族、土家族、藏族、羌族、蒙古族、满族的将士,他们在战斗中表现出了极高的战斗力和爱国主义精神。镇守沙角炮台的土家族将领陈连升、陈长鹏父子,率领土家族、苗族等各族将士,奋起抗击侵略军,重创敌军后,陈连升不幸中弹,陈鹏举不愿降敌,投海自尽,其余将士均壮烈殉国。乌涌战役中,满族将领祥福带领包括土家族、苗族等各族将士600余人,与敌冒死血战,祥福战死,其部死伤百余人。而当时由鄂西苗族千总雷世兴所率领的苗族健儿是一支活跃在广东抗英前线的著名队伍。蒙古族将领裕谦原为江苏巡抚,战争爆发后开始署理两江总督,他力主以战御敌,是当时抗战派的典型代表,镇海陷落前,为定军心,他面对众将士宣誓:"毋以退守为词,离城一步;亦毋以保全民命为词,受洋人片纸。不用命者,明正典刑,幽遭神殛!"[②] 战事失利后,裕谦向西北叩头后跳水自尽,以身殉国。第二次鸦片战争中,内蒙古科尔沁亲王僧格林沁带领大批蒙古骑兵与英法联军多番血战,为保卫祖国作出了巨大的牺牲和贡献。[③]

---

① 参见罗开云《中国少数民族革命史》,中国社会科学出版社2003年版,第23—26页。
② 《清史稿》卷372,《裕谦传》。
③ 参见罗开云《中国少数民族革命史》,中国社会科学出版社2003年版,第28—31页。

鸦片战争后，英、法、美、日、俄等国对中国的侵略愈加疯狂，一次又一次地使我国广大边疆地区处于危机之中，边疆少数民族深受其害，他们为保护祖国疆土与侵略者进行了不屈的英勇斗争。

鸦片战争后，沙俄趁清政府国力衰弱之际，大肆侵略我国东北和西北地区，而沙俄侵略中国边疆的历史，就是中国边疆各族人民反抗俄国侵略者的历史。在东北地区，满、蒙、达斡尔、鄂温克、鄂伦春、赫哲等族人民，上演了一幕幕不畏强暴、誓死捍卫中国边疆的英勇画面。东北边疆各族人民，坚决拒绝侵略者的恫吓和诱惑，不愿为侵略者带路、当向导；他们却主动自愿无偿地给清政府官员报告敌人的行动，并协同守卫祖国疆土。[①] 1858年5月，《瑷珲条约》的签订激起了边疆各族人民的强烈义愤，他们一面谴责清廷的卖国罪行，要求政府派兵反击沙俄入侵；一面积极的自觉组织起来，自筹武器，四处抗击侵略者。也正是在东北各族人民强烈的抗议下，清廷最终撤职查办了签订条约的黑龙江将军奕山，并拒绝批准《瑷珲条约》。19世纪50年代末期，东北各族人民纷纷组织民团，积极抗击侵略者并向清政府请愿："俄夷肆逞，是欲绝我生路，同仇敌忾，义所必然，情甘出力。"[②]《北京条约》签订后，俄国占领了乌苏里江以东大片中国领土，但是那里的各族居民，"全部不服从俄国政权，而服从中国政权"[③]。

而在西北边疆，各族人民不仅自觉地反抗沙俄支持的阿古柏侵略军，并在清军收复新疆时"相迎于道，军行所至，或为向导，或随同打仗，颇为出力"。[④] 在俄军侵略伊犁地区的时候"所有满、绿、索伦、锡伯、察哈尔、额鲁特各营，以及民人，并有晶河土尔扈特贝勒等众，均已同心能死，不降俄夷"[⑤]。边疆少数民族同胞不愿接受沙俄统治，一心回归祖国。1862年6月居住在伊犁河南的哈萨克族和柯尔克孜族同胞纷纷要求

---

① 参见罗开云《中国少数民族革命史》，中国社会科学出版社2003年版，第119页。

② 同治《筹办夷务始末》卷50；转引自罗开云《中国少数民族革命史》，中国社会科学出版社2003年版，第120页。

③ 《〈北乌苏里边区现状摘要〉及其他》，第33页；转引自罗开云《中国少数民族革命史》，中国社会科学出版社2003年版，第120页。

④ 《左文襄公奏稿》卷51；转引自卢勋《中华民族凝聚力的形成与发展》，社会科学文献出版社2007年版，第499页。

⑤ 同治《筹办夷务始末》卷84；转引自卢勋《中华民族凝聚力的形成与发展》，社会科学文献出版社2007年版，第499页。

内迁而脱离侵略者的统治。哈萨克族头人萨乌鲁克曾上疏伊犁将军说:"我们祖父七辈在大皇帝地土游牧,至今一百四十余年……今有俄罗斯说我们游牧地方是他们的……叫我们随俄罗斯……我们不随……今跑进卡内,头上留下头发……实心真意随大皇帝。"[①] 帕米尔的塔吉克、柯尔克孜等族人民一面组成"色勒库尔绥远回队"英勇抵抗俄国侵略者,一面不辞劳苦,纷纷内迁,回归祖国怀抱。[②]

在西南,中法战争中,广西边境一带的壮、瑶、苗、京等少数民族同胞为抗法战斗的胜利作出了卓越贡献,至今仍为各族人民广为传颂的壮族农民蒙大便是杰出代表。抗法滇军中,丽江白族杨玉科、鹤庆彝族蒋宗汉率领的主要由纳西族、彝族、白族将士组成的队伍,英勇地战斗在战争的最前线;苗族领袖庄崇周[③]等人对守卫祖国疆土作出了卓越贡献。抗击英国侵略军的战斗中,云南各族人民群众给予侵略者以沉重打击,显示了不屈的斗争精神。"马嘉理事件"、"片马事件"便是典型事例,傣族土司刀盈廷、刀安仁父子、傈僳族头人勒墨夺帕、景颇族山官早乐东[④]等均为各族人民至今传颂的爱国英雄。在西藏,从第一次抗英斗争隆吐山战役到第二次抗英斗争江孜保卫战,西藏人民极其壮烈地展示了自己对于祖国的忠诚和热爱。[⑤]

在台湾,以高山族为代表的各族人民,在大陆广大同胞的支持下,曾英勇地抗击过美国、日本和法国的侵略。[⑥] 中日甲午战争后,得知丧权辱国的《马关条约》签订的消息,台湾各族人民"若夜午暴闻惊雷,惊骇无人色,奔走相告,聚哭于市中,夜以继日,哭声达于四野",他们不肯事寇,坚决主张与侵略者决一死战。[⑦] 日本占领台湾后,台湾各族人民的抗日活动从来就没有停止过。探析这种抵抗活动的心理,我们可以从抗日

---

① 同治《筹办夷务始末》卷8;转引自罗开云《中国少数民族革命史》,中国社会科学出版社2003年版,第124页。
② 参见罗开云《中国少数民族革命史》,中国社会科学出版社2003年版,第131页。
③ 参见贵州民族研究所《庄崇周抗法斗争调查资料》,转摘自《苗族简史》,贵州人民出版社1985年版,第194页。
④ 参见《德宏州志》,德宏民族出版社1994年版,第23页。
⑤ 参见罗开云《中国少数民族革命史》,中国社会科学出版社2003年版,第155—161页。
⑥ 同上书,第131—135页。
⑦ 参见自卢勋《中华民族凝聚力的形成与发展》,社会科学文献出版社2007年版,第500页。

领袖简大狮牺牲前的语句中窥得一二:"我简大狮,系台湾清国之民。……我一介小民,聚众万余,血战百次,自谓无负大清……生为大清之民,死作大清之鬼。"①

我们认为,由于有着对伟大"中国"祖国的认同,各族人民才团结一致,自觉地抗争外来侵略;各边疆少数民族同胞对于外来侵略的抗争其本身就是他们认同"中国"在这一历史阶段的具体表现形式。也正是在这样一个相辅相成的进程中,中华民族作为一个整体逐渐走向觉醒。而纵观晚清边疆少数民族积极抵抗外来侵略中中华民族的初步觉醒这一历史过程,有两个问题需要我们特别注意。

其一,为什么把边疆少数民族反对洋教的斗争定性为爱国行为?一方面,西方传教士的身份已经超越了宗教身份的范畴,其在传教过程中往往借助于各种不平等条约而赋予的特权身份,藐视中国当地官员、跋扈乡里,成为凌驾于当地官民之上的特权者,近代中国历史上,教案频发与此不无关系。另一方面,西方传教士的所作所为也超越了传教的界限,其往往借传教之名,行间谍之实,窃取情报,打探军情,为自己国家的侵略服务,传教的幌子下掩藏的是侵略的实质。近代中国人民反对洋教的指向不是宗教本身,而是作为不法分子和侵略组织的传教士及教会;反洋教的性质不是宗教的,而是政治的。

其二,近代历史上,边疆少数民族抵抗西方殖民者侵略的斗争和其反对清政府腐朽统治的斗争往往是交织在一起的,那么抵抗外来侵略的斗争作为其认同"中国"的典型表现,理由充分吗?抵抗外侮和反抗清政府的本质区别是什么?我们认为,清王朝的确曾经用自身的努力获得了"中国"的代表权,但是社会历史的真实状况是无法用数学的概率和化学的纯度来准确表达的,"中国"内部对于清的"中国代表权"的反对从来就没有停止过,尤其近代以来,在清丧权辱国逐步转变为洋人的朝廷后,抵抗外侮和反抗清王朝不仅不是矛盾的,而且是"中国认同"的两种本质一致的不同表现形式而已。

---

① 陈碧笙:《台湾地方史》,第218页;转引自卢勋《中华民族凝聚力的形成与发展》,社会科学文献出版社2007年版,第501页。

二 传统帝国权威体系的崩塌与边疆少数民族"中国认同"的危机

近代以来,满清政府抵抗外辱的不力严重地影响了其统治的法统权威,从而引发了其自身"中国代表权"的重大危机,这也是晚清时期边疆少数民族抵抗外辱与反抗清王朝斗争交相辉映的原因,甚至是理解中国近代历史上反帝与反封运动相互交织、"你中有我、我中有你"的一把钥匙。剥夺"清"的"中国代表权"已经成为社会各界的共识,但是究竟是谁、用什么样的方式、通过什么样的路径来完成这一历史任务,则又充满了博弈和分歧。

资产阶级革命派认为,"中国"抵抗外辱的种种不力,"中国"的种种不幸,完全是缘于"满清"政府的腐朽统治,而若不通过激烈的暴力革命,则无以彻底剥夺"满清"的"中国代表权",并改变"中国"的种种颓势。那么究竟如何才能彻底剥夺"满清"对"中国"的代表权呢?资产阶级革命派选择了充满激情的民族主义作为自己的社会动员武器。在陈天华的《警世钟》、《猛回头》和邹容的《革命军》等充满大汉民族主义色彩的社会动员的基础上,孙中山也以大汉民族主义作为自己的革命旗帜。1894年,他在海外创立"兴中会"的时候,就提出了"驱除鞑虏,恢复中华,创立合众政府"的口号。在《中国同盟会革命方略》中,又说"今之满洲,本塞外东胡……长驱入关,来我中国,据我政府……我汉人为亡国二百六十年于斯",并提出"驱逐满人,恢复河山"。[1]

在清末民初这段波澜壮阔的岁月里,以孙中山为代表的资产阶级革命派无疑是占据了时代舞台的聚光灯的,但历史不应忘记一些思想家所留下的超越时人的、至今仍令人深思的想法和洞见,譬如改良主义的代表人物梁启超。在抛弃和改造传统的王朝体制、建立近代国民国家体制上的态度上,梁启超和革命派是本无二致的,但在实现的路径选择上,梁启超有着自己的独特见解。不同于革命派高举"民族主义"大旗,力求达到对旧有帝国完全彻底地"破",并完成对舶来于西方的"民主共和"的绝对地"立",梁启超对一切"破"的活动提出了一个前提和宗旨,这就是"中

---

[1] 孙中山:《孙中山全集》第1卷,中华书局1986年版,第296页。

国的统一"。为了维护这一前提和宗旨，梁启超反对与旧帝国体制的彻底割裂，而主张在旧体制和新体制之间寻找一个平衡点。最终，他选择了"虚君共和"。

历史没有选择梁启超和他的思想，而是选择了孙中山和他的革命。1911年5月，清政府宣布川汉和粤汉铁路"国有化"，而原本这两条铁路是湘、鄂、川、粤四省各阶层人士共同筹资修建的"商办"铁路。清政府这个"愚不可及的"决策对革命派印证自己所宣传的革命口号极其有利，"革命派这时能够宣称，（清廷）内阁证实了革命派言论的正确，即满洲人执行的是为自己服务的反汉人政策"[①]。随后，轰轰烈烈的"保路运动"在全国各地蜂拥而起，并成为辛亥革命爆发的直接诱因。辛亥革命以自己对旧的帝国体制的彻底地"破"而在中国历史上具有划时代的伟大意义，这是毋庸置疑的，但是历史更多的不是以"革命"作为自己的主题，它更需要用"建设"的眼光加以审视。

社会历史发展的规律告诉我们，人类社会在取得每一次进步的同时，往往都伴随着某种或者某方面的失去，我们的职责就是在历史发展进程中尽量的寻求"得"与"失"的平衡点，而不是在牺牲了最大代价的苦楚中享受最大胜利的喜悦。当初，梁启超选择"虚君共和"主要是基于两方面的考虑：其一，他认为中国历史有着自己的传统和实情的特殊性，西方的"民主共和制度"不一定适合。"呜呼！吾中国之大不幸，乃三百年间戴异族为君主，久施虐政，屡失信于民，逮于今日，而今此事已成绝望，贻我国民以极难解决之一问题也……盖吾畴昔确信美法之民主共和制，决不适于中国，欲跻国于治安，宜效英之虚君，而实势之最顺者，似莫如就现皇统而虚存之。"[②] 其二，他注意到清王朝统治多民族中国的政治构造是满族联合蒙、回、藏而牵制汉族，若以汉族的民族主义驱除了满清，那么伴随着清王朝的覆灭，蒙古、新疆、西藏等边疆民族地区则极有可能以清亡为借口谋求脱离中国而独立。"蒙、回、藏之内附，前此由于服本朝之声威，今兹仍训于本朝之名公，皇统既易，是否尚能维系，若其

---

① ［美］费正清主编：《剑桥中国晚清史》（下），中国社会科学出版社1993年版，第593页。
② 梁启超：《新中国建设之问题》，转引自陈理、彭武麟《中国近代边疆民族问题研究》，中央民族大学出版社2008年版，第39—40页。

不能，中国有无危险？"① 梁启超认为，在晚清剧烈的社会变革中，只有重视并借助于旧帝国体制的权威体系，才能保持中国的统一，而清王室不过是一个象征着传统权威的象征和符号而已。他甚至认为，拒绝"虚君共和"，哪怕是将虚君所需要的君主变成汉人的孔子后裔，都极有可能招致蒙族、新疆、西藏等边疆民族地区以图摆脱中国的呼声和借口。看来，梁启超所要追求的本质其实并不是什么帝制和皇权本身，而是要继承清王朝时"统一多民族中国"的现实，要追求"多民族中国""大一统"的政治价值伦理。

资产阶级革命派的丰功伟绩将永载史册，但以历史的眼光来看，革命者的澎湃激情不一定就比改良派的沉稳持重更有价值。历史选择了革命派具有划时代意义的革命，同时也就必须承担为此而付出的社会熵流。革命的过程中，民族主义无疑是推翻满清腐朽统治极为有力的武器，但革命成功之后，却为新的"民主共和国"的"立"带来了极大地挑战。革命是要"驱除鞑虏"的，那么在这样一个大汉民族主义之下，共和国阻止满、蒙、藏、回脱离中国而独立的理由又何在呢？革命者要不要继承满清的版图和人民？如果要，那么还如何"驱除鞑虏"？如果不要，那么"中国"还何以"中国"？

孙中山也清醒地认识到了这个问题。所以，清王朝一被推翻，"驱除鞑虏"就立刻被"五族共和"所代替，在就任临时大总统时孙中山说："合汉、满、蒙、回、藏诸地为一国，即合汉、满、蒙、回、藏诸族为一人。"② 随后接任大总统的袁世凯也认识到问题的严重性，"现在五族共和，凡蒙、藏、回疆各地方，同为我中华民国领土，则蒙、藏、回疆各民族，即同为我中华民国国民，自不能如帝政时代，再有藩属名称，此后，蒙、藏、回疆等处，自应统筹规划，以谋内政之统一，而冀民族之大同。"③ 但是由于实践中，革命派的"五族共和"更多的还是考虑如何将其他四族化入到汉族之中。再加上传统权威的崩塌，各个政

---

① 梁启超：《新中国建设之问题》，转引自陈理、彭武麟《中国近代边疆民族问题研究》，中央民族大学出版社2008年版，第38页。

② 孙中山：《临时大总统就职宣言书》，见中国第二历史档案馆编《中华民国史档案资料汇编》第2辑，江苏古籍出版社1991年版，第1页。

③ 转引自陈理、彭武麟《中国近代边疆民族问题研究》，中央民族大学出版社2008年版，第36页。

治派别斗争中领袖魅力权威的不足、法理权威的尚待构建等,清末民初社会转型期,旧的权威体系已经不复存在,而新的权威体系尚未形成,中国社会出现了权威真空。边疆少数民族的"中国认同"此时出现了严重危机。

帝国体制崩溃后,边疆少数民族对于"中国"的认同危机主要体现在两个方面:其一是革命过程当中,蒙、回、藏等地方政权,对革命派高举大汉民族主义旗帜所进行的动员,不仅心存恐惧,更在政治上尽力排斥。[①] 其二是一些少数民族地区纷纷要求独立。需要注意的是,这种独立和内地各省的独立在性质上是完全不一样的。内地各省的独立本质上是各地不愿意接受非法中央的领导,是要脱离中央的非法统治;各少数民族地区的独立其性质则完全是为了脱离"中国"而建立独立的国家。

1911年11月16日,在俄国的策动和支持下,外蒙古库伦活佛哲布尊丹巴驱逐了中央派驻的官员,宣布独立,并派兵进攻内蒙古,今天的蒙古国,就是在此基础上建立的;西北地区,革命派的共和主张一直难以取得实效,甚至直到辛亥革命后,新疆仍以满族人广福为都督;西藏地区,在辛亥革命发生后,驻藏清军相继哗变,十三世达赖趁机驱除汉人,自此一直到1951年,中央对西藏地区的实际控制都较清代有了相当大的削弱;而后来日本帝国主义培植的"伪满洲国"更是对中国资产阶级革命派大汉民族主义反利用的典型。关于此时边疆少数民族这种中国认同危机的心理状态,有一则材料概能说明一二。

外蒙古宣布独立后,库伦政权在海山、乌泰等来自内蒙古的投奔者的积极鼓动下,企图"统一"内外蒙古,建立新的"大蒙古国",而这一举动首先得到了乌盟盟长的四子部落旗札萨克勒旺诺尔布的"首先附和"[②]。关于附和的理由,勒旺诺尔布在给库伦政权的蒙文信函中这样表示:"……大清社稷今若在,此事(指外蒙古独立和内外蒙古'统一'成邦之事)不但于理不容,于法亦不容。(只是)今时局已纷乱,博格多哲布尊丹巴活佛谕令我等(将檄文内容)速传于僧俗众信徒。我们王、臣众人

---

① 参见王春霞《"排满"与民族主义》,社会科学文献出版社2005年版,第264页。
② 勺奥:《西蒙游记》,第9页,载内蒙古图书馆编《内蒙古历史文献丛书》,远方出版社2007年版,第91页。

反复商讨共举博格多哲布尊丹巴活佛为执掌政教大权之皇帝，（内外蒙古）共建一国之事，自忖久已忠心盼望蒙古自成一邦矣。"① 看来，"大清不在"造成的原有权威体系的崩塌和"时局纷乱"造成的新的权威体系的尚待构建，意即权威体系所出现的传统和现代的断裂是勒旺诺尔布附和独立的重要原因。

清末民初，传统帝国权威体系崩塌后边疆少数民族"中国认同"所出现的危机生动地说明，历史从来都是连续的，任何传统和现代之间的断裂都会造成对历史本身的伤害。

传统与现代的整合，是任何一个民族和国家都要面临的永恒的历史主题。

三 边疆少数民族积极投入全民族抗日战争与中华民族的完全觉醒

近代以来，在"中国"与东西方列强对抗以摆脱侵辱的历史中，如果说沙皇俄国是侵占"中国"国土最多的国家的话，那么我们的近邻日本则就是对"中国"为害最甚的国家了。明治维新后，日本迅速摆脱了沦为西方列强殖民地的危险，并凭借着国力的增强，不断侵略自己的近邻朝鲜和中国，从而摇身一变成为了殖民者。通过甲午战争，让中国彻底地坠入半殖民地半封建社会的深渊；通过日俄战争，进一步强化自己在中国的种种特权；1931年"九·一八"事变，侵占中国的东三省……侵略者欲壑难填，妄想侵占全中国，中华民族与日本帝国主义的矛盾逐渐演变为中国社会的主要矛盾。在整个中华民族同仇敌忾反抗日本帝国主义侵略的过程中，边疆少数民族同胞作出了巨大牺牲和卓越贡献，为全民抗战的胜利立下了不朽功绩。由于各族人民的"中国认同"，才使大家在抗战中不分你我地与"民族之敌"共同战斗；也正是在与"民族之敌"的共同战斗中，中华民族作为一个"历史命运共同体"的性质才愈发地被大家所认知，中华民族的"中国认同"愈发强烈高涨。

"九·一八"事变后，作为中国各族人民利益忠实代表的中国共产党

---

① 参见陈理、彭武麟《中国近代边疆民族问题研究》，中央民族大学出版社2008年版，第74—75页。

站在抗日斗争的最前列，积极领导和组织全国各族进行抗日活动，此时各地少数民族的抗日救亡运动就已十分高涨。[1] 1935年8月1日，中国共产党又发表了《为抗日救国告全体同胞书》（即《八一宣言》）。《宣言》号召：蒙、回、朝、藏、苗、瑶、黎、畲等少数民族同汉族人民一起团结起来，进行全民族的抗战并提出抗日救国十大纲领。1937年"七·七"事变的第二天，中共中央立即向全国发表了《为日军进攻卢沟桥通电》的抗战宣言，向全国同胞疾呼："平津危急！华北危急！中华民族危急！只有全民族抗战，才是我们的出路！"最终，在抗日民族统一战线中，中华民族的抗日战争走向高潮，各少数民族同胞为全民族抗战胜利所作的贡献则彪炳青史、功泽万代。

在遭受日本帝国主义直接侵略的地方，各少数民族同胞不怕牺牲，英勇地与"民族之敌"进行着殊死的斗争。八年抗战期间，台湾高山族人民反抗日本帝国主义的斗争始终没有停止过。[2] 例如1930年高山族同胞发动的"雾社起义"。在东北，朝鲜、满、蒙古、达斡尔、鄂温克、鄂伦春等少数民族同胞积极响应中国共产党的号召，纷纷组织各类抗日组织，提出"抗日救国收复失地"等战斗口号。他们或为东北抗日联军送给养、当向导、传情报，或者直接同联军并肩作战。而抗日联军其本身就有着数量众多的各少数民族战士。例如，第二军中朝鲜族战士就占了绝大部分，第一军中有些师团朝鲜族也能占到一半，第三、六、九、十一军中均有鄂伦春族战士，朝鲜族的李红光、张相龙也都是名震一时的抗日将领。仅在延边抗日烈士就达2841名，其中朝鲜族占90%以上，朝鲜族抗日女烈士就有338名。[3] 在内蒙古，1936年2月，在蒙古族军官乌兰夫、云继先的率领下，百灵庙蒙政会保安队的1100名官兵脱离了决定投靠日寇的德王，举行起义，打响了蒙古族武装反抗日本侵略的第一枪。后来他们编为国民革命军新编第三师，驻防伊盟，对于阻击日军南下、长期坚持鄂尔多斯高原的抗日斗争起了巨大作用。"七·七"事变后，高凤英（蒙古族）还曾创建了以蒙古族为主的抗日游击队，与其他队伍配合，创建了大青山抗日根据地。一些蒙古王公也能以民族大义为重，积极地为抗日活动贡献力

---

[1] 参见罗开云《中国少数民族革命史》，中国社会科学出版社2003年版，第327—335页。

[2] 参见李资源《论抗战时期我国少数民族的抗日斗争》，载《中南民族学院学报》1985年第4期。

[3] 参见熊坤新《中国少数民族的抗日斗争》，载《炎黄春秋》2006年第6期。

量，例如察右中旗罗卜桑曾向八路军捐献马匹200匹，并随时为抗日部队提供马匹。① 回民同胞在抗战中不仅为全民抗争大声疾呼，还组建了多支英雄部队。"七·七"事变后，居住在抗战前线的北平回民同胞响应中共的号召，迅速组织"北平回民抗敌守土后援会"，并于1937年7月29日向全国发出通电，提出"国家兴亡，匹夫有责，誓本牺牲到底的精神为我政府及29军后盾"。② 1938年2月，回族同胞成立了全国性的回民抗日救亡团体"中国回民救国协会"，并发表了动员全国回民抗日救亡的宣言，宣言指出："全国一致抗日之际，我教胞忝为中华国民，爱国怎肯后人，趁此机会，若不团结奋起，以表现我回教之精神，保持我回教之荣誉，不特为人格之污，抑且为宗教之辱"，号召回民"为国家干城"发扬"勇于牺牲，坚于团结"的精神，与日寇奋战到底。③ 马本斋率领的冀中回民支队是回民抗日英雄队伍的典型代表，马母面对日寇绝食七日而死，马本斋为抗日积劳成疾而亡，其母子被誉为"壮志难移回汉各族模范，大节不死母子两代英雄"。海南岛是日本侵华时最早占领的地区之一，而当地的黎族、苗族等同胞从未停止过对敌人的抵抗。④ 随着日本帝国主义侵略的深入，我国中南华南、西南不少地区相继沦陷，居住在这里的土家、苗、瑶、黎、壮、白、京、布依、水、佤、傣、傈僳、景颇、哈尼、彝、拉祜、阿昌等各族人民义无反顾地集合在民族解放的大旗下，纷纷组织武装队伍，奋起抗击日本侵略者。著名的广西融县抗日挺进队，本就是一支多民族武装队伍，其中壮、苗、侗、回等少数民族和归国华侨约占半数。1944年反攻腾冲战役中，仅腾冲各族人民就出动民夫4.6万余人，供应军粮约830万斤，马料210万斤，牺牲各族群众4000余人。⑤

在尚未遭受日本侵略的后方地区，各少数民族同胞与汉族一起为抗战捐钱捐物，运货修路。在新疆，阿克苏一位维吾尔族妇女将生前遗留的白银元宝27个全部捐献。而整个新疆，各族人民捐钱买飞机支援抗战的活动尤其令人称颂，1937年9月至1938年9月，全疆捐款60万大洋，以此

---

① 参见罗开云《中国少数民族革命史》，中国社会科学出版社2003年版，第376页。
② 《北平晨报》，1937年7月29日。
③ 《新华日报》，1949年1月16日。
④ 参见罗开云《中国少数民族革命史》，中国社会科学出版社2003年版，第358—362页。
⑤ 参见谢本书《云南各族人民对抗日战争的重大贡献》，载《云南民族学院学报》1985年第3期。

购买国防飞机10架,参加武汉保卫战;1943年,再次开展一县一机运动,一年之内竟捐献飞机达144架之多。1944年10月,西藏僧俗群众也发起开展献金购机运动,捐赠国币500万元,用以购买飞机25架,组成近三个空军大队,支援抗战前线。甘肃省拉卜楞藏区人民的事迹更为突出,他们捐献的财物,竟可购买30架飞机,受到国民政府特令嘉奖。① 在四川,各少数民族同胞成了修筑各大战时机场的生力军。以修建秀山机场为例,开工之初就征调民工11000多人,最多时达3万人左右,其中多数民工为土家族、苗族同胞;② 修建康定银官寨、甘孜、理塘3个机场的民工主要是当地的藏族同胞。而新疆各族人民对西北抗战物资运输线的畅通和云南各族人民对于西南抗战物资供给生命线的开辟所作出的巨大历史功绩就更加令人感动了。抗战爆发后,为了保证苏联援华物资的输入,居住在新疆的维吾尔、哈萨克、蒙古、塔吉克、乌兹别克、俄罗斯等少数民族万众一心集中了巨大的人力、物力、财力,将迪哈线由哈密拓展至星星峡与西北公路衔接,将迪伊公路向西延至中苏交接的霍尔果斯。这两条公路工程浩大,总计投入人工323万,挖土方达645.7万立方米,崩炸岩石12万立方米,建成250吨桥梁2439座,公路站91处,房屋建筑1650间。③ 在疟疾流行情况下,为了修筑滇缅公路,滇西各县动员了汉、彝、白、傣、傈僳、景颇、独龙、佤、拉祜等各族同胞,组成了数十万人的修路大军,硬是靠手工挖山开路,凿岩穿洞,踏浪架桥,在短短的8个月时间内建成了这条堪称世界筑路史上奇迹的交通生命线。后来川滇公路的修筑同样艰辛异常,而彝族同胞又在其中扮演了非常重要的作用,他们出工不计报酬,自带食粮,劳动热情极为高昂,彝族土司岭光电亲率近2000名彝工参与修筑乐西路就是典型事例。

少数民族宗教界人士,也用自己的方式为抗战贡献自己的力量。川康藏区37寺僧伽联名致电国民政府,表示"僧伽等分属国民,爱护国家,利乐有情,未敢后人,谨于每月9日举行月会时,虔诚至心,增诵经课,面向三宝,为国家民众祈求胜利"。十三世达赖、九世班禅、热振活佛、喜饶嘉措大师等宗教袖也表示拥护抗日。他们或发表文告、聚众演讲号召

---

① 参见熊坤新《中国少数民族的抗日斗争》,载《炎黄春秋》2006年第6期。

② 李全中:《四川少数民族对抗日战争的贡献》,载《西南民族学院学报》1987年第4期。

③ 《新疆日报》1938年11月4日。

抗日，或诵经读典、为国祈祷。1938年5月，西藏的热振呼图克图摄政带领三大寺上下二密院及各古刹近20万喇嘛，一起设坛修法，祈祷抗战胜利。新疆回族大阿訇马良骏在新疆第三次声援抗日大会上，慷慨誓言：我们只有一个敌人——日本，我们要一致抗战，我愿意率领全疆回族同胞为救国而战。回族民族宗教上层人士的抗日外交宣传活动更是取得了显著的成效。如1937年12月到1940年末，先后有达浦生教长、中国回教近东访问团、艾沙和马赋良两人小组、西北回胞朝觐团、留埃及学生朝觐团、中国回教南洋访问团等六批人员出访中东、东南亚伊斯兰国家和地区。中国回教近东访问团，访问了8个中东和南亚伊斯兰国家，行程近5万公里，拜见各国政要和名流，接触11个重要党派团体，发表公开演讲43次，参加清真寺聚礼及演讲16次，散发、发表大量抗日小册子和文章，在国内外产生了广泛影响。①

后方各地的各少数民族同胞更是积极参军，踊跃参战，万里赴戎机，直接投入到抗日战场的最前线。1938年6月，由回、汉、撒拉、东乡、保安等族8000名将士组建的青海地方军队暂编骑兵第一师开赴中原抗日。该师少数民族同胞占部队总人数70%以上，师长马彪系回族人。抗战期间宁夏地方部队被编为81军，该军回族官兵占很大比例，军长也是回族人，因此人称"回回军"。需要注意的是，日本为了甘宁青等地成为自己的附属地，曾经极力地拉拢当地军阀马鸿逵，但民族存亡之际，马鸿逵不仅不为所动，并且毅然举起了抗日大旗，表明了其对"中国"的高度认同。抗战时期，四川松潘的藏族土司曾联名具呈要求率领兵马奔赴疆场，杀敌报国。抗战一开始贵州侗族等少数民族子弟兵组成的贵州抗日军就开赴前线抗击日寇。1937年9月9日，由云南各族子弟组成的滇军第60军开赴抗战前线，部队在昆明巫家坝举行誓师大会，各族各界人民献旗欢送，军民振臂高呼"誓灭倭寇，保卫祖国"，场面极为热烈感人。60军的军长卢汉、182师师长安恩溥、184师师长张冲等重要将领都是少数民族。而抗战期间，仅有900多万人口的云南总共出动了3个军22万多兵力奔赴战场。云南地处边疆，民族众多，而"云南人"在近代以来长期的历史发展中所彰显的强烈的"中国认同"是令人刮目相看的，也是值得我们深思和借鉴的。

---

① 参见熊坤新《中国少数民族的抗日斗争》，载《炎黄春秋》2006年第6期。

抗日战争期间，边疆少数民族积极自觉地参与到中华民族的全民族抗战中，这种积极自觉和1840年以来中华民族百年对外抗争历史的其他事件相比，具有一个显著的特征，那就是边疆少数民族对于这次战斗的参与是普遍的，而非个别的，是全民自发的，而非政府主导少数民族参与的，一些少数民族同胞在积极抗战的同时，并不认同蒋介石集团领导的合法性，甚至将抗日战争与反抗蒋家王朝的斗争同时交融相织地进行。有人可能会觉得这是矛盾的，其实这并不矛盾。因为他们抗战所要拯救的是祖国"中国"，而非蒋家王朝，他们并不认可蒋介石集团对"中国"的代表权。当时的人们用什么作为号召抗日的最高旗帜呢？"还有不少的澜涛翻覆汹涌，甚至卷上这个'中国'号的船面，冲破船腹。怎样渡过这个惊涛险浪，实是这个有覆舟危险的'中国'号的全体船员之责呵！"[1] 看来，很大程度上，"中国"才是引领中华民族全民抗战的真正旗帜。

边疆少数民族自觉积极参与下的整个中华民族的全民抗战，是中华民族觉醒的标志性事件，这种标志性主要体现在以下三个方面。

第一，抗日战争使中华民族等于汉族的狭义逐渐消失，而中华民族是中国各民族共同称谓的含义得到彰显和确立。例如，1937年民族学家江应樑指出："今日之中华民族，绝对不是以一般所谓之汉民族可以概括一切的，也不是如一般所谓之汉满蒙回藏五族可以概括一切的，把汉族看作主人翁来代表中华民族是绝大的错误，把中华民族分为汉满蒙回藏五族更是绝大的荒唐。"[2] 1941年，张大东指出："中华民族者，非吾族以往历史上之名词，乃中华民国以内之数个民族，结合而成为一个民族之总名词。"[3] 1942年，学者芮逸夫指出，中华民族"由国家的意义说，它现在拥有1100万余公里的国土，四万万五千万人民。由民族的意义说，它现在包含华夏、通古斯、蒙古、突厥、土伯特、倮倮、么些、佧侵、摆夷、僮、仲、黎、苗、瑶等族"[4]。而吕思勉在其1934年出版的经典著作《中国民族史》中，认为从历史的演变来看，中华民族过去指称汉族，现在中华民族是中华民国内的所有民族的统称，这二者存在混淆，所以建议用"中国民族"来代替"中华民族"，但这却从另一面反映出中华民族此时

---

[1] 刘思慕：《中国边疆问题讲话》，上海生活书店1937年版，第2页。
[2] 江应樑：《广东瑶人之今昔观》，载《民俗》1937年第3期。
[3] 张大东：《中华民族释义》，军训部西南济南干训班印，1941年，第21—22页。
[4] 芮逸夫：《中华民族解》，载《人文科学学报》1942年第12期。

已经成为中国各民族的统称。当然,中华民族是中国各民族统称的思想是由来已久的,只是无论是对此的认识还是这种认识的普及都是需要一个过程的,例如早在清末,梁启超就曾经对中华民族与汉族的关系做了澄清,并"悍然下一断案曰:中华民族自始本非一族,实由多数民族混合而成"。①

第二,包括边疆少数民族在内的整个国人,对于中华民族的"一体"性有了深刻的认识。这主要是由于日本帝国主义侵华以来,有大量沦陷区和战区的国人涌向了像西南这样的边疆多民族地区,这些难民中受教育者又占有相当的比例,他们能以多种形式有效地宣传自身的遭遇和抗日的重要,②这让百年抵抗外侮的经历所积蓄的中华民族作为一个"历史命运共同体"的意识不断高涨。国人对中华民族"一体"的认识的深化又反映在抗战期间知识分子阶层对于对此的认识的高度一致和大力宣传上。例如,1937年民族学家江应樑说:"今日之中华民族,实是整个的,同一的,而无所谓分歧的。能对于中国领土中全部民族的各个分子均有一个彻底地明了认识,方能说得到了解我们自己,方能说复兴中华民族之道。"③ 1937年,《禹贡》出刊三周年《纪念辞》中指出:"我们要把我们祖先冒着千辛万苦而结合成的中华民族的经过探索出来,使得国内各个种族领会得大家可合而不可离的历史背景和时代使命,彼此休戚相关、交互尊重,共同提携,团结为一个最坚强的民族。"④ 顾颉刚针对日本利用"民族自决"的口号在中国西南掸族、东北内蒙古地区进行分裂中国的阴谋,写下文章《中华民族是一个》,⑤ 黄举安的《中华民族是整个的》⑥ 等,也都是此时宣传中华民族"一体"性的经典著作(当然,在关于中华民族内部结构方面他们的观点是存有争议的)。

第三,包括边疆少数民族在内的整个国人对于中华民族的内在本质和中华民族真正边界的正确认识。中国人民认同中华民族,然而,中华民族

---

① 梁启超:《饮冰室合集:专集之四十一》,中华书局1989年版,第4页。
② 参见刘新华《论抗日战争时期民族意识的空前觉醒》,载《湖北社会科学》2006年第4期。
③ 江应樑:《广东瑶人之今昔观》,载《民俗》1937年第3期。
④ 齐思和:《民族与种族》,《禹贡》1937年7月第1—3期,第25—34页。
⑤ 顾颉刚:《中华民族是一个》,《益世报·边疆周刊》(昆明)1939年第9期。
⑥ 黄举安:《中华民族是整个的》,《蒙藏月报》1941年第6期。

的内在本质到底是什么呢,也就是说中华民族到底是个什么样的共同体?是种族共同体、地缘共同体、文化共同体,还是历史命运共同体?长期以来,人们对于中华民族内在本质上的认识总是难以突破种族的界限,总喜欢从血缘的角度来探讨这一问题。而近代以来中华民族的百年抗争史,也在一定程度上被一些人认定为是"白种"与"黄种"之间的斗争与对抗,例如中国民族主义文学派作家陆震遐也认为共同的种族是中华民族的特性,他的长诗《黄人之血》就期望以元朝蒙古人为代表的黄种人远征俄罗斯的"英雄业绩"来唤起国人的自豪感,从而振奋民族精神。然而,日本帝国主义对中国的侵略和为害之甚,让国人对中华民族的内在本质和真正边疆开始了重新的思考,因为日本人和我们一样,同为黄种啊,而日本又是我们真正的"民族之敌"。从此,中华民族对于自身内在本质和真正边界的认识开始突破了种族的层面,而开始在共同的地缘、共同文化、共同的历史、共同政治价值传统,尤其是共同的历史命运和休戚相关的共同利益关系等多个角度不断地深入开来。

当然,抗战期间,中华民族对自身认识的深入还有一个重要表现,那就是学者们对中华民族内部结构认识的不断深入。例如顾颉刚的《中华民族是一个》发表后,所引起的强烈的赞同和巨大的争议上。费孝通在《关于民族问题讨论》中认为,中华民族应团结一体进行抗日,但是从民族研究学理角度也应该承认中国是一个拥有众多民族的国家,少数民族客观存在的事实应当受到尊重。[①] 翦伯赞认为"中华民族是一个"的命题"包含着否定国内少数民族之存在的意义,然而这与客观地事实是相背离的"。[②]

总之,"民族的真正本质是无法陈述的,所以,民族的均质化、实体化最后只有通过对'民族之敌'的论述性构建才能得以实现。'民族之敌'当然是想象性的,他们同时存在于民族内外。对民族之敌的想象性构建,能够增进共同体成员对于作为想象共同体的民族的集体认同"[③]。何况中华民族的这种敌人不是构建的,而是现实地、赤裸裸地存在的。"是日本的武装侵略使得中国成为一个完整的国家,使得中国团结得像一

---

① 费孝通:《关于民族问题讨论》,载《益世报·边疆周刊》(昆明)1939年第19期。

② 翦伯赞:《论中华民族与民族主义》,载《中苏文化》1940年6月第1期,第27—33页。

③ Jocob Torfing, New Theories of Discourse [M], Oxford: Blackwell publishers, 1999.

个现代化国家应该团结的那样众志成城。在现代历史上,中国第一次团结一致地行动起来,像一个现代民族那样同仇敌忾,奋起抵抗。于是,在这种血与火的洗礼中,一个现代中国诞生了。"① 诚如霍布斯鲍姆也曾经认为的,"说来令人难堪,就像李斯特早已指出的那样,似乎只有在优势民族挟其强权进行兼并的威胁下,才会让被侵略的人群生出休戚与共的民族情愫,一致对外"。② 中华民族在百年抵抗外辱中不断走向觉醒的历程,生动地向我们说明了认同背景和参照在认同产生和高涨中所具有的巨大功能。

过去的中国人在传统的"天下"观的影响下,只谈"古今",不辨"中外",历经百年对外抗辱,不断觉醒的中国人将在"古今中外"的视阈中努力实现中华民族的伟大复兴。

---

① 林语堂:《中国人》,学林出版社1994年版,第343页。
② 埃里克·霍布斯鲍姆:《民族与民族主义》,李金梅译,上海人民出版社2000年版,第39页。

第七章

社会主义背景下我国边疆少数民族的"中国认同"

在漫长的中国古代历史发展进程中,边疆少数民族源于对"中国"的强烈认同,与中原汉族展开了对"中国代表权"的激烈争夺。这种争夺有双重效果:一方面它带来的中国各民族间的相互搅动,这对中华民族实体的逐渐形成起到了巨大的历史促进作用;另一方面,各方为了实现自己争夺"中国代表权"的胜利,又无所不用其极,甚至常常打出本民族的狭隘民族主义的旗号。长此以往,一种本民族利益至上的情绪一定程度上在一些民族单元内部获得了道德内涵。也就是说,只要是为了本民族的利益,无论怎么做都是道德;而牺牲本民族利益的理由无论多么充分,都是不道德的。再加上古代社会中,"中国"与其他国家和人类共同体之间的交往并不频繁,这又使"中国"缺乏了明显的外在参照。所以,人们只能在"中国"的视阈内大谈"古今",而基本没有"中外"观念。各历史时期,取得"中国代表权"(古人叫中华正统或正朔)的王朝或政府,往往更加强调自己和以前各朝代的区别,强调的是自己的朝代名,这又在一定程度上造成了"中国"这一西周以来通用的祖国名称在我们历史上的黯淡。这就是为什么在中国古代历史中,人们往往只知道王朝,而不知道"中国"国家的原因之一。甚至在近代中国资产阶级革命的过程中,革命派为了救中国而选择了最有力的大汉民族主义武器,提出了"驱除鞑虏,恢复中华"的革命口号,而这一口号又客观地损害着"统一多民族中国"的利益。资产阶级革命派所出现的这种救中国的工具理性和价值理性的博弈和背离常常让人唏嘘不已。而中华民国也没有摆脱大汉民族主义的束缚和强调"民国"政府的局限。抗日战争中,众多的"汉奸"和日伪政权的存在与此便不无关系。时代呼唤着一个能够打破狭隘民族界限而代表整个中华民族和"中国"利益的力量出现。

中国共产党在建党之初就是以"中国工人阶级先锋队"的角色登上历史舞台的,而早在1935年12月的瓦窑堡会议上,其就完成了自身理论的一次与时俱进。在《中央关于目前政治形势和党的任务决议》中,党这样描述自己的性质:"共产党不但是中国工人阶级之利益代表者,而且也是中国最大多数人民的利益的代表者,是全民族利益的代表者。""中国共产党是中国无产阶级的先锋队。它应该大量的吸收工人雇农入党,造成党内的工人骨干。同时中国共产党又是全民族的先锋队,因此一切愿意为着共产党的主张而奋斗的人,不问他们的阶级出身如何,都可以加入共产党。一切在民族革命和土地革命中的英勇战士,都应该吸收入党,担负党在各方面的工作。"这明确地表明,中国共产党不仅是中国无产阶级利益的代表者,它还是整个中华民族利益的代表者;中国共产党不仅是中国工人阶级的先锋队,它还是整个中华民族的先锋队。中国共产党不断地实践着"两个先锋队"性质:提出抗日民族统一战线口号,领导中华民族实现了抗日战争这一中华民族百年抵抗外辱的第一次完全胜利;为了"中国"的前途和命运进行解放战争,建立新中国,彻底实现新民主主义革命的胜利;中华人民共和国成立后,实现对农业、手工业和资本主义工商业的社会主义改造,完成社会主义革命……从此在社会主义的背景下,在建设社会主义的征程中,中华民族开始了伟大复兴的新的历史篇章,而边疆少数民族的"中国认同"也展现出前所未有的全新景象。下文,笔者将以社会主义为背景,探讨中国社会主义建设的不同历史阶段中,边疆少数民族"中国认同"的具体表现形态和所展现的时代特征,并试图探析社会制度形态和具体制度安排对边疆少数民族"中国认同"的影响和意义。

一 改革开放前边疆少数民族"中国认同"的精神峰巅

人类共同体的类型是多样的,而不同人类共同体的性质又可以根据横纵维度加以总体的考量和区分。从纵向维度而言,人类社会被拉开和划分成为了若干的阶级和阶层;从横向维度而言,又可以被区分和归属于不同的民族、国家、种族、地域和宗教群体。纵向维度所划分的不同人类共同体,究其成因,乃是源于经济、社会、文化等方面的地位的不等,也就是说是源于纵向维度的差距而形成的；横向维度所划分的不同人类共同体，考其根源，乃是源于传统、文化、血缘等方面的不同，也就是说是源于横向维度的差异而形成的。逻辑地讲，解决纵向维度的差距和横向维度的差异问题所带来的矛盾，是应该有着各自独特的方法进路的。然而，历史不是简单的逻辑推算和理论演绎，人类社会历史发展的每一个环节，都深受自身所处的时代主题和地缘因素的影响。因而，一定时空环境之下，人们进行社会整合的方法进路也往往带有鲜明的时代特色和地域烙印。

近代以来，中国落后挨打的原因，可以简单地划分为两个方面：内部统治阶级的专制、愚昧和腐朽之内因；外部帝国主义的侵略、压迫和剥削之外因。时代赋予近代以来中华民族和中国人民以两大历史任务：求得民族独立和人民解放，实现国家繁荣富强和人民共同富裕。而第二个历史任务的进行和完成又必须以第一个历史任务的实现和完成为前提条件。要实现民族独立，我们就必须对外推翻国际帝国主义的压迫，因为与其说当时中国社会最主要的矛盾——中华民族与帝国主义的矛盾是横向维度的国家与国家之间的矛盾，还不如说这种矛盾是被压迫民族与侵略民族、压迫民族之间的矛盾。因为这种矛盾在本质上明显的是源于纵向维度的不平等而造成的。特殊的时代背景中，中华民族与帝国主义之间的矛盾，在国家矛盾的形式下，表现的应该是阶级矛盾的本质。要实现人民解放，我们还必须推翻国内腐朽统治阶级的专制和独裁，以获得民主权利。而广大人民群众与反动统治者之间的这种矛盾就明显的是中国内部纵向维度的不平等所造成的。人民大众与腐朽专制统治者之间的矛盾属于赤裸裸的阶级矛盾性质。所以，近代中国社会的两大主要矛盾，都具有浓郁的社会纵向分层矛盾的性质，而解决纵向维度不平等而引起的社会分裂，应该有着独特的社会整合路径。

中国共产党领导人民所进行的新民主主义革命和社会主义革命，在时代背景上，属于无产阶级革命的时代。在革命的时代主题之下，无产阶级革命不仅承担着对外反对压迫民族取得民族独立的使命，同时也承担着对内推翻剥削阶级而使人民大众获得民主权利的重任。实现这两种任务的最佳途径当然就是革命了，而最值得信赖的力量当然是以无产阶级为代表的劳苦大众了，革命的最佳方式当然也就是暴力的、充满政治色彩的阶级斗争了。阶级斗争成为中国共产党人进行社会整合的最有力武器。在中国革命的进程中，阶级斗争所展示出的威力是相当惊人的，其对旧世界的

"破"也是相当彻底的。对外，我们用被压迫民族的阶级斗争的方式，实现了抗日战争这一中华民族反抗外来民族压迫的第一次彻底胜利；对内，我们用劳苦大众的阶级斗争的方式，打败了国民党反动派的八百万军队，推翻了蒋家王朝，建立了新中国。当然，中国的新民主主义革命，虽然属于资产阶级革命的范畴，但是它是无产阶级领导下的，无产阶级思想指导下的新式的、特殊的资产阶级革命。而在社会主义革命的进程中，每当我们遇到困难，只要我们用阶级斗争的方式去解决，没有无法战胜的敌人。阶级斗争俨然成为中国共产党人克服一切困难的制胜法宝。

1956年年底，"三大改造"的基本完成标志着社会主义制度在中国的确立，从此，中国共产党领导中国人民开始了社会主义建设的伟大征程。那些曾经在革命战争中英勇杀敌的英雄成了社会主义建设的领导者，那些曾经用阶级斗争作为武器战胜一个又一个敌人的革命者成了社会主义建设的决策者，他们对革命和阶级斗争的奉若神明短时间内是难以改变的。在社会主义建设的最初阶段，党和国家主要是用社会主义的价值理想，而非工具理性进行社会引导和整合：强调社会主义的平等、公平、公正和共同富裕中的"共同性"，而非社会主义对于促进经济、社会发展的巨大功能；用革命的、阶级斗争的、暴风骤雨般的方式进行社会秩序的重构，而非用利益兼顾的方式进行社会矛盾的调和。纳麒老师曾经把这一阶段中国社会主义的建设模式精辟地总结为："以阶级斗争为纲，以思想政治建设为主要价值取向的社会发展模式。"[①] 在社会主义共和国的民族问题的处理上也同样如此。

正因为平等、公平、公正本身就是社会主义的内在价值取向，所以社会主义民族政策当然要以国内各民族的真正平等为自身的价值追求。为了使各少数民族同胞真正享受到平等的政治、经济权利，我们在新中国成立初期进行了长期大规模的民族识别工作，最后将中国国内少数民族单元的个数确定为55个，并且在各少数民族单元识别以后，统统为其加上了"民族"头衔。因为只有这样才能显示国内各民族的平等，并在实践中真正落实党和国家的各种民族优惠政策。"五十六个民族，五十六朵花，五十六个民族是一家"的口号由此而奠定。

---

① 纳麒：《略论中国社会主义建设的三种"社会发展模式"》，载《云南社会科学》2003年理论专辑。

由于中国经济社会发展的不平衡，很多边疆少数民族在新中国成立后还处在前资本主义发展阶段，为了使各少数民族同胞平等地享受社会主义的胜利和好处，党和国家帮助着这些民族，把它们拉入了"社会主义"之内。这些民族单元就是我们所说的"直过民族"，意即直接过渡到社会主义的民族。

国内各少数民族在中国革命的长期进程中扮演着非常重要的角色。在中华民族反抗外来压迫以取得民族独立的斗争中，作为中华民族这个被压迫民族中的一员，各少数民族同胞积极自觉地投入到了中华民族反抗帝国主义侵略的民族战争的洪流之中，并为之付出了巨大牺牲，作出了卓越的贡献。在人民大众反抗国内反动统治阶级专制统治以取得民主权利的战斗中，各少数民族同胞也积极地参与了国内的无产阶级革命，并在革命战争中与共产党人结下了深厚的友谊。各少数民族同胞同样是中华人民共和国的缔造者。"无产阶级是没有国界的"，更何况国内的民族界限，"民族问题说到底是阶级问题"这是当时被视为真理的观点。缘于国内各少数民族同胞在对外战争中是被压迫的中华民族不可分割的一员，在国内民主革命进程中也和汉族的广大劳动人民一样是被压迫的无产阶级同胞，所以，他们是社会主义中国坚实的依靠力量。

由于这个阶段帝国主义对新生的中华人民共和国的敌视和遏制，在外部帝国主义这个参照背景下，中国社会关注的主题是阶级斗争，是中华民族与帝国主义的矛盾，而非少数民族、汉族或者国内各民族单元的利益。当时中国社会的流行用语依然是强调利益一致的革命，而非可能导致利益分化的建设。

长期的革命和建设历程中，中国共产党所展示出的优良传统和作风，所彰显的强大领导力量，以及"中国工人阶级先锋队"特别是"中华民族和中国人民先锋队"的性质，塑造了自身的领导权威。第一代领导集体的成员在长期的革命斗争和社会主义建设中，也用自身的人格魅力塑造了个人权威。从《共同纲领》到《中华人民共和国宪法》都以各民族一律平等作为重要内容而塑造了法制权威。自清末以来，中国社会彻底崩溃而一直未能恢复构建的权威系统，至此彻底得到重建并得到了前所未有的加强。作为社会主义新中国平等成员的边疆少数民族的"中国认同"一下子达到了历史的峰巅。

边疆少数民族认同"中国"，并在生活中把对"中国"的认同具体化为对中国社会主义制度的认同，对中国社会主义建设的认同，并自觉地投入到社会主义建设的各项工作之中，为社会主义建设的全局而不惜牺牲民族和个人的利益。

边疆少数民族把对"中国"的认同，具体化为对党的认同和对党的领导的认同。广大边疆少数民族老百姓心目中，中国共产党不仅是他们的救世主，在感情上，他们甚至把党比作母亲。

边疆少数民族把对"中国"的认同，具体化为对马克思主义中国化的第一次理论飞跃所产生的成果——毛泽东思想的认同，他们用毛泽东思想这一中国化的马克思主义武装自己，积极投身于新中国的社会主义建设的热潮中。

边疆少数民族把对"中国"的认同，具体化为对党的领导集体核心的认同，特别是对毛主席的个人认同。笔者2007年3月在云南省德宏州的瑞丽弄岛等嘎景颇族村寨所做的田野调查中，有一个问题是：您知道的中国国家领导人有：A 毛泽东 B 周恩来 C 邓小平 D 江泽民 E 胡锦涛。笔者的原意是要考察边疆少数民族对当代中国政治的关注程度以及当代国家政策对边疆少数民族的影响状况，但令人倍感意外的是，197份有效问卷中，只有A选项的选择率达到了百分之百，其中更有34份问卷只选择了A，而在对这34份问卷进行排查的时候，我们发现，这些问卷的回答者年龄最小的46岁，年龄最长的79岁。藏族民歌经典曲目《翻身农奴把歌唱》和《北京的金山上》也都是这种认同的具体体现。

边疆少数民族把对"中国"的认同，具体化为对无产阶级的阶级属别的认同。当时中国社会荣耀的流行身份不是民族身份，而是无产阶级、贫下中农的身份，人们为了这种革命者身份，甚至会出现和亲人划清界限的惊人之举。

边疆少数民族把对"中国"的认同，具体化为对阶级斗争方式的认同，而自觉、亢奋地加入到阶级斗争的热潮之中。

边疆少数民族用对社会主义的中华人民共和国的无比热爱彰显了自己对伟大祖国的强烈"认同"。人们对北京无比向往，把"去北京看毛主席"作为自己的一大理想，这些都是边疆少数民族向心力增强的生活化体现。

凡此种种，都是此时边疆少数民族"中国认同"的独特形式，而时代也赋予这一阶段边疆少数民族"中国认同"以鲜明时代特征，那就是边疆少数民族对"中国"的认同获得了前所未有的道德内涵。人们把认同祖国、无私地为伟大祖国贡献和付出，作为自己的理想和追求。边疆少数民族之间相互攀比的是，谁为祖国所作出的贡献大，谁为祖国作出的牺牲大，并以此作为至上荣耀；谁要是背叛祖国，甚至是只谋求本民族单元的利益，谁要是只关注本民族从国家那里得到了什么，谁就会为社会道德所谴责。

然而，令人倍感困惑的是，阶级斗争明明是解决人类社会纵向分层问题的进路，其又是怎样解决中国社会的横向分类所产生的矛盾的呢？因为中国国内各民族单元的整合明显是属于横向分类问题的。我们说，阶级斗争的确是解决人类社会纵向分层问题的特有方法，但是，它不以社会不同阶层的相互和谐为直接追求目标，而是要通过对旧有的阶级关系和状态的彻底颠覆，建立自认为合理的阶级结构和状态。在一定的社会时代背景下，在一定的外在参照明显存在的前提下，通过横向上的不分类别的无产阶级和劳苦大众的广泛联合，阶级斗争虽然不能弥合横向的族类间差异的鸿沟，但是却能有效地使这一差异的鸿沟被掩藏起来，使之不成为社会和时代所关注的主题和焦点。当然，这一方法是危险的，因为当社会和时代主题以及具体的历史环境发生变化时，一切将发生改变。当然，必须补充说明的是，此时边疆少数民族"中国认同"的高涨，也是和这个时期有力的思想政治教育工作密不可分的。

客观地说，这个时期，边疆少数民族的"中国认同"是极度高涨的，但是这种高涨在很大程度上存在着"泡沫大厦"的味道。因为人类社会发展的规律是不能人为改变的，人的主观意志虽具有强大的社会功能，但是远不能改变社会历史规律本身。在"直过民族"中，很多民族在很大程度上仅仅是在政治意义上被拉入了社会主义，而在其被宣布进入社会主义之后，在经济形态上并未发生根本的变化。新中国成立后民族划分的历史功绩是毋庸置疑的，但是其间也有很多人为的意志因素。例如，新中国成立初期，在民族识别工作中，关于广西乐尧山瑶族的确认很有意思，据《广西壮族社会历史调查》第七册记载，当地人是某种少数民族这是肯定的，但当时他们认为自己是瑶族的原因却是"承认是瑶族才能得到政府的政策照顾；承认是瑶族才能实行区域自治，自己当家作主"。一味地单方面地靠意识形态和思想政治教育来解决社会整合问题在短期内可能是有效的，但缺乏现实利益支撑的政治说教，时间一长，就会显得空洞而无力。问题在这个时候已经有所显现。

由于坚持以"阶级斗争为纲","宁要社会主义的草,不要资本主义的苗",长期忽视经济发展带来了经济社会发展的严重滞后,缘于生活极度困难,边疆少数民族的"中国认同"一定程度上、一定范围内出现了问题。这突出地表现在此时的边民外逃和局部小规模的少数民族骚乱上。

以云南为例,此时的边疆少数民族外逃事件时有发生,并伴有小规模的少数民族群众的骚乱。

1954年4月14日《思茅地委、思茅军分区对今春以来外逃外迁问题的指示》中说:"自年初以来,边疆外逃外迁事件不断继续发生。与往年比,其主要特点是,面更广,规模更大。截至3月底,共外逃644户,2433人。4月以来,不但没有停止,并有新的发展。"[①]

1958年12月6日,中共德宏地委《关于少数民族外逃情况的检查报告》中说:从今年1月到11月20日止,已外逃56267人,占边沿县总人口的14%。其中傣族和平土改区27626人,景颇族直接过渡区24886人。[②]

在第一次人口普查时,景颇族人口总数为10.19万;而第二次人口普查则为5.78万人,人口出现了明显的负增长,而且增长率高达-43.28%。[③]而两次人口普查期间,正是我国的"大跃进"和"文化大革命"时期。所以,这绝不可能是自然死亡率所致,而是大量的边民外逃的结果。

中共云南省委1956年9月25日《关于富宁县瑶族骚乱事件的报告》中说:几年来,我省苗、瑶民族不断地发生搬家骚乱事件,肯定是有反革命分子挑起和操纵的。[④]

文山地委1956年10月7日《关于富宁县民族骚乱事件的报告》中说:富宁县兰靛瑶族闹退社问题,经过一段时间的工作,开始缓和下来。

---

① 《思茅地委、思茅军分区对今春以来外逃外迁问题的指示》,1954年4月14日。解密档案资料。

② 中共德宏地委:《关于少数民族外逃情况的检查报告》,1958年12月6日。解密档案资料。

③ 参见中国社会科学院人口研究中心《中国人口年鉴》(1985),中国社会科学出版社1986年版。

④ 中共云南省委:《关于富宁县瑶族骚乱事件的报告》,1956年9月25日。解密档案资料。

但是，山瑶和黑瑶闹事又有新的发展。由闹退社到斗争村干部、到抢夺枪支、组织武装骚乱。地主张尚杰（黑瑶，外逃已批捕）持枪率领地富惯匪以及社员群众40多人，攻打我敬龙乡政府，抢走铜炮枪五支、党支部公章一枚、文件一捆、人民币40元以及衣物，并追杀我乡文书。被乡文书开枪打伤1人后退去。事后敬龙乡弄登社8个寨子86男子全部跑光。另外，龙绍、龙万两个乡的山瑶族也闹退社并斗争土族社长，抢走土族民兵铜炮枪5支。山瑶族男子大部分日夜上山开会并积极修理枪支、倒砂子、冲火药。民族闹退社骚乱事件与土匪武装暴动有所不同。尽管有敌人策划煽动，但它是以民族形式出现的，参加骚乱的大多是被骗的基本群众。事件发生后，我们加派了干部力量，部队也进驻控制，坚持以民族形式和平解决的方针，使多数群众平息。但是，敬龙乡还有10多名外逃分子没回来。楷绍乡还持枪拒绝我干部进去工作。群众怕捕、怕关，不敢下山，食盐断绝，地里的谷子成熟了没有人收。①

关于这一时期这些边疆少数民族的骚乱事件发生的原因，田野调查中笔者从1927年出生的纳西族南下老干部和珍老人那里得到了一些老人为自己写回忆录而整理的资料。这些资料中有一条关于当年金平县崇岗公社老街管理区铁匠寨事件的记录内容，这对骚乱发生的原因，大概可以反映出一二。

"1958年12月27日晚8点30分，元阳县毛草坡、金平县崇岗公社铁匠寨、芭蕉河、铁良寨、河头寨等四个村子43个人为骨干及部分群众共70多人，持火枪15支暴乱。他们攻打老街乡人民委员会，抢走布匹、衣服、胶鞋及零星百货，还抢走现款1300多元。打死粮食局干部1人、售货员1人。攻下老街后就煮饭吃。闹了五六个小时，43个人上了山。"

老人还对当时瑞丽景颇族同胞的外逃事件的发生给出了另外三个令人深思的事件解释。

"'大跃进'期间，全国人民都相互攀比，争创粮食产量新高，报上去的产量非常高，但是实际上没有那么多粮食啊，他们就说是少数民族在藏粮食，搜粮队天天挨家挨户搜，老百姓没有吃的，真是把人能饿死，就大批地到缅甸投奔亲戚了。"

"当时的民族文化政策很'左'，他们把许多少数族群的文化传统当

---

① 文山地委：《关于富宁县民族骚乱事件的报告》，1956年10月7日。解密档案资料。

作'四旧','封建迷信'来对待,景颇族的'目脑纵歌'也被禁止了。景颇族的同志受不了,就往缅甸跑。"

"还有件事不知道该不该说,也就是那个时候,政府想让瑞丽的景颇族人学习昆明的先进经验,把孩子们都集中到幼儿园,让老师专门教育。并从当地选了一些景颇族妇女到昆明的幼儿园参观。结果这些人到昆明之后,看到幼儿园的孩子们都很小,不停地哭,特别的可怜。她们就想不通了,为什么要把那么小的孩子和自己的父母分开呢?她们回来后就不断地给大家说那些孩子是多么的可怜,很多人听到这些话后,害怕自己的孩子也被从自己的身边带走,就全家跑到缅甸的亲戚家里躲难去了。"

二 改革开放初期边疆少数民族"中国认同"的现实困惑

必须承认,在社会主义建设的最初时期,我们所确立的个人利益、局部利益完全服从集体利益、全局利益的社会利益结构和取向,曾经对一代中国人对社会主义"中国"的认同产生了巨大的、积极的引领和整合功能。但是,从本质上来说,这种社会利益调控方式是压抑个体对个人利益的追求的,所以伴随时间的推移,曾经激发出人们对"中国"强烈认同热情的体制,却又引发了人们认同"中国"的危机。改革开放之后的社会结构变化中,我们最早、最突出同时也是最核心的变化就是重视利益在社会整合中的重大功能,把经济发展构建成为整个社会的追求目标,同时进行社会利益结构的重大调整。"在建立社会主义经济基础以后,多年来没有制定出为发展生产力创造良好条件的政策。社会生产力发展缓慢,人民的物质和文化生活条件得不到理想的改善,国家也无法摆脱贫穷落后的状态。这种情况,迫使我们在一九七八年十二月召开的党的十一届三中全会上决定进行改革。"[1] 所以,对于1978年到十六大这一阶段国家在宏观发展战略,我们可以这样总结:以经济建设为中心,效率优先为主要价值取向的社会发展战略。[2] 十一届三中全会是具有历史意义的一次大会,以

---

[1] 《邓小平文选》第三卷,人民出版社1993年版,第134页。
[2] 参见纳麒《西部民族地区社会发展优先战略的选择》,在2006年"云南论坛"上的演讲。

此为开端，中国社会在发展的战略和方式上都发生了巨大转变。一方面，以经济建设为中心，加快经济发展，实行改革开放，解放生产力，发展生产力，已成为了时代的最强音；另一方面，社会主义市场经济体制逐步确立，市场经济的机制、原则在日常生活中对人们的影响越来越大。这样的政策环境以及由此而形成的社会氛围，对于此时边疆少数民族的"中国认同"也产生了重大的影响。

在建设社会主义的第二个阶段，由于历史的局限，"以经济建设为中心"被我们在实践中错误地理解并极端地执行了。逻辑地讲，所谓"中心"一定是相对于边缘，或者说相对于多个"非中心"才存在的，"中心"与边缘，或者多个非中心一定是相依并存的。但是，由于我们错误地把"中心"理解为了"唯一"，所以，以"经济建设为中心"就变成了"以经济建设为唯一"，而所谓的发展，也就被人为地演绎成为"经济发展"了。"经济"、"利益"成了这个阶段社会最流行的话语和词汇。人们研究事物之间的联系，也往往喜欢把表象背后的利益关系视作本质。而"经济"刺激和"利益"驱动俨然成为人们调控一切的最有力武器。从"小三步走"到"大三步走"，我们发现无论衡量标准还是追求目标，基本都是经济上的，而国家和中央发展边疆的主要措施也充满了"经济"色彩。

1979年党中央召开了全国边防工作会议，实际上它是党中央在新时期召开的第一次全国性的民族工作会议。在这次会议上提出了对口支援，即经济发达的省对口支援五个自治区和三个少数民族比较集中的省（云南、贵州、青海）。从此，发达地区与民族自治地区的对口支援发展为多层次、多方面的对口支援。[①] 初步形成了北京支援内蒙古，天津支援甘肃，上海支援云南，广东支援山西，山东支援新疆，江苏支援陕西，深圳等四城市支援贵州，辽宁支援青海，福建支援宁夏，浙江支援四川，全国支援西藏的格局。

1992年1月，党中央、国务院召开了第二次全国民族工作会议。这次会议的中心是动员全党、全国各族人民加快民族地区经济发展，齐心协力地实现现代化建设的第二步战略目标，为整个20世纪90年代全面发展民族地区经济确立了基本的发展战略。在这次会议上，党中央明确提出了

---

① 李德洙：《关于新时期我国的民族问题》，《中央党校报告选》2000年第3期。

沿边开放的发展政策措施。会议指出"要把扩大陆地边境的对外开放作为我们整个对外开放的重要组成部分，有计划有步骤地实施，要选择一些条件较好的边境城镇，作为对外开放的窗口"，这就是"沿边开放的政策"。

1999年起，国家开始实施"西部大开发战略"，2000年3月朱镕基总理在全国九届人大三次会议上所作的《政府工作报告》中明确提出："实施西部大开发战略，加快中西部地区发展，是党中央贯彻邓小平关于我国现代化建设'两个大局'战略思想，面向新世纪所作的重大决策。"在中央实施西部大开发战略的进程中，国家民委倡议和发起了"兴边富民行动"，加大了对边境少数民族和民族地区的投入和对外开放的深度和力度，成了这一阶段促进边疆民族地区经济发展的有力推动因素。

凡此种种，我们发现，这一阶段社会主义在引领人们"中国认同"的进程中，主要发挥的是其作为一种社会制度在促进经济社会发展方面的优越性。也就是说，我们主要是通过社会主义的工具理性来引领社会认同的。这既产生了积极的效果，也埋下了许多隐患。

这一阶段，边疆和民族地区的经济建设获得了长足发展，而且这种发展不再是单纯的政治上的或者口号上的了，而是现实的、具体的、活生生的。"过去"和"现在"纵向比较之下边疆少数民族同胞的"中国认同"出现了新一轮的高涨，并且体现出了独特的时代特色。

边疆少数民族把对"中国"的认同，具体化为对社会主义制度的认同。由于社会主义制度在经济建设中体现的巨大的制度优越性，所以，这种对社会主义的认同主要地体现在制度认同的层面，也就是说，这种认同更多地体现的是对社会主义的工具理性的认同。

边疆少数民族把对"中国"的认同，具体化为对马克思主义中国化的第二次理论飞跃所产生的理论成果——邓小平理论的认同，他们用邓小平理论武装自己的头脑，积极投身于社会主义经济建设的各个战场。

边疆少数民族把对"中国"的认同，具体化为对党的领导的认同，尤其是对社会主义中华人民共和国第二代领导集体的认同，特别是对第二代领导核心邓小平同志的认同。田野调查中，笔者发现，当年北京大学生的那句"小平您好"，竟然在地处西南边陲的瑞丽的许多少数民族村寨中相当流行。交谈中，我们发现，西南地区的少数民族同胞对于第二代领导集体的核心邓小平同志有着浓厚的感情，许多人都在交谈中提及了邓小平主政西南期间给少数民族同胞所做的好事、实事。① 当然，他们的言语中还试图表达一个信息，那就是"邓小平是我们西南走出去的最高领导人"。而这种思维在中国老百姓中是比较普遍的，例如，在陕西，普通老百姓对于胡耀邦同志就有着一种非常浓烈的特殊情感。

边疆少数民族同胞把对"中国"的认同，具体化为对党的"以经济建设为中心"和"对外开放"政策的认同，并自觉地投入到轰轰烈烈的社会主义经济建设的热潮中。如果说第一阶段边疆少数民族主要是通过对"旧中国"和"新中国"的比较来表达自身从"不平等"到"平等"的感激之心，那么第二阶段，他们则主要是通过对改革开放前的"贫穷"到改革开放后带来的"富裕"表达自己的喜悦之情。他们通过各种民族的文艺形式来倾情歌颂当代中国的这种"好日子"。他们自觉的、饥渴的，而非参与运动式的投入自我发展和社会主义建设并行不悖的大潮之中。

对西南边疆的众多跨境民族而言，他们又用一种非常独特的方式来反映自己"中国认同"的再度高涨。据统计，1980年景颇族人口总数为8.76万人，1985年增加到10.16万人，增长率为14.48%。其间，1980年到1982年不到两年的时间内景颇族人口增加了近6000人。② 这不太可能是正常的自然人口增加，通过对瑞丽景颇族同胞的一些访问，我们基本可以确定，这一时期景颇族人口的这种大幅度增长，主要是因为改革开放后，中国境内的景颇族经济水平和生活状态明显好了，那些曾经跑往缅甸的人再次千方百计地回到了自己的祖国。

访谈中，瑞丽陇川的傣族同胞张潇元给我们描述了这样一种情形。"我们家的很多亲戚现在都在缅甸，而我家则是80年代初的时候在爷爷的带领下跑回国内的，现在特别庆幸当初的选择。爷爷的弟弟他们一大家现在还都在缅甸，日子过得穷得很，和我们家根本就没有办法比。他们现

---

① 1949年11月至1952年7月，邓小平受命担任中共中央西南局第一书记、中国人民解放军二野政委、西南军区政委、西南军政委员会副主席等职。在此期间，邓小平同志通过一系列卓有成效的工作，有力地推动了大西南少数民族地区的团结、稳定、融合与持续发展，为各民族由新民主主义步入社会主义奠定了坚实的社会基础。习惯上，我们把这个时期称为邓小平主政西南时期。

② 参见中国社会科学院人口研究中心《中国人口年鉴》（1986），中国社会科学出版社1987年版。

在后悔得不得了,让我们帮他们想办法,看能不能再回到这边来,那怎么可能啊!我还给他们开玩笑说,你们缅甸人怎么能到我们中国来啊!他们都很生气。"

陇川的景颇族青年董干翁说:"我们家在缅甸的亲戚更多了,家里的老人说他们都是从国内跑过去的,我爷爷没有过那边去,现在我们比他们富多了,他们特别羡慕,就想把他们家里的女孩子嫁到这边来,总是让我们帮忙办这事情,可是现在这边一般的人家都愿意在国内找,家里条件都好一些,负担轻。"

当我问及景颇族内部的这种跨国婚姻发展的情况时,在瑞丽工作了近四十年的退休老干部和珍老人这样说:"过去总体来看,缅甸嫁过来的和这边嫁过去的都有,但是,改革开放之后这边嫁过去的就越来越少了,基本都是缅甸的女的嫁到这边来,这几年那边人把女孩子嫁到这边来的愿望越来越强烈了,因为这边的生活明显好得多。"

当然理解跨境民族这种跨界流动时,我们必须注意,当他们由于各种原因而流动到境外的时候,我们不能说他们就不认同"中国"了,而是这种认同被掩盖起来了,而他们返回中国,则又是他们认同"中国"的外在表现得到了完全的彰显。

纵观这一时期边疆少数民族"中国认同"再度高涨,我们发现,利益,尤其是经济利益的驱动在其间发挥了重要的作用。边疆少数民族"中国认同"的理性特征越来越突出。主要通过对利益需求的满足而激发起来的"中国认同"的再度高涨,不再是无条件的情感和追求,而变成了一种有条件的理性思考下的选择。一旦有损害"中国"利益的民族事件发生,人们往往不再无条件地进行道德的谴责,"这么好的日子不好好过,还闹什么啊"是通常的看法,它流露出的是不理解的理性。经济的快速发展俨然演变成为"认同中国"的条件,而伴随着利益主体的多样化发展,这个条件越来越脆弱,边疆少数民族"中国认同"在市场经济时代出现了严重阴霾。

同一事实,从不同的视角出发,我们可能会作出不同的性质判断。从纵向维度的"过去"和"现在"的对比角度,经济发展对边疆少数民族"中国认同"的再度高涨起到了非常重要的激发作用。但是,当思考问题的出发点是民族单元的"我"而非"中国"的"我们",当观察的视角变成横向维度的"边疆"与"内地和沿海"、"民族地区"和"内地、沿海的汉族的地方"的对比时，矛盾便尖锐起来。

关于政治权利方面，我们知道，作为我国三大基本政治制度的民族区域自治制度，是中国共产党在处理我国民族问题上的创举，它使各少数民族同胞永远结束了被统治的地位，实现了自己当家做主、管理本民族内部事务和管理本地区相关事务的权利。民族区域自治法的颁布和不断完善又为该制度的实施和贯彻提供了法律保障。但是，在民族区域自治制度的落实过程中，一种现象引起了边疆少数民族同胞的注意，那就是相对于东南沿海的经济特区，民族自治地方所得到的中央放权和自主权项不仅是数量上的少和范围上的窄，甚至存在中央究竟有没有和想不想放权的问题。否则，我们很难解释为什么同样是在中国共产党的领导下，已经实行了60年区域自治的民族地方却被经济特区30年的发展远远抛下的事实。而作为仅次于国家根本大法《宪法》的《民族区域自治法》，其权威性本是无须多言的，应该是必须贯彻执行的，但是在《民族区域自治法》的实际落实和执行过程中的一些难言之隐，不仅让各少数民族同胞感到难以理解，就连一些学者也提出了异常尖锐的质疑："为什么自治法实施细则久久不得出台？为什么各自治区的自治条例久久不得批准？为什么上级国家机关与各自治区对自治条例的条款分歧这么大？为什么许多民族自治地方的自治机关本身对自治法不感兴趣？为什么人们认为自治法可以实施也可以不实施，可以执行也可以不执行？"① 甚至，有人得出了这样的结论"问多了，看多了，查多了，比多了，我们才豁然醒悟，原来这许多问题的症结点不在如何实施，而在自治法本身就无法实施"。②

关于经济利益方面，问题就更多也更加尖锐了。新中国成立以来，特别是改革开放以来，边疆民族和边疆民族地区获得了长足发展，取得了翻天覆地的变化。因为和过去相比，成绩是巨大的也是明显的，但是，当各少数民族和民族地区拿自己取得的成绩和汉民族及东部地区的发展比较时，他们突然发现，自己和内地及东部地区的差距不是缩小了，而是拉大了，而且这种差距还有着进一步被拉大的趋势。

关于中国的区域发展问题，邓小平同志有两个大局的宏观战略：东部沿海地区加快对外开放，率先发展起来，这是一个大局；东部地区发展到

---

① 参见徐杰舜主编《中国民族团结考察报告》，民族出版社2004年版，第522页。
② 同上。

一定时期,要帮助中西部地区加快发展,这也是一个大局。① 实事求是地讲,为了东部率先发展起来这个大局,广大西部和西部地区的人民,特别是少数西部少数民族地区的人们是付出了巨大牺牲,作出了卓越贡献的。东部发展需要政策,于是国家给东部以西部所享受不到的优惠政策;东部发展需要能源,于是西部无偿地给东部提供能源;东部发展需要人才,于是就出现了人才上的"孔雀东南飞"……可以说是东部发展需要什么,我们就尽其所能,给它尽力提供。在支持东部发展的过程中,可以说西部地区的人们是大气的,是豪迈的,是顾全大局的,甚至是不计自己得失的。

云南的东川、会泽一带铜矿资源丰富,于是国家派来技术人员,开采矿藏,并就近砍伐森林,冶炼铜矿,能源被源源不断地运往祖国各地,那么留给当地老百姓的是什么呢?是家园的千疮百孔,是秃灼的群山,是"泥石流博览园"的名号。西北龙头陕西,人杰地灵,这里高校林立,人文资源深厚,但在人才资源"孔雀东南飞"的影响下,却出现了人才摇篮由于缺乏人才而发展缓慢的笑谈。2002 年,我在宝鸡文理学院任教时,曾和一名来自新疆克拉玛依的维吾尔族同学聊起过新疆能源丰富,具有能源优势的问题,我本是想表达对他的家乡的羡慕之情,谁知在他看来,新疆的这种能源丰富的优势不仅不是什么好事,反倒成了坏事了。他说:"勘探出石油了,勘探出天然气了,于是国家就派人来开采了,开采出来后就'西气东输'了,我们当地人是既没见到,也没用到,几乎是什么好处都没有得到。"他说,令他唯一感受深刻的是,没开矿前他们家乡的河水是清的,天空是蓝的,可现在水是黑的,天是灰的……

全国人民的共同努力下,东部地区快速发展了起来。那么,曾经为东部率先发展这个大局作出卓越贡献的西部老百姓,特别是西部的少数民族同胞们今天得到的来自于东部发达地区的又是什么?好像不是什么帮助西部发展的顾全大局,而是对"愚昧、落后"的西部的地域歧视;好像不是什么群策群力的帮助西部发展,充斥的是满耳的"不要污染环境"的训责;回报西部当初帮助的不是什么对西部的支援,他们称其为"扶贫"。在"西部大开发"、"大力发展民族地区旅游业"、"大力发展民族文化"等口号下,西部民族地区的人们也曾热血澎湃,但现实中他们发

---

① 参见徐志宏、秦宣主编《邓小平理论与"三个代表"重要思想概论》,中国人民大学出版社 2003 年版,第 145 页。

现，这些轰轰烈烈的建设热潮，西部的民族同胞们好像总是很难融入。也就是说，真正的西部民族地区的人们实际上是游离于这些热潮之外的，往往是那些发达地区的人们在开发在收益，就连民族文化的发展亦是如此。我们不禁发出这样的疑问：没有民族大众的真正参与，民族地区何以发展？民族文化何以发展？发展的还是民族地区吗？发展的还是真正的民族文化吗？

当同一国家内部的不同区域的发展出现如此巨大反差的时候，当这种区域发展的差异又和民族发展的差异在一定程度上出现吻合的时候，也就是说，当人们发现，西部就是少数民族生活和居住的地方，西部就等于贫穷和落后，东部和内地就是汉族居住和生活的地方，东部和内地就等于相对的先进和发展的时候，民族的边界与地域经济发展水平的边界重合了。一种油然而生的对中央政府、对主体民族的不信任感便迅速在少数民族同胞之间蔓延起来。这种情况下，边疆少数民族对本民族单元和本地域的认同意识便高度膨胀起来，而这对"中国认同"均造成了消极的影响。

三 新时期边疆少数民族"中国认同"的发展趋势

在社会主义建设的第一个阶段，"以阶级斗争为纲"的这种隶属于解决纵向社会分层矛盾的社会调控方式，为什么能够引起边疆少数民族"中国认同"前所未有的高涨呢？我们说，一方面，社会主义的价值观念在其间发挥了重要作用，这种观念和价值取向引导社会横向分类的各个族别不分你我地进行了大联合，虽然不能消弭，但却在相当程度上淡化了不同民族间的边界和差异；另一方面，这种社会主义的价值观念和崇高理想引导下的边疆少数民族的"中国认同"带有浓郁的价值取向色彩，而不是单纯的理性选择的结果，所以其彰显往往是无条件的，是不需要理由的。因而，在这个阶段，当经济发展面临严重危机的时候，边疆少数民族的"中国认同"却并没有出现重大危机的奇迹的发生也便不难理解了，因为即便是贫穷，各族、各地区，甚至是从领导人到普通群众也都"平等"的、"普遍"的、"共同"的贫穷着，这种贫穷本身并没有致命地伤害到人们所理解的社会主义的"平等"和"共同"的价值取向。当然，这种缺乏物质支持的认同大厦是无法经受较长时期的历史检验的，尤其是当对外部世界的了解、认识不断深入之后，内外比较之下，问题显现出来了。

在社会主义建设的第二个阶段,"以经济建设为中心"的主要策略就是典型的弥合纵向社会分层差距的调控手段了,这种社会整合方式通过对一定单元内部的社会纵向分层的拢合,使本单元在面对外在参照的时候彰显一体性。当然,在今天的各多民族国家内部,对于那些作为"少数"的族群或民族,通过对其利益需求的满足来驱动其对更高层次共同体的认同已经成为一种通用的做法,但是需要注意的是,利益驱动本身并不是产生"归属"的基础,而是在"归属"已经存在的前提下强化这种认同的刺激手段。纵观世界各多民族国家兴衰成败的历史,我们不难发现,任何期望通过单一的经济刺激的方式实现国家横向族类整合的努力,无一例外地在目标与结果的渐行渐远中草草收场。因为利益驱动可能会产生两种完全相反的结果:其一是满足了对象的利益需求;其二是刺激了对象对更多领域、更高层面的利益需求的无限膨胀。社会主义条件下,以利益驱动作为凝聚社会横向不同族类的整合方式,很明显主要是在发挥社会主义的工具理性功能,其带来的作为"少数"的各族类对更高层次共同的认同不再是无条件的、不需要理由的情感,而成了要讲前提、条件和原因的理性的选择。尤其是对作为"少数"的族类的利益的额外照顾,在法理上无疑也可以解释为对"多数"的不公,而由于对"少数"的利益进行格外照顾的理由和原因并不为大多数人甚至是受照顾者自身所了解和认知,所以这些"少数"俨然具有了一定程度的"特殊公民"的味道。长此以往,作为"少数"的民族的成员便将这种照顾看作一种理所当然,看作国家和主体民族欠自己的,看作自己被剥夺之后的应得补偿。而这种本以激发少数民族认同国家共同体的举措却在全国范围内引发了一种奇特的"多数"向"少数"的逆向民族流动:汉族为了获得某种利益,千方百计将自己"变成"少数民族,本身是少数民族的又极力把自己的民族类别选择为人数更少的民族单元。[①] 那么这种利益驱动究竟是在激发对更高层面的共同体的认同呢,还是在刺激对民族单元的认同?是在弥合社会横向的族类差异呢,还是在加大不同族类单元的裂痕?长期的强调经济发展的单边突进,让地方政府和官员所思所想只有GDP,为了GDP搁置一切,甚至牺牲一切,所以,与其说进入21世纪后,边疆少数民族"中国认同"

---

① 参见鲁刚《现阶段我国少数民族人口发展的回顾与展望》,载《云南社会科学》2005年第4期。

危机事件的频繁发生是今天民族政策执行中的问题产生的,还不如说这些事件其实是长期的单一的社会整合方式遗留的问题。

而田野调查中发现的一些问题就更值得我们深思了。调查前,笔者在问卷设计时,产生了考察一下受教育水平与边疆少数民族"中国认同"的关联性的想法。起初我是这样想的:个体受教育状况和其"中国认同"的状况毫无疑问应该是存在关联性的,并且应该是正相关关系,也就是说个人受教育的水平越高,则其"中国认同"强度越高。为此,我在问卷中设计了两个考察项来验证我的设想:第一是调查对象的个人基本信息中加入了受教育情况,第二是在问题栏中设计了一个问题,"您知道中国一共有多少个民族?( )把您知道的中国的民族的名字写出来( )"。然而,问卷回收之后的情况却完全出乎我的预料。其一是个人的受教育水平和其中国认同强度之间不是始终的正相关关系。田野调查问卷中的3份失效问卷来自于对三位文盲、半文盲的景颇族妇女的调查。在对她们的回访中我发现,她们基本不识字,也听不懂普通话,担任翻译的景颇族学生告诉我,她们三人基本没有去过弄岛以外的地方,对于民族的名称,她们只知道这样几个概念:景颇(克钦)、傣、汉,她们三人对于什么是中国,甚至什么是国家既不关心也没有什么概念,"中国认同"处于极度低下的水平。有一个案例和此应属于同一类型:1965年8月,中共云南省委第一书记阎红彦到位于中缅边境的耿马县调查,在一个乡,问了54个人,知道自己是中国人的只有4个人。还有一个小学生回答:"我是耿马国人。"[①] 原因同样是由于这些人基本就没有接受过教育,特别是相关爱国主义的教育。接受过教育的人的"中国认同"明显是要高于文盲、半文盲的,但是并不是说学历水平越高,其"中国认同"强度就越高。在初中毕业到大学毕业这个范围内,低学历者的"中国认同"强度并不低,而高学历者的中国认同强度也丝毫没有高于低学历者的迹象。其二是关于中国有多少个民族的回答中,在瑞丽弄岛等嘎景颇族村寨回收的197份有效问卷中,回答56个的147人,占的总人数的75%,回答55个的32人,占总人数的16%,回答其他数字的18人,占总人数的9%,正确率之低完全超乎我的预想;而197人中没有任何人完整地写出了56个民族的正

[①] 参见谷禾、谭庆莉《学校教育与云南跨境民族身份认同的塑造》,载《云南社会科学》2008年第1期。

确名称，最好的问卷写出了 39 个，更是令人吃惊；尤其令人万万没有想到的是（除了三位文盲、半文盲者外），调查对象对中国民族状况的认知程度和其自身的"中国认同"强度也没有明显的关联性，问题回答得好的人其"中国认同"强度没有明显高于问题没有回答好的人的迹象。问题到底出在哪里？通过后来的访谈我发现，很多受教育水平很低的人，其对"中国"的认同是不需要理由的，是没有条件的。问他们你们为什么就认为自己是"中国人"呢？最常见的回答就是"本来就是啊"。其可能回答不对中国有多少个次级民族单元，更写不对它们的名称，甚至根本不清楚中国的民族结构的基本特征，无法解释自己和本民族单元归属"中国"的法理和逻辑依据，这些虽然反映出边疆少数民族"中国认同"现代化的迫在眉睫，但是这一切并不影响他们对自己和本民族单元归属于"中国"的认知，并不影响他们将自己和本民族单元"归属于""中国"的真正情感。看来，边疆少数民族"中国认同"的强度不在于其对民族知识的了解，也不在于其对于自身归属于"中国"的法理和逻辑的认知上，而关键在于他们对自身"归属于中国"的这种"归属"的认知和情感。后来和一些少数民族学者的交谈中，我更加确信了自己的判断，因为这些高级学者中很多人本身就是研究民族学的，他们对中国的历史、本民族的历史和中国民族结构的基本状况的认知程度是无与伦比的，但是，当其思考问题的出发点仅仅是本民族单元的利益的时候，其"中国认同"的强度丝毫没有强于我在瑞丽田间地头碰到的少数民族农民的迹象。这也可以在一定程度上回答了前文的疑惑：为什么社会主义建设的第一阶段，人们的受教育平均水平不高，而边疆少数民族的"中国认同"却达到了一个巅峰？因为此时他们的民族知识可能是匮乏的，但他们对自身"归属"于"中国"的认知却是清晰的，他们认知的不是这一"归属"的原因，而是"归属"本身，并且对这种"归属"充满了情感。

  同样的问题也出现在了对"经济发展状况"和"中国认同强度"关联性的考察上。不像我们想象的那样，经济发展水平高的地域、民族和个体，其"中国认同"的强度就越高，两者之间并不存在明显的正向关联关系。影响主体"中国认同"强度的不是经济和收入水平，而是自己对自身利益满足程度的"满意度"。当经济发展状况较好的群体其关注的焦点不是自己得到了什么，而仅仅是自己没有得到什么的时候，当获得额外照顾的人群觉得这种照顾是理所当然的时候，利益的获得虽然在一定程度上满足了需求，但是其更大的功能则是激发了对更高层面和更多领域利益的需求的膨胀。认同更高层面共同体在这时便显得困难重重，一切变得异常现实和理性，认同自己的祖国也变得有条件起来。"疆独"头子热比娅便是例证，经济上，她是曾经的新疆首富，政治上她曾任新疆维吾尔自治区工商联副主席、新疆女企业家协会副会长，并且被选为第八届全国政协委员。她不是没有获得巨大的利益，而是对自己获得的利益感到"不满足"。而用利益的驱动来获得对利益需求的"满足感"，无疑是一种饮鸩止渴的方法，是一种十足的病态逻辑。这样看来，改革开放前欠发展状况之下"中国认同"的高涨，改革开放后快速发展之下"中国认同"的种种危机，都是貌似矛盾而实则是符合逻辑的了。

缺乏利益支撑的思想教育无法经受长期的历史考验，一味地利益驱动又往往适得其反，看来任何单一的路径都无法获得边疆少数民族"中国认同"的真正发展。历史需要我们在边疆少数民族"中国认同"的构建上作出真正的战略调适。

在纳麒老师看来，无论是社会主义建设第一阶段"以阶级斗争为纲，以思想政治建设为主要价值取向的社会发展模式"，还是第二阶段"以经济建设为中心，以经济效益优先为主要价值取向的社会发展模式"，在本质上都属于非均衡的发展战略。以十六大为标志，中国社会发展的调控方式发生了明显的转变，逐渐地从非均衡的发展战略向均衡的发展战略转变。无论是党的十六大报告所明确提出了全面建设小康社会的奋斗目标，还是十六届三中全会所提出的"科学发展观"，其均有着明显的"均衡战略"的味道。[①]

党的十六大将"三个代表"重要思想写入党章，使之成为全党的指导思想，十届全国人大二次会议，又将"三个代表"重要思想写入宪法，使之成为全国人民的指导思想。让我们再来细细品味一下"三个代表"重要思想的内容：中国共产党始终代表中国先进生产力的发展要求，代表中国先进文化的前进方向，代表中国最广大人民的根本利益。这里，我们党着重将"先进生产力、先进文化、最广大人民"的范围确定在了"中国"的范围下，这表示我们党在所代表利益的范围上，既不是国内某个

---

① 参见纳麒《略论中国社会主义建设的三种"社会发展模式"》，载《云南社会科学》2003年理论专辑。

单一民族单元的,也不仅仅是某个单一的阶级阶层的,作为无产阶级先锋队的中国共产党同时代表着"中国"最广大人民的根本利益。这是我们党作为一个执政党而成熟的标志。从此,中国共产党作为整个"中国"的代表,为"中国"的繁荣发展,为整个"中华民族"和"中国人民"的利益开始了新一轮的艰苦奋斗。对"中国"这个符号的重视,这和新中国成立后充满智慧地将"中华人民共和国"简称为"中国"的做法相得益彰。中国共产党执政的中华人民共和国是当代"中国"唯一的合法代表。而中国共产党执政的中华人民共和国之所以能够取得当代"中国"的代表权,完全是因为她在长期的革命和社会主义建设事业中不断开拓创新,代表和实践着中国先进生产力的发展要求;发扬传统而又继往开来,代表和实践着中国先进文化的前进方向;保持自身的先进性而又全心全意为民谋福祉,代表和守卫着中国最广大人民群众的根本利益。"三个代表"不仅是中国共产党对自我的激励和要求,更是对其自身在长期中国革命和建设历程中表现的生动写照。

新一代领导集体强调以"科学发展观"统领经济社会发展全局,重视社会道德建设,在全社会掀起了一次关于"八荣八耻"的社会道德风尚的学习和实践热潮,不断加强"社会主义核心价值体系"建设工程。在具有中国特色社会主义建设的伟大征程中,真正实现社会主义价值理性和社会主义工具理性统一,站在构建"和谐"社会的高度上进行社会的有效整合,有力地构建着全体中国人"中国认同"的新的历史高峰。

当"中国"遭受灾难和困难时,包括边疆少数民族在内的全体"中国人",不分地域、不分民族、不分你我地都把这种灾难当作"我们"的困难,共同努力解决。我们忘不了"汶川大地震"之后,全国各族人民对四川的鼎力相助;我们忘不了青藏铁路建成之后,第一列救灾物资不是从内地发往西藏的,而是从西藏发往内地的;我们忘不了面对巨大的自然灾害从西藏到新疆,从四川到北京,全体"中国人"齐声发出的"中国万岁"、"祖国万岁"、"中华民族万岁"的呐喊。

当"中国"取得成功和胜利的时候,包括边疆少数民族在内的全体"中国人",不分地域、不分民族、不分你我的都把这种胜利当作"我们"的成就,共同的骄傲、自豪。我们忘不了北京奥运会期间瑞丽景颇族村寨的红旗飘飘;我们忘不了蒙古族拳击冠军张小平聆听国歌时的满眼深情;我们更忘不了国足结束 32 年逢韩不胜的历史、三比二战胜韩国队后,中国朝鲜族同胞的欢声雷动。

综观新时期边疆少数民族的"中国认同"已经初步展现出这样的特征：他们不仅强调自身对"中国"的归属，同时关注"我们"对"中国"的共同"归属"，任何其他个人和民族单元对"中国"整体利益的损害，必然遭受他们的截然反对；他们不但用对"中国"成就的无比骄傲和自豪表达自己对"中国"的认同，也用对"中国"困难的共同责任来表达自己对"中国"的无比热爱；他们不仅在情感上对"中国"充满皈依，也在行动上为中国的前途和命运奋斗不已。

边疆少数民族的"中国认同"迎来了一个新的历史高峰。

纵观边疆少数民族"中国认同"的萌芽与中华民族的孕育，边疆少数民族对中国代表权的争夺与中华民族实体的形成，边疆少数民族积极投入抵抗外辱的斗争与中华民族的觉醒，以及社会主义条件下边疆少数民族自觉投入社会主义建设的各项事业与中华民族的伟大复兴的发展进程之间的内在联系，我们不难得出这样的结论：

"中国认同"才是中华民族凝聚的最直接精神动力！

"认同中国"不仅是边疆少数民族基于利益驱动的选择，更是他们源远流长、持久而强烈的不朽传统！

第八章

我国边疆少数民族"中国认同"的影响因素

从人类社会历史的发展进程来看,任何事物或社会状态的存在都不是孤立的,而导致任何社会现实或状态出现的影响因素也都不是单一的,它们都是众多因素共同作用的结果。社会科学研究的任务之一,就是要寻找人类社会系统的众多因素之间的联系。当联系而联系之,就是真理;不当联系而联系之,便是谬误。越来越多的研究表明,人类社会系统的众多因素之间的相互联系,其形式往往不是线性的、直接的,而是迂回的、间接的。从我国源远流长的历史发展轨迹和边疆少数民族"中国认同"的发展历程来看,我国边疆少数民族的"中国认同"在其萌芽、强化、觉醒和继续发展的每一个阶段,甚至是每一次具体的显现上,都受到多重因素的影响。各种边疆少数民族"中国认同"的影响因素都在漫长的历史进程中按照自己的方式或彰显或隐性地发挥着功能和作用。在边疆少数民族"中国认同"的众多影响因素中,绝对地分出什么因素是决定性的、什么因素是非决定性的,什么因素是最重要的、什么因素是次重要、什么因素是不重要的,都是不科学的,也是没有意义的。任何因素的作用和功能都会伴随时代条件的变化而变化,任何因素的角色和地位都会因为具体场景的不同而不同。离开具体的环境和场景谈论某一种或某几种因素所谓的决定性地位是没有意义的。下文中,笔者将尝试从我国边疆少数民族"中国认同"漫长的发展历程中,梳理出其主要的影响因素,而对这些影响因素的列举和罗列,没有任何重要性的次序排列的意思。

一 背景因素对边疆少数民族"中国认同"的影响

任何历史现实或者状况总存在于一定的时空维度之下,并不可避免地带有这个时空维度的特征。时间维度的历史阶段，空间维度的地域范围是一切社会事物和状态孕育与滋生的摇篮，同时也让这些事物和状态深深地带上了自己的印迹。边疆少数民族的"中国认同"不仅在孕育和发展的各个阶段都深受时空背景的影响，并且在其任何的彰显和表现形式之下都流露着鲜明的时代、地域和场景的特性。背景因素对边疆少数民族的"中国认同"具有重要影响。

（一）时代背景

从纵向的时间维度来看，人类社会可以分为不同的时代和历史阶段。不同的时代和历史阶段中，由于主体所面对的主题和主要矛盾的差异，就形成了不同的时代和阶段特色，这种特色又客观地影响着一定时代的一切事物和状态，并使之带有自己的烙印。边疆少数民族的"中国认同"便深受时代背景的影响。

在漫长的中国古代历史的发展进程中，边疆少数民族与内地少数民族、汉族之间以及相互之间展开了天翻地覆的搅动。然而，缘于此时人类交往方式的有限和中国对外交往边界的相对牢固，"中国"就成了中国各民族活动的几乎全部舞台。时代决定了此时边疆少数民族的"中国认同"只能在"中国"范围内，以特殊的时代的方式来体现。这就是边疆少数民族对"中国代表权"的争夺。周平老师在他2009年左右所发表的系列大作中，也从另一个角度强调了时代因素对于国家认同方式的影响。根据古代"中国"国家的民族结构特征，周老师认为中国古代的国家形态是典型的"王朝国家"。"直到辛亥革命推翻帝制以前，中国历史上的国家基本上都是王朝国家。所谓的国家，不过就是一个个的王朝政治体系。国家以王朝的名义命名，政权掌握在以国王或皇帝为代表的王朝手中，以维护王朝的利益为己任。这样的国家，实际上是王朝的统治体系。王朝的世代更替，形成了国家演进的基本序列。"那么在这样的历史时代背景之下，国家认同的表现形式也便具有了明显的时代特色。"既然中国历史上占统治地位的国家形态是王朝国家，所以中国传统政治文化中的国家认同也主要是王朝认同。即人们把自己归属于某个王朝，效忠于某个皇帝，认为自己是某个王朝的百姓，是某个皇帝的子民。而某个王朝在历史的长河中都只是一个短暂的存在，王朝在不断地更替，所以人们的王朝认同也在不断地变化。追溯历史上多种多样的王朝认同，会给人某种应接不暇之感。"① 当然，我们可以说王朝国家之下，边疆少数民族对一定王朝的认同、对一定皇帝的效忠，甚至是对大一统的追求都是他们的"中国认同"在这个时代特殊的表现方式。但是，时代也给我们留下了一定的历史遗憾，那就是王朝国家背景下王朝符号的长期彰显和"中国"这一西周以来我们惯用的通用国名的相对隐匿，还是对人们的"中国认同"造成了相当的伤害。狭隘民族主义、地方主义等意识不断高涨，甚至获得一定程度的道德内涵，等到真正的"国家之敌"出现的时候，汉奸、打着民族旗号的傀儡政权、边疆民族分离主义等一系列的幽灵便层出不穷了。

在时代前进的车轮中，"中国"的外部参照不断明显，清代时，在与沙俄所签订的《尼布楚条约》等一系列文件中，"中国"逐渐成为我们共同的符号。近代以"救亡图存"、"抵抗外辱"为特征的时代背景下，边疆少数民族的"中国认同"就只能在"中国"、"中华民族"等旗帜的引领下，以"积极投入抵抗外辱"时代形式体现出来。

社会主义的时代背景下，对中国共产党的领导、社会主义道路、中国化的马克思主义的认同，对中国社会主义建设的投入、对中国特色社会主义事业的坚持等，也都是时代赋予边疆少数民族"中国认同"的独特的时代表现方式。

而今天，我们所处的又是一个多元文化主义狂热弄潮的时代。国外许多学者对多元文化主义奉若神明，一些政治人物不断地进行鼓吹，甚至是像《阿凡达》这样创造了全球票房神话的美国大片，剖其本质也是在为"少数"的权利高声歌唱。"少数的权利"俨然被鼓吹出了道德的内涵，而"中国"的话语权却仍然有待构建。国内无视国情者对国内次级民族单元意识高涨的现实熟视无睹，依旧人云亦云。边疆少数民族的"中国认同"正面临时代的挑战。

（二）外部环境

正如塞缪尔·亨廷顿（Samuel Huntington）所说，"任何层面上的认同，只能在与'其他'——与其他的人、部族、种族或文明——的关系

---

① 周平：《论中国的国家认同建设》，载《学术探索》2009年第6期。

中来界定"。① 所以，一定意义而言，认同的本质，就是在有"他者"存在的情况下，确立起自我的边界。如果说个体认同是在一定的环境背景和对比参照下对"我是谁"的回答，那么，集体认同就是在一定的环境背景和对比参照下对"我们是谁"的表达。

不同历史时期"中国认同"内涵和表现形式的差异也与"中国"所面临的外部环境有关。漫长的古代历史中，边疆少数民族的"中国认同"为什么往往会以"王朝认同"、"效忠皇帝"、"争夺中国代表权"、"追求大一统"等方式来体现，还有一个重要原因，就是这个时代里，各民族人民的认知和活动范围就只有"中国"这么大，"天下即中国，中国即天下"，"中国"没有一个明显的外在参照。

当沙俄这个明显的外在参照出现后，"中国"的旗号马上彰显。当西方列强这样的外在参照出现后，边疆少数民族在内的全体国人的"中国认同"便开始以激昂的方式显现出来。当日本这个"民族之敌"作为参照出现之后，"中华民族"的种族内涵被进一步弱化了，"中华民族"的边界进一步精确了，"中国人"进一步凝聚起来。

今天的世界处于一个信息化的时代，不同单元体系的人们共同体间的交流愈发频繁和容易，边疆少数民族"中国认同"的外部参照以常态的方式明显地存在着。尤其是"中国"的对外开放和对外开放的不断深入使边疆少数民族"中国认同"在外在差异明显的认同参照的刺激下不断强化。

当然，外在环境与"中国"的关系状态也对边疆少数民族的"中国认同"有着多重影响。当外部环境与"中国"的关系平和的时候，边疆少数民族的"中国认同"往往会以平缓的方式展现出来，有时还会出现一定程度的隐匿。当外部环境与"中国"的关系紧张的时候，边疆少数民族的"中国认同"就会高涨，并且往往会以激烈的方式表达出来。"在一定的历史发展阶段上，民族以一些外部刺激为契机，通过对以前所依存的环境或多或少自觉的转换，把自己提高为政治上的民族。通常促使这种转换的外部刺激，就是外国势力，也就是所谓外患。"② 日本学者丸山真男要表达的同样是外在环境于己状态对认同的重要作用。

---

① [美]塞缪尔·亨廷顿：《文明的冲突与世界秩序的重建》，周琪等译，新华出版社1998年版，第134页。

② [日]丸山真男：《日本政治思想史研究》，王中江译，生活·读书·新知三联书店2000年版，第270页。

美国著名学者塞缪尔·亨廷顿对外部环境、外在参照、外在参照与自己的关系状态等因素对于国家认同的具体作用也非常强调。他在其大作《我们是谁？美国国家特性面对的挑战》一书中，曾经对强化美国民众的国家认同提出过这样的建议：苏联的解体对美国而言是一件真正可怕的事情，因为从此美国便失去了真正的敌人，失去了危险和危机感。没有外部敌人，私人的利益就会凌驾于国家利益之上，美国人由此就可能变得四分五裂了，因为美国人只有在国家面临危机和危险的时候，国家认同才能迅速高涨起来。所以，美国外交政策的任务之一，就是要寻找真正的外部敌人。对美国而言，这个理想的敌人该是意识形态上与己为敌，种族和文化上与己不同，军事上又强大到足以对美国的安全构成可信的威胁。伊斯兰好战分子是美国现实的敌人，而中国是潜在的敌人。[1] 敌人是重要的，所以在"冷战"结束后，面对美国失去敌人的窘境，美国人感慨连连。约翰·厄普代克说："没有了冷战，做一个美国人的意义何在呢？"[2] 查尔斯·克劳萨默说："国家是需要敌人的。一个敌人没有了，（我们）会再找一个。"[3]

世界和敌人，或者说外部环境和参照为什么这么重要，因为在一定意义上，是他们决定着"我们"是谁！这也就是说，集体认同也是从与其他人对立的角度来定义的。"我们"之所以认为我们自己是"我们"，是因为我们与"他们"不同。如果不存在与我们相区别的"他们"，我们就不必称"我们"是我们自己。没有外人就不存在内部人。我们之所以成为"我们"，是因为我们就要某种"相同点"，但是这种相同点往往是"我们不是他们"。艾瑞克·霍布斯鲍姆更是认为，集体认同不是以他们的成员所拥有的共同点为基础的——他们除了都不是"其他人"之外，可能只有非常少的共同点。[4]

外部环境和参照将对"我们"产生重要影响的另一个重要途径，就是"他们"往往会通过各种方式企图把"我们"变成"他们"，或者让

---

[1]［美］塞缪尔·亨廷顿：《我们是谁？美国国家特性面临的挑战》，程克雄译，新华出版社2005年版，第214—219页。

[2] 同上书，第215页。

[3] Charles Krauthammer, "Beyond the Cold War", New Republic, December 19, 1988, p. 18.

[4]［英］艾瑞克·霍布斯鲍姆：《认同政治与左翼》，周红云译，载《马克思主义与现实》1999年第2期。

"我们"不再"我们"。需要引起我们注意的是，外部势力可能会以各种人为的手段破坏边疆少数民族的"中国认同"。例如歪曲历史，挑拨"中国"内部各民族的关系；以利益为诱饵，刺激"中国"内部某些民族的民族主义情绪，并加以利用；对边疆民族地区加强意识形态的渗透；以宗教为幌子，对各族人民进行思想侵蚀。田野调查中，有一些实例引起了我们的警惕。

等嘎景颇族村民董某，家里有两个孩子2008年同时考上了昆明的两所三本院校，学费很贵，家人无法承担，这时有人来找他们，说（基督）教会可以对她们进行资助，但条件是他们必须全家入教，他们全家入了教，教会也对两个孩子上学进行了资助。而令人非常震惊的是，在内地陕西高陵一带进行的调查中，教会以全家入教为条件资助贫困学生的实例也早已不是新闻。

总之，外部环境和对比参照对边疆少数民族的"中国认同"具有重要功能和意义。

（三）内部氛围

认同不仅有着外部环境和对比参照的刺激问题，同样存在着其滋生和表达的内部环境和氛围问题。如果说认同是关于对"我是谁"，或者"我们是谁"的一定程度的回答的话，那么我们说，任何类型的人都是在一定的环境和氛围中造就和形成的，甚至在一定程度而言，是环境和氛围制造了人本身。当然，这里的环境和氛围的含义，不仅指自然环境和地域条件，也包括社会环境和文化传统氛围。

关于自然环境和地缘条件方法，中华大地在地缘条件上具有显著的内向型特征：对外相对封闭，内部交往较为便利和贯通。对外而言，中华大地西是高原和戈壁，北是广袤大漠，东部和东南是大洋，西南是大山大岭。对内而言，中华大地西部南北方向较为通畅，东部地区为几条大河分割成南北方向陈列的地理带，但是沿海的浅滩却提供了东部沿海地区交往的便利；西高东低的总体地势和自西而东的几条大江大河为中华大地的东西交往奠定了自然基础。所以，边疆地区不仅具有内向型交往的自然要求，也具有内向型交往的天然条件。这都为边疆少数民族"中国认同"的滋生和不断发展创造了得天独厚的自然条件。

社会环境方面，总体而言，中国大地地域特点基础之上形成的中国各民族不断交往是边疆少数民族"中国认同"滋生的前提,中国各民族在漫长的相互搅动中从血缘到文化不断混同是边疆少数民族"中国认同"不断发展的条件。在漫长的历史进程中,在中国各民族相互搅动的基础上,一个在各个民族的小文化和社会传统之上的、中华民族和中国人民共同创造和拥有的社会文化大传统形成并不断地发展。一定意义而言,正是这个大的社会文化传统才在长期的社会历史进程中不断地创造和塑造出了具有相当社会同质性的"中国人"。当然,必须说明的是,各民族小传统对这个"中国"大传统是次级的具有归属性质的,但这个"中国"大传统绝不是各民族小传统的简单相加。

具体而言,这个中国各民族的"中国"大传统又在"中国"历史发展的各个具体阶段,客观地影响着各时期"中国"代表王朝和政府的制度安排和政策导向,这些制度安排和政策导向又反过来不断强化和促进这个"中国"大传统的发展。譬如说"中国"大传统中的"大一统",这不仅是中国历代王朝和各个边疆民族政权的普遍价值取向,也在他们的具体的制度安排和政策导向中具有明显体现。不追求"大一统"的政权是无法成为"中国正统"的,而取得"中国正统"的王朝和政权又必然地制定制度规范来维持和强化大一统的价值传统和现实状态。这都为边疆少数民族"中国认同"提供了良好的社会环境和氛围。

例如,这种社会氛围所造就的"中国"内部的"他者"的态度就非常有利于边疆少数民族"中国认同"的不断发展。对某一个边疆少数民族的民族个体和民族单元整体而言,其他边疆少数民族、内地少数民族和人数占绝对多数的汉族对自己是否认同"中国"的态度对其"中国认同"发挥着重要影响。一般而言,当"他者"的态度是欢迎而包容的时候,会非常有利于边疆少数民族"中国认同"的发展,而当"他者"的态度是消极甚至排斥的时候,就会对边疆少数民族的"中国认同"造成一定程度的伤害。而在"中国"大传统中,任何中央王朝和代表政府对边疆少数民族进入"中国"的包容、欢迎和鼓励往往是其成为和作为"中国正统"的条件和标志。所以,在中国范围内而言,边疆少数民族的"中国认同"是基本上不存在任何"他者"桎梏的。

更为有利的是,"中国"范围内的"他者"也是反对任何个人和民族分裂"中国"和损害"中国"利益的现实牵制和威慑力量。也就是说,任何个人和民族企图分裂"中国"的阴谋和行为都必然地会遭受来自包括边疆少数民族在内的全体"中国人"的反对。田野调查中我们发现，在多民族地区，某个少数民族的群众在与其他少数民族的群众发生矛盾时，都会在批评对方的理由中想方设法地给对方加上"不爱国"、"搞分裂"的帽子。这生动地说明，在社会氛围层面，"中国认同"已经获得了相当程度的道德内涵。也就是说，如果某个个人或者某个民族不爱国或者不认同中国，那么在社会评价方面，其就是不道德的。

但是，一种潜伏的隐患需要我们注意。在领导中国人民进行长期的艰苦卓绝的革命的进程中，作为革命领导者的中国共产党为了推翻不公的旧世界，或者说为了表达自身对于旧世界的不公的憎恨和反对，在自己的民族政策中更多地蕴含和表达了对弱小民族的同情、关怀和照顾情结，甚至是认为"汉族对不起少数民族"[1]，"（汉族）遇事应多责备自己，要严于责己，宽以待人"，"汉族要对少数民族有所让步"，要向少数民族"还债"、"向少数民族赔不是"[2] 的负罪感和还债情结。成为执政党之后，我们党的民族政策没有发生根本性的转变和调适，民族政策中"帮扶"、"特殊照顾"少数民族发展的色彩依旧浓郁。那么在这种有别于"国家主义"的"民族主义"的民族政策的价值取向中，[3] 更多的是营造次级民族认同而非"中国认同"道德化内涵滋生和发展的社会氛围。

更有甚者，民族事务处理方式的非透明化和权威化，更是助长了中国民族事务的神秘化色彩，一种"民族"即"特殊"的社会心理已初现波澜。少数民族群众将其"民族"的特殊身份"工具化"利用的实例不断出现。某些场景中"少数民族"已然成为"特殊"的代名词和逃避一定责任的最好理由。

另外有一种情形也需要我们注意，那就是今天的某些少数民族同胞甚至是整个民族单元与国内其他民族社会交往发展水平的极度低下问题。当我们在谈论经济全球化和地球村这样概念的时候，可能有一些后发展民族的生活状态被我们忽视了。我们非常喜欢对我们国家的交错杂居的民族分

---

[1] 周恩来：《关于西北地区的民族工作》，载《中国共产党主要领导人论民族问题》，民族出版社1994年版，第48页。

[2] 周恩来：《民族区域自治有利于民族团结和共同进步》，载《中国共产党主要领导人论民族问题》，民族出版社1994年版，第150—153页。

[3] 参见周平《民族政策的价值取向及我国民族政策价值取向的调整》，载《学术探索》2002年第6期。

布格局沾沾自喜,但是我们不应忘记"大杂居、小聚居"更能反映我们的民族分布实情。更微观地讲,我国少数民族的绝大部分都是生活在民族聚居的环境之下的,当然,这种聚集的规模是大小不等的,大到一级民族自治地方,小到一个民族村寨。田野调查中,云南德宏的某些少数民族在对外交往方面所表现出的自我封闭问题,让我忧心忡忡。尤其是当他们的对外交往的尝试,在受到由于语言、服饰、生活习惯,甚至是外在体貌体征等方面的原因带来的困难的时候,他们会很容易就此将自我封闭起来,将自我活动的边界局限于自己民族聚居的地方。仅仅由于一次进城时自己因服饰原因遭受围观,等嘎的一位景颇族妇女表示她再也不去城里了;仅仅是因为孩子第一周上课时不太能懂老师和同学讲话,这位妇女就决定让小女儿"先回家再说"。我国这种缘于历史原因和社会交往水平低下的"民族聚居"模式,一定程度上也是不利于边疆少数民族"中国认同"健康发展的。

(四) 场景条件

边疆少数民族"中国认同"的生成,不等于边疆少数民族"中国认同"的彰显和表达,这种彰显和表达需要以一定的场景条件为前提。也就是说,一定的场景条件对于边疆少数民族"中国认同"的情感强度和表达方式都会产生重要影响。

不同的场景会对边疆少数民族"中国认同"表达产生不同的影响。例如,在和平友好的场景下,边疆少数民族的"中国认同"的表达方式可能就是温和的,甚至会在一定程度上隐匿;而在对抗色彩浓郁的场景下,边疆少数民族"中国认同"的表达方式可能就会激烈起来。高校英语角中的边疆少数民族同学的"中国认同"是清淡的,表达起来也会非常温和;中外体育竞技对抗场景下,边疆少数民族观众的"中国认同"是高度彰显的,而且往往激烈高昂。单个边疆少数民族同胞在与其他国家的单个人交往的过程中,其"中国认同"的理想色彩往往会上升,而一群边疆少数民族同胞和另一群其他国家的人交往的时候,其"中国认同"的非理性色彩一旦碰到一点火花,事态就会迅速蔓延。

不同的事件会对边疆少数民族"中国认同"表达产生不同的影响。认同的发生需要以"他者"的存在为前提,而认同的表达也需要以一定事件的发生为契机。从抗日战争中的"九·一八"事变到"七·七"事变，正是在这样的一个又一个事件背景中，中华民族不断凝聚团结。北京申奥成功的消息传来，不仅北京街头涌起了万丈豪迈的游行长龙，远在西南边疆的个旧，各族人民也齐声歌唱祖国，彩旗招展，鞭炮齐鸣，因为这是"中国"的胜利。美国无故轰炸我国驻南联盟使馆事件发生后，国内不仅各大城市的人们群情激奋、游行抗议，云南瑞丽弄岛等嘎的景颇族同胞也自发集会，情绪激昂地声讨美帝国主义的强盗行径，因为这是对"中国"的伤害。"汶川大地震"发生后，整个中华大地普天同悲，巨大的自然灾害没有让伟大的中国人民怨天尤人、颓废消沉，中华大地的各个角落响彻云霄的"中国万岁"、"中国雄起"的万众呐喊，不由得让世界震撼于"中国力量"。

不同的符号也会对边疆少数民族的"中国认同"表达产生不同的影响。一定程度上，群体性认同总是和一定"集体性历史记忆"有关，而这种符号又在"集体性的历史记忆"的维持、传承和激发中具有重要功能。但是，这个符号自身应当是确切而适当的，不同的符号拥有的力量是不同的。历史证明，那种具有原生色彩的符号，最容易唤起群体认同的激情，例如那种具有血缘、亲缘、地缘色彩的符号。那种不恰当的符号可能会使社会前进付出更大的历史代价，例如中国资产阶级革命派为了唤起革命而使用的充满种族主义色彩的符号，虽然让革命摧枯拉朽，却又在和平时期显得后患无穷。

符号是客观地，但也是可以塑造的，至少是可以选择的。在做关于边疆跨境民族的"中国认同"研究的田野调查中，我发现，分布于不同国家的同一民族，其文化传统都出现了向本国大传统靠拢的情形。例如，中国的景颇族越来越向"中国"大传统靠拢，在民族文化和习惯方面与缅甸的克钦呈现出差异扩大化的趋势。在思考造成这种现象的社会力量的过程中，我产生了一个大胆的想法：我们为什么不让"中国"成为推进各民族凝聚的有力符号呢？我们能否在中国各民族的名字前加上"中国"字样？例如，把中国各民族表述为"中国·汉"、"中国·回"、"中国·满"，或者至少在各跨国民族的名称表述上加上"中国"二字，像"中国·景颇"。这样做可以通过"中国"这一符号表明各民族的"共同性"，更可以让我们的民族政策的价值取向获得更好的阐释空间。譬如说，对各少数民族而言，民族优惠政策的获得不是因为其是少数民族，而是因为其是"中国"的少数民族。

当然，值得警醒的是，作为"中国"的"集体性历史记忆"的符号的毁灭已成为一个严重的问题。这种毁灭的来源可能是天灾，但更多的是人祸。而且这种破坏"中国"的"集体性历史记忆"符号的行为却堂而皇之地打上了"社会发展的必然"的旗号。世界上，许多民族不仅致力于保护有形的建筑，而且对所有记载自身历史的、文字的、艺术的物品都十分珍视。一个没有记忆的民族是可悲的，但令人心痛的是，20世纪以来中国的历史发展中，却出现了太多的企图让我们丧失记忆的努力。[1] 现代化进程中，我们从观念到生活方式都越来越失去"中国特质"：我们热衷的节日不再是春节和清明，而是什么万圣节和圣诞，当全世界都为我们的传统和文化感到震撼的时候，我们的年轻人却视其如草芥。何其悲哉？！

忘记过去，就是一种背叛；失去传统，必将迷失自我。

二 利益因素对边疆少数民族"中国认同"的影响

趋利避害是人的生物特性之一，而作为社会活动主体的人在处理与其他因素关系的过程当中，也必然会产生多种多样的需要，当需要和现实条件之间发生矛盾和冲突的时候，利益就产生了。也就是说，所谓利益是以需要的产生为前提的，但是需要本身不是利益，利益是需要主体与需要客体之间存在的一种矛盾关系，只有当需要与需要对象之间存在矛盾时，需要才能转化为利益。[2]

一定意义而言，人类社会的实践活动就是追求利益和实现利益最大化的过程。认同的产生，在一定程度上就是人们在社会实践中产生了对自我归属认知和情感需要的结果。认同的产生除了诸如种族、亲缘等不可更改和选择的"原生因素"以外，还深受利益因素的影响。为了利益，人们不仅可能放弃原有的认同，更可能选择或构建新的认同。

从边疆少数民族"中国认同"的孕育和产生而言，虽然其影响因素是多重的，但是其间不乏"利益"因素的身影。无论是《尔雅·释诂》所说的"夏，大也"[3]，还是《战国策》所描绘的"中国者，聪明睿智之

---

[1] 参见李达梁《符号、集体记忆与民族认同》，载《读书》2001年第5期。

[2] 张玉堂：《利益论：关于利益冲突与协调问题的研究》，武汉大学出版社2001年版，第42—45页。

[3] 《尔雅·释诂》。

所居也，万物才用之所聚也，贤圣之所教也，仁义之所施也，诗书礼乐之所用也，亦敏技艺之所观赴也，蛮夷之所义行也"，① 其所反映的都是在此时"中国"身份所代表的利益含义。意思是说，此时由于"中国"在社会发展各个方面所取得的相对优势令周边各民族羡慕不已，"中国"在当时俨然成了先进的代名词，而进入"中国"、取得"中国身份"本来就意味着一种利益的获得。所以，周边民族"闻中国有至仁焉，……举踵思慕，若枯旱之望雨"② 也就不难理解，这在很大程度上就是利益驱动的结果。

从边疆少数民族与中原汉族对"中国代表权"的长期争夺的动机来看，依然摆脱不了"利益"因素的影响。边疆少数民族为什么要执着地冲击"中国代表权"？因为进入"中国"，掌控"中国"，就可以享受"中国"先进的社会制度文明，丰富殷实的物质财富，宜人适居的生态环境……这明显地意味着一种实实在在的利益的获得。而中原汉族政权在与周边少数民族政权争夺"中国代表权"的进程中，一旦优势不那么明显，马上会以相当排斥的态度对待边疆少数民族的"中国认同"，例如前文笔者所述春秋战国之际的"中国"战线，再如宋政权的"大渡河之外非吾地也"的表达。这又是为什么呢？因为中原汉族政权担心边疆少数民族进入"中国"或者一旦掌握"中国代表权"，就会损害自身垄断"中国代表权"所带来的种种利益。为什么在中国历史发展的进程中，统一是历史的主流，而分裂却为各族人民所共同厌恶和反对呢？"国家统一、民族团结，则政通人和、百业兴旺；国家分裂、民族纷争，则丧权辱国、人民遭殃。"③ 这是各族人民在长期的历史进程中总结的、也为长期的历史进程所验证的历史经验。"维护国家统一是各族人民的最高利益"④，这是历史和现实反复向我们昭示的基本道理。

1840 年以后的百年抵抗外辱的斗争中，各民族人民发现，面对外来侵略的凌辱，不管你身处内地还是边疆，无论你是汉族还是少数民族，只要你是"中国人"，你都会遭受独立、尊严、稳定和发展的丧失，你的根

---

① 《战国策·赵策二》。

② 《史记·司马相如列传》。

③ 编写组：《"三个代表"重要思想关于民族问题的理论学习纲要》，学习出版社 2004 年版，第 88 页。

④ 同上。

本利益都会遭到无情的蹂躏。为了维护"中国"和"中华民族"神圣利益的不可侵犯，整个"中国人"凝聚起来共同对外抗辱，而也就在这一过程中，中华民族逐渐地走向了觉醒。

为了全民族抗战胜利的果实不被蒋家王朝窃取，为了更好地维护全国各族人民的根本利益，我们进行了三年解放战争，建立了新中国；新中国成立后，对幸福生活的向往成为引导人民团结奋斗的强大力量。1950年12月27日至1951年元旦，普洱地区26个民族的代表与地方党政军领导人剽牛喝咒水后宣誓立碑。碑文誓词如下："我们二十六种民族的代表，代表全普洱区各族同胞慎重地于此举行了剽牛，喝了咒水，从此我们一心一德，团结到底，在中国共产党的领导下，誓为建设平等自由幸福的大家庭而奋斗！此誓。"[①] 而后我们进行了"三大改造"，在中国确立了社会主义制度，从此社会主义成为引领和保障全体中国人利益的康庄大道和强大动力源。

在社会主义制度下，边疆少数民族的政治民主权利得到了根本保障，并在实践中得到了切实贯彻落实。荷兰人类学家尼克·基尔斯特拉曾在《社会经济政策与族群性概念》一文中如此描绘经济利益对人们国家认同的影响："关于经济持续增长的许诺一向是人们接受作为一个更强大的政治体内的一个少数群体这一地位的主要原因。当这种许诺未能兑现时，现代民族国家（the modern nation state）全部合法性便成为有争议的了。"[②] 新中国成立以来，尤其是改革开放以来，中国经济的较长时期获得较高速度的发展，切实地保障和实现了边疆少数民族的经济利益。除此之外，党和国家还通过一系列政策法规，切实地维护边疆少数民族教育、文化和其他各项社会事业发展的权利和利益。这也是为什么新中国的建立、社会主义制度的确立和改革开放导致边疆少数民族"中国认同"达到新的历史巅峰的原因所在，因为只有在这个阶段，边疆少数民族的各项根本利益才真正得到了彻底维护和实现。

边疆少数民族同胞认同"中国"、认同党，认同社会主义，认同党的各项路线、方针、政策，并在歌声中真切地表达了"利益"因素对他们这种认同高涨进程中的巨大功能。2009年春节联欢晚会上的新疆维吾尔

---

① 《人民日报》（海外版），《和谐云南》，http://news.sohu.com/20080316/n255730322.shtml，2008年3月16日，07：40。

② ［荷兰］尼克·基尔斯特拉：《关于族群性的三种概念》，高原译，载《世界民族》1996年第4期。

族大型民族歌舞《幸福生活亚克西》对此进行了朴实而又生动的阐释：

  买买提我今天心欢喜
  赶上了毛驴去城里
  崭新的货巾肩上背
  里面装满了人民币
  什么亚克西　什么亚克西呀
  党中央的政策亚克西

  农民们一辈子种田地
  上缴税务也是合理
  如今国家免去了农业税
  阳光暖在了心坎里
  国家免了农业税　亚克西
  什么亚克西　什么亚克西呀
  党中央的政策亚克西

  我从小劳动不识字
  儿女们学费都交不起
  如今的中小学校免了学费呀
  孩子们都高高兴兴上学去
  （学校免了学费　亚克西）
  什么亚克西　什么亚克西呀
  党中央的政策亚克西

  春夏秋冬风霜雨雪
  生了大病就干着急
  如今农村建立了合作医疗
  保障了健康的好身体
  （农村合作医疗　亚克西）
  什么亚克西　什么亚克西呀
  党中央的政策亚克西

过去盖房子用土坯
笆子墙的房子也只能养鸡
如今国家给了救济款呀
抗震的好房子平地起
（抗震安居工程　亚克西）
什么亚克西　什么亚克西呀
党中央的政策亚克西

我们的大叔买买提
他生活越过越富裕
今天的事情有点怪呀
这么多的钱去买啥东西
朋友们　现在党的政策太好的很
太好了
处处为了我们老百姓的生活
我买的汽车也太太漂亮得很
买买提大叔买的车子那么好看嘛
以后有啥事情　跟我说一声　我好好的帮忙
好的　谢谢你了
买买提大叔　把我们家的麦子送到乡政府
买买提大叔　把我家的苹果还有红枣送到和田
买买提大叔　把我们织的艾迪赖斯　还有我们织的地毯送到上海
买买提大叔　等一等　把我们家的大芸还有我们家的山药送到乌鲁木齐
没有问题
买买提大叔　等一等　把我们家的和田羊脂玉送到北京
咱们准备　走！

然而，现实中的一些问题也让人不由得忧心忡忡。当经济社会发展到一定阶段之后，伴随主体利益意识的高涨、利益主体多元和利益分化问题的日益突出，当边疆少数民族同胞的关注点聚焦于自身的生态环境、经济发展速度和水平、社会发展状态等方面的时候，一种可怕的自我利益被剥夺的意识逐渐地高涨起来。这不仅严重影响了边疆少数民族"中国认同"的健康发展，更对当代统一多民族中国的民族和谐和社会稳定带来了致命伤害。

最后，关于利益因素对边疆少数民族"中国认同"的影响，还有几个方面需要进行补充说明。

第一，以"需求"为基础解释利益的含义无疑是正确的，但我们必须明白，需求本身并不直接等同于利益，需求所包含的除了利益因素还包含情感等其他因素。

第二，在对"利益"因素对认同影响作用的研究中，机械地把马斯洛的"需求理论"[①]的层次性照搬于现实生活的实际，而认为"还处在原始农业经济状态的族群，由于其生存环境恶劣、生活水平低下，其成员连最基本的生存需求都难以维持，如何谈及对安全、对自尊、对自我实现的需求；同样，作为一个群体，连族群的生存、繁衍都步履维艰，怎能顾及对利益、权利、发展的渴求……"[②]，这明显是不符合现实生活中人们对利益追求的多层次性现状的。并且这种想法还具有极大的现实危害性，难道我们对那些经济发展滞后的民族就可以无视他们的政治权利？我们认为任何企图分级逐次而非齐头并进地对边疆少数民族的多方面利益进行整合调适的想法，都可能会产生非常糟糕的后果。

第三，利益因素无疑对边疆少数民族的"中国认同"产生了重要的影响，但如果就此而简单草率地将利益因素归结为决定边疆少数民族"中国认同"的根本性因素的话，可能就从忽视利益因素的极端走向了无限夸大利益驱动功能的另一个极端。利益因素的功能是巨大的，但是谈及我国边疆少数民族"中国认同"的根本决定因素，可能还要到"传统"因素中进一步探寻答案。

---

① 美国心理学家马斯洛（A. H. Maslow）认为人的一切行动来源于动机，而动机来源于人的需要。他把人的需要从低到高依次分为生理、安全、归属、自尊和自我实现五个层次。参见马斯洛《动机与人格》，许金声、程朝翔译，华夏出版社1987年版。

② 陈晓婧：《从需求角度看我国的民族认同》，载《新疆大学学报》（哲学人文社会科学版）2006年第1期。

三　传统因素对边疆少数民族"中国认同"的影响

认同的影响因素是多方面的，但是认同的动力机制又是同基本的"稳定性原则"联系在一起的。[①] 这又使我们想到了另一个与"稳定性和连续性"密切关联的概念——传统。中国古文献中，"传"字最初出自甲骨文，本义指"驿站"，后被引申为"传达、延续、基础"之义；"统"字出自篆文，本义指"丝之头绪"，后被引申表达"系统、纲要"等义。范晔在《后汉书·东夷传》中，将二字连用"国皆称王，世世传统"。[②] 此后，"传"、"统"二字逐渐合成一词，用以表达某种时代传承的、带有深沉文化积淀的具有根本性的模型、范式、准则和价值取向等因素的总和。[③] 朱维铮老师则认为："所谓传统，在中国的古典含义，就有历代相传，至今不绝的某种根本性的东西。"[④] 而在西方文化中，传统一词源于拉丁文 tradium，表示从过去延传至今的事物。英语中的 tradition 继承了这一基本含义。美国学者希尔斯教授对传统内涵的把握，为欧美学者所普遍接受："传统是围绕人类的不同活动领域而形成的代代相传的行事方式，是一种对社会行为具有规范作用和道德感召力的文化力量，同时也是人类在历史长河中的创造性想象的沉淀。"[⑤] 由此可见，传统具有一个强大的功能，这就是它可以巩固、彰显或者衍生某种"共同性"，而现实或者构建想象的某种"共同性"恰恰是认同产生的源泉。

影响边疆少数民族"中国认同"的传统因素的结构是非常复杂的，下文笔者仅仅从共同起源、共同历史命运和共同的价值追求三个方面，尝试论证传统因素对边疆少数民族"中国认同"的巨大影响。

（一）共同起源

"现在对集体认同的学术分析中，存在着两个相互矛盾的观点，一种

[①]　William Bloom, Personal Identity, National Identity and International Relations, Cambridge University Press, 1990, p. 34.

[②]　《后汉书·东夷传》。

[③]　参见岳龙《现代性语境中的传统》，博士学位论文，华东师范大学，2001年，第9页。

[④]　朱维铮：《传统文化与文化传统》，载《复旦大学学报》（社会科学版）1987年第1期。

[⑤]　［美］希尔斯：《论传统·译序》，傅铿、吕乐译，上海人民出版社1991年版。

观点认为认同是本质的、基本的、整体的并保持不变的,另一种观点则认为认同是通过历史上的行为建构并改造的。"① 简言之,一是原生论,一是建构论。建构主义者虽然对原生论持反对态度,但是他们却也无法回避这样一种现实,那就是任何的建构行为都必须建立在一定的"共同性"基础之上,也就是说,我们根本就无法在彼此毫不相干的人们之间建构起他们强烈的认同感。所以,在社会实践中,对于激发认同最为有力的因素,往往和那些共同的"地缘、血缘、种族,尤其是起源"等"原生因素"密切相连。当然,这些原生因素可以是真实的,也可以是一种集体的想象。

中国的考古学家们非常重视对中国远古人类活动遗迹的考察。中华大地上远古人类活动遗址的发现,不断地促进着有关中华民族起源理论的成熟。黄河流域古人类遗迹的不断发现,让"黄河母亲说"迅速流行,人们相信"黄河是中华民族的摇篮";长江流域远古人类活动遗迹的新发现,让"黄河、长江母亲说"迅速蹿红,人们把黄河和长江作为中华民族起源的两大摇篮;而当中华大地上各个地域的远古人类活动遗址被不断发现的时候,中华民族起源的星罗棋布说也逐渐为大家接受。这种关于中华民族起源发现的持续进展,有力地支撑和验证着这样的观点:中华民族是内生于中华大地的,而非外来的;中华民族以星罗棋布的方式起源于中华大地,而非起源于一地;中华大地自古就是中国各民族共同的家园。而这也是中华民族起源研究的真正意义所在。

中国的历史地理学者们也普遍地热衷于论证中华大地的"独立性"。中华大地对外边界的明显,中华大地内部交往便利的地缘基础,中华大地内部交往的源远流长和交往程度的超乎想象,也都已被翔实的历史文献和考古发现所证实。而这不仅对中华大地作为一个自古就存在的地理单元的"独立性"进行了生动说明,也为探讨中国各民族在血缘上的相互融通奠定了基础。

中国的民族学者们在研究"中华民族凝聚"问题时对"血缘、亲缘"等因素似乎情有独钟。学者们当然知道"血缘"因素基本不属于"民族"问题研究的范畴,但是,在中国背景下,在研究中华民族问题的过程中,

---

① [美] 约瑟夫·拉彼德、[德] 弗里德里希·克拉托克维尔主编:《文化和认同:国际关系回归理论》,金烨译,浙江人民出版社2003年版,第10页。

"血缘和亲缘"又是学者们的必修课程。从对中华民族（人文）共同始祖的寻找，到对中国各民族始祖在血缘上的千丝万缕的联系的考证，再到对中国各民族人民在漫长历史进程中相互间在血缘上的融通的证明，其实质都是在探寻中华民族的"同根性"问题。

中国各民族间的这种"同根性"是"我们"的一种"传统"资源，对各民族"同根性"的强调也是"我们"传统的一种特征。我们强调自己的这种"同根性"，并喜欢用彼此间的"血缘和亲缘"来表达这种情感，当然这种情感往往是用对"祖先"情感来统领的。我们强调自己的起源地，称之为故土、祖籍，意思是祖先生活的地方；我们彼此间称为"同胞"，例如"少数民族同胞"、"台湾同胞"、"海外同胞"等；我们爱国，但更爱有亲缘关系的家，所以我们把国称为家，通称为"国家"，更把国与自己的起源相联系，称为"祖国"。

总之，我们传统中中国各民族"同根而生"的这种"原生性"资源和我们传统中对中华民族的这种"原生性"资源的重视，共同地造就着中国各民族对"中国"的强烈情感。因为各民族关系的这种"拟家族性"不仅强调着大家关系的密切的原生性和客观性，并强调了这种关系的持久和不可变更性。这一切使边疆少数民族的"中国认同"在这种"原生因素"的激发下强烈、炽热而持久。

但是，这种"原生因素"也往往成为破坏边疆少数民族"中国认同"的致命工具。现在国内的民族研究中逐渐流露出这样的趋势：中华民族的"求同研究"业已过时，各民族的"识异研究"正当流行。各民族单元蜂拥而起的"寻根热"有把整体而系统的"中国历史"分割为条状陈列的危险；一些汉族学者也喜欢把汉族的形成和发生定义为"同源同种"的发展；部分少数民族刻意地强调自己生活地域的地缘独特性；部分少数民族有意地夸大自己民族体貌体征上的特殊性……凡此种种，自己的"共同起源"因素越来越成为本民族单元意识高涨的助推器，越来越严重地影响边疆少数民族"中国认同"的健康发展。

（二）共同历史命运

安东尼·吉登斯认为，认同是社会连续发展的历史产物。[1] 法国学者

---

[1] ［英］安东尼·吉登斯：《现代性与自我认同》，赵旭东、方文译，生活·读书·新知三联书店1998年版，第57—60页。

马尔丹的"叙事认同"（Identity as a Narrative）理论认为，认同对情节的遴选通常所围绕的关系中，首当其冲的就是"与过去的关系"。[①] 施莱辛格认为："民族国家（或其他的文化）认同之精炼，是一个长时间的过程。"[②] 不同的学者所共同强调的就是长期的历史过程对于认同的巨大功能和作用。

长期的历史过程本身就在造就"共同的历史经历"这一共同性，并且这种"共同的历史经历"越是悠远和久长就越能获得情感甚至是道德内涵。认同的动力机制是同基本的"稳定性原则"联系在一起的。[③] 而只有某种长期的连续不断的持续的历史过程才能提供这种"稳定性"。没有某种"共同性"作为基础，任何的背景和参照都很难激发认同的激情；只有利益的驱动，也不能彰显认同的全部功能，因为哪怕是源于某种利益追求而产生的认同，只有其在长期的历史过程中成为一种持续不断的常态的时候，它才可能从一种理性基础上的选择发展为一种不需要理性支撑的根深蒂固的、下意识的情感。而这种具有持续性的情感才更接近认同的本质。这种共同的历史经历往往会成为"共同的历史记忆"之间的来源，而"共同的历史记忆"又是塑造"我们"的重要力量。

在中国源远流长的历史进程中，边疆少数民族"中国认同"在萌芽时，或多或少地有着利益驱动的味道，但是当这种态度、情感和行为被长期地、持久地世代相传的时候，就成为边疆少数民族的一种传统，这种传统不仅逐渐地获得了道德内涵，更为关键的是它也在一定程度上造就着边疆少数民族自身。而边疆少数民族关于自我是谁的身份定位，又反过来影响甚至决定了自身利益的内涵和范畴。

在中国各民族人民长期交往的共同经历中，伴随相互交往的频繁和相互共生依赖程度的加深，"中国"范围内，彼此间一种"一荣俱荣，一损俱损"的利益同盟关系越来越为大家所认识，也越来越成为大家的一种共同需要。中国各民族间的"谁也离不开谁"的关系状态的持续过程，也是历史不断强化"中国人"之间客观"共同性"的过程。当这种关系

---

① Denis-Constant Martin, The Choice of Identity, Social Identity, Vol. 1, No. 1, 1995, pp. 6 – 8, 12 – 13.

② ［英］汤林森：《文化帝国主义》，冯建三译，上海人民出版社1999年版，第174页。

③ William Bloom, Personal Identity, National Identity and International Relations, Cambridge University Press, 1990, p. 34.

和这种共同性在长期的历史进程中世代传承的时候，历史过程不仅会让人们对此的认识不断深入，更重要的是会让人们对这种关系和共同性的情感不断升华，这个时候，维护和发扬彼此间的这种关系状态和共同性也就成为"我们"的共同利益。

中华民族近代以来的百年抵抗外辱的活动中，与共同敌人共同战斗的经历，漫长的历史进程中共同的命运和遭遇，让各民族同胞彼此成为"我们"的情感、态度和行为不断地得以强化，而这种彼此间利益息息相关的"我们"关系，又让大家彼此把维护对方的利益作为自己利益的当然内容，把维护"中国"共同的利益作为我们的最高利益。而且，对"我们"这种利益本身和维护利益的行为倾注了深厚情感。例如，中国的朝鲜族迁入"中国"的历史并不久远，但在长期抵抗外辱的斗争中，其与其他民族单元人们之间"生死与共"的关系不仅客观地存在着，并且逐渐为大家所认知，这是中国的朝鲜族与国内其他民族作为一种"历史命运共同体"的"我们"的观念逐渐增强，而一旦其与国内其他民族成为"我们"，那么对外而言，国内其他民族的利益也往往就是中国朝鲜民族的利益，维护"中国"的整体利益也便是维护中国朝鲜族自身的利益了。塞缪尔·亨廷顿（Samuel Huntington）说："我们必须先知道我们是谁，然后才能知道我们的利益是什么。"[1] 其实，利益和身份是一种相互造就的关系，不过这种相互的造就需要一个较长的历史过程才能完成。

今天的社会主义建设中，没有社会主义祖国的发展，边疆少数民族如何获得真正的发展；而如果缺失了边疆少数民族的发展，社会主义祖国也无法真正发展。所以我们把彼此的发展作为自己利益的一部分，把"中国"的发展视作我们共同利益所在，而且我们对维护彼此的发展、追求"中国"的发展满怀深情。

"中国的历史是各族人民共同创造的"，"中华人民共和国是各种人民共同创造的"，"中国是各族人民共同创造的"，"中国就是我们，我们就是中国"！

漫长的历史进程将边疆少数民族与国内其他民族逐渐地造就为一个"历史命运共同体"，而边疆少数民族对自我与国内其他民族同属于"中

---

[1] 转引自王立新《美国国家认同的形成及其对美国外交的影响》，载《历史研究》2003年第4期。

国"或"中华民族"这个历史命运体的观念和情感经过世世代代的传承,就逐渐成为我国边疆少数民族的一种根深蒂固的传统。这种传统对于强化边疆少数民族的"中国认同"将产生非常积极意义。

然而,那些损害边疆少数民族"中国认同"的行径也在为自己寻找"历史的依据和力量"。罗伯特·杰维斯曾强调,任何一种单一范式都可能是不全面的,它对任何历史现实的反映都可能把人们引入歧途。[①] 在今天对中国历史的解读中,我们在一定程度上忽视了"中国"的共同特征,而一味地夸大了"中国"内部各部分间的差异和边界。例如,当我们以一种狭隘的小民族主义的眼光看待中国历史的时候,我们发现中国的古代历史中充满了民族间的冲突、矛盾甚至是压迫和歧视;当我们用今天的民族标准去衡量古时各民族人民的交往的时候,又无限地夸大了古代中国内部的族群差异的边界和人们的对此的认识和观念;而我们用阶级斗争的观念看待中国历史的时候,又往往觉得我们的历史就是一部剥削阶级相互联合压榨和剥削劳苦大众的历史。我们用我们的误解把历史解读得充满了相互抵牾,而我们又常常对历史中的这种相互抵牾感到不解。

当下那些种种企图通过解构边疆少数民族中国认同而解构中国的阴谋,也都在极力地为自己的行径寻找历史的依据。寻找自己历史进程的独立性和特殊性,寻找自己在"中国"历史中遭遇的长期不公和屡受剥夺,寻求自身行径的历史原型和历史经验。凡此种种,也都必然对边疆少数民族的"中国认同"造成某种程度的消极影响和伤害。

(三) 共同的价值追求

长期历史进程中的共同经历和共同的历史命运,让边疆少数民族与内地少数民族及汉族逐渐地成为一个"历史命运共同体",然而,中国历史从未间断的持续进程还具有一个巨大的功能,那就是这种长期的共同经历和历史命运让各民族人民在各自文化小传统的交融中逐渐地形成了大家共享的中国文化大传统。当然,这种中国文化大传统绝不是五十多个民族单元的文化小传统的简单相加,而是一种相互交融的更高层面的共享文化传统体系。这种中国文化大传统的功能是巨大的,尤其是其通过对各民族小

[①] Robert Jervis, Complexity and the Analysis of Political and Social Life, Political Science Quarterly, Vol. 112, No. 4, Winter 1997/98, pp. 569 – 593.

传统的整合，使中国各民族人民的一种共同的价值追求逐渐形成并世代传承，成为"我们"的共同传统，这更进一步加深了各民族人民的内在"同一性"。

例如，长期的历史进程中各族人民对于诸如"重民众、尚忠勇、贵气节、行勤俭、守诚信、抑强暴、尊亲祖"等价值原则的共同信奉和追求。当然，各族人民所共同尊奉的这些价值原则是具有明显的儒家文化价值原则烙印的，所以今天有些学者对此提出了异议，认为这是汉族的文化，而非少数民族的传统。其实，这里是存在着一个巨大的逻辑悖论的。回顾历史，究竟是先有儒家文化的呢，还是先有汉族的？是汉族尊奉儒家文化，还是汉族造就儒家文化？当先秦时期儒学兴起弄潮之际，汉族何在？如果说汉族尊奉儒家文化，儒家文化就是汉族的，那么各少数民族尊奉儒家文化的价值原则，儒家文化就是各少数民族的了？其实，一切矛盾的根源就在于我们用今天的族类标准去衡量历史的发展状态。儒家文化不是中国哪个民族单元的专利，而是全体"中国人"的共同财富。当然，边疆少数民族对这种价值原则的信奉是经历了一定历史过程的，而其间中央政府的制度安排和政策导向也客观地发挥了至关重要的作用。例如清代在广大边疆地区对于"义学"的大力推广等，就对各边疆少数民族人民这种共同价值原则的确立和发展给予了极大的引导和推动。

再如，包括边疆少数民族在内的中国各民族人民对于"多民族"中国的"大一统"的长期追求和信奉，已经使"统一多民族中国"成为"中国"源远流长的、根深蒂固的"国本"。这里的"国本"指的是国家最高和最根本的价值原则。"统一多民族中国"所包含的国家价值原则至少有两点：其一是指各民族人民把"国家统一"视为"多民族中国"的最高国家原则和价值取向；其二是说"中国"是各民族人民共同创造和拥有的，"中国"是各民族人民的共同"祖国"和家园。

还如，包括边疆少数民族在内的中国各民族人民在长期的历史进程中对于符合自身实际情况的先进社会制度形态及其价值体系的不懈追求。历史上，边疆少数民族出于对当时先进封建社会制度形态和内在价值体系的追求而完成"中国化"的实例数不胜数。在中国古代社会的历代王朝中，无论中央王朝是汉族建立还是少数民族当政，其对于当时先进的封建社会制度形态及其所包含的一系列价值原则、规范和体制的始终信奉、恪守、传承和追求，当是理解中国历史文化数千年始终绵延相继而未发生断裂悲剧的一条路径。今天，全体大陆的"中国人"，无论其是汉族还是少数民族，无论其地处内地还是生活于边疆，其对于中国特色社会主义制度的信奉和追求则是共同的。

在人们对这种共同的价值规范信奉、恪守以及世代传承的过程中，这种价值规范也在通过对人们内在"同一性"的塑造而不断地完成对"我们"的"制造"。人们总是会对与自己拥有共同文化价值体系的人们产生亲近感，这种亲近感的发展便是认同的产生。中国各民族人民在价值信奉中的这种共同性当是大家作为"中国人"的内在规定性之根本所在。

传统在不分族类、不分阶层把大家共同塑造为"中国人"的过程中所发挥的功能是无与伦比的，但是今天，这种在一定意义上决定"中国人"作为一个共同性而成立的，很大程度上造就了"中国人"之内在规定性的源远流长、世代传承的中国大传统，却正在面临前所未有的危机和尴尬。新文化运动以来，人们为完成革命的社会动员所做的种种努力，却又客观地对我们的中国文化大传统造成了严重的伤害，时至今日，这种革命的风暴依旧在人们的脑海中汹涌澎湃。外部，各种西方思潮不断地在对我们的中国文化大传统进行强烈冲击；内部，各种次级民族的、地域的文化小传统又在对我们的中国文化大传统进行疯狂的解构。现代化进程中的人们又在"传统与现代"的对话中选择了对我们的中国文化大传统的无情忘却和抛弃……从英语的勃兴，到母语的沦丧，从老者的凄凉到幼者的娇溺，从礼仪的丧失到无礼的疯狂，从小民族主义的喧嚣尘上，到大中国传统的销声匿迹……文化传统的层面上，我们越来越难以回答"我们是中国人"，而失去中国文化大传统，我们何以回答"我们是中国人"?!

总之，通过对边疆少数民族"中国认同"影响因素的梳理及其对这些因素在长期历史进程中所发挥的实际功能的分析，我们不难得出这样的结论：边疆少数民族的"中国认同"，不仅是一种利益认同，更是一种价值认同和情感认同。

第九章

余论：强化中国认同　构建民族和谐实现中华民族伟大复兴

一　强化"中国认同"的必要性和紧迫性

"中国认同"是一定个体或群体对自身"归属"于"中国"的认知以及基于这种认知而产生的对"中国"的皈依感和对"中国"整体利益自觉维护的行为倾向。没有"中国认同"，我们怎会对"中国"充满情感，又怎会在"中国"面对危难或遭受伤害时挺身而出？没有"中国认同"，我们如何回答"我们是谁"？我们凭什么说自己是"中国人"？"中国认同"才是一定个体或者群体成为"中国人"的内在规定性，只有具有强烈"中国认同"的个人或群体，才有资格骄傲地宣称自己是真正的"中国人"！

在中国长期的历史进程中，"中国认同"才是凝聚起中国各族人民的最直接精神动力。但是今天，在全球化的浪潮下，在"中国"追求现代化的进程中，"中国人"的"中国认同"却正在面临前所未有的风险与挑战。全球化的背景下，"中国"范围内，国家、社会以及经济和文化活动的边界的相互统一的局面正在一步步地面临被解构的危险。于是"中国人"的"中国认同"就越来越多地要面临各种超国家的、其他同级国家的，以及次国家的认同形态的威胁和挑战。当然，一个人是可以同时拥有多种身份、存在多种认同的，而多种身份和认同之间也并不一定必然发生冲突。但是"对社会心理学家来说，知道个人有多少身份，以及有多少人认同某个身份并无太大意义，他们更希望弄清楚某一身份在个人认知上的便达程度（cognitive accessibility），以及其指导行动的重要性。也就是说这一身份是否很容易在一个人的自我概念中浮现出来，并影响其行动"。① 换句话说，人的忠诚感虽然是一直存在的，但是忠诚的强度和对象则是会发生不断变化的。我们的任务是，在全球化所塑造的多种新的权威体系不断召唤人们跟随的背景下，如何确保"中国认同"的强度和主导性的问题。更直接的表达就是，我们如何确保在人们的多种身份中，"中国人"的身份会处于一种主导地位，以及人们对自己"中国人"的这一身份如何始终充满情感的问题。全球化、第三次民族主义浪潮、国际社会中社会主义与资本主义两种社会制度和意识形态的继续碰撞……一切让问题变得异常复杂。

首先，"中国人"的"中国认同"正在面临各种超国家认同形态的挑战。

人类社会存在着种类繁多的各色共同体，但是自从进入文明社会，有了国家这一共同体之后，国家就一直在人们的认同归属对象中占据着重要地位，尤其是自民族国家诞生以来，这种地位更是变得无与伦比。但是，全球化浪潮下，各种超国家的共同体不断勃兴，并对国家在人们认同归属中的地位和作用进行着疯狂的颠覆。

第一种情形是各类超国家的地域共同体的出现。世界各地这种超国家的地域认同的情结都是普遍存在并由来已久的，但是欧洲共同体的出现无疑是其间最具代表意义的事件了。欧洲共同体的出现，还具有一个重大的功能，那就是它给予其他地域的超国家地域认同情结的复苏和高涨以强有力的激发和刺激。历史上，东亚的地域认同情结曾经被日本所利用，第二次世界大战中日本对于亚洲各国的侵略就是以建立"大东亚共荣圈"为幌子的，而这在一定程度上也的确起到了迷惑部分中国人的作用。今天在世界经济区域合作的浪潮中，这种超国家的地域认同情节在东亚地区又有着重新高涨的趋势。特别是伴随着中国国际地位的不断上升，国内要求中国在东亚和世界格局中扮演更重要角色的呼声也日渐增高，国人大国情怀促使下的东亚情结不断发展，东亚人的角色定位可能会对"中国人"的主导身份形成一定程度的挑战。"这种关系（民族认同与欧洲认同之间）是界限分明的，是一种此消彼长的零和关系：欧洲统一体越大，作为成员国的每个民族

---

① 郭艳：《全球化语境下的国家认同》，专业博士论文，中共中央党校，2005 年，第 58 页。

国家的民族认同就越弱。"① 欧洲认同与欧洲各国的国家认同之间的博弈关系，值得我们深思。

第二种情形是各类超国家的政治联盟的存在。例如，当初的社会主义阵营和资本主义阵营。它们曾经非常粗暴地把这个世界一分为二，并客观地对一定国家的利益造成伤害，让一定国家人们的身份定位发生混乱。虽然在当时其掩盖了一定的矛盾，但却为这些国家后来的长期发展埋下了更多的痛楚。今天，国内还有很多人难以割舍冷战情怀，让社会主义阵线的激情影响了对中国特色社会主义的认同。

第三种情形是各类跨国经济机构和组织的层出不穷。伴随着中国的对外开放和经济的不断发展，各类跨国经济机构和组织在中国不仅种类繁多，并且影响不断加大。经济全球化让人们作为经济人的角色明显地强化了，经济组织所赋予的身份越来越具有超越国别的趋势。人们对经济组织的归属意识增强了，而其国家身份意识明显地淡化了。

第四种情形是各种超国家的泛宗教认同的风起云涌。"目前，全世界都在经历一个与现代化相悖而行的进程，即重新发现宗教甚至是发明各种新的宗教，或者将不同的宗教结合在一起，从中找寻某种归属感和认同性。"② 伊斯兰教原教旨主义所引发的超国界的宗教认同便是例证。国内，某种超国界的宗教认同往往为一定的民族分裂行径所利用。而基督教在国内各地的疯狂传播对其教众的"中国认同"的影响更是不言自明的。伊朗驻梵蒂冈大使对基督教的看法可能能在一定程度上解释这个问题："基督教并不只在西方有。但是西方人在遇到'外人'时，即便他们自己或许不信教，也视自己是这种宗教的承载者。因此，西方人在遭遇'外人'时，他们的自我形象几乎都是基督徒。尽管不好讲基督教必属西方，但是说西方世界必属基督教，在大体上是正确的。"③

其次，"中国人"的"中国认同"正在面临同级其他国家认同的竞争。

---

① [英] 安东尼·D. 史密斯：《全球化时代的民族与民族主义》，龚维斌、良警宇译，中央编译出版社2002年版，第145页。在这里，史密斯所说的"民族认同"等价于"国家认同"。

② 郭艳：《全球化语境下的国家认同》，专业博士论文，中共中央党校，2005年，第58页。

③ [英] 戴维·莫利、凯文·罗宾斯：《认同的空间》，司艳译，南京大学出版社2001年版，第30—31页。

世界上一些国家缘于冷战思维的持续，对中国的意识形态渗透从未停止，企图分化瓦解中国的阴谋长期存在。他们的伎俩形形色色，其中两种手段最为常见。一种是大打利益牌，利用自己国家在经济社会发展各方面对于中国的相对优势，通过对个人利益满足的方式，影响中国人的"中国认同"。二战期间，日本帝国主义在中国制造汉奸的主要途径就是利益诱惑。今天出于对自身利益追求的大批国家公费留学生留洋不归，"国内捞钱，移民国外"观点的流行，一定程度上就是受此影响的产物。当然，不能说这些人不认同"中国"，但至少可以说对自身利益的追求在一定程度上影响了他们的"中国认同"。另一种是大打民主牌。对民主的追求是人类心灵最深处的一种情愫，但是，缘于西方世界在民主实践中的先行一步和对民主模式和内涵阐释上的话语霸权，当代民主在很大程度上打上了西方的烙印。在中国民主政治还不完善的背景下，民主、人权等原本应包含浓郁各国特色、符合各国实际的话题，竟成为西方各国攻击、污蔑我们的屡试不爽的武器。更有甚者，一些国内人士不遗余力地为西方民主大唱赞歌，而对我国的政治文明极尽讽刺挖苦之词。难道这不是让对西方民主的信奉，影响了自己对"中国"的认同？

最后，"中国人"的"中国认同"正在面临内部各种次国家认同形态的解构。

今天，"中国认同"面临的最大威胁在一定程度而言并非来自外部的威胁而是来自内部的解构。这种内部的解构主要有两种基本形式：一是次国家的地域认同的高涨；二是次国家的民族认同的高涨。并且这两种解构力量往往会出现某种程度的联合，这尤其值得我们深思。

次国家地域认同高涨的典型事例是台湾认同的高涨（当然，台湾认同的诱因或本质可能是个复杂的问题，但基本是以对台湾的地域认同的方式表现出来的）。台湾在地理和政治上长期处于中国边缘，所以台湾对于"中国认同"的强调一直是一种传统。在国民党退据台湾后，中国历史文化也一直都是台湾历史文化教育的核心。[①] 但是自20世纪80年代末期开始，台湾当局一方面大力进行所谓的"去中国化"运动，尽力销毁可能有助于台湾人民"中国认同"的各类符号和历史记忆；另一方面又积极地进行所谓的"台湾本土化运动"，不仅在各级学校课程安排及授课内容

---

① 参见王仲孚《历史认同与民族认同》，载《中国文化研究》1999年第3期。

上非常注重对台湾乡土知识的传授，同时在各类传播媒体上，也在极力构建各类与乡土文化密切相关的"台湾符号"，企图制造人们对台湾的历史记忆。今天，如果说台湾问题是祖国完全统一需要面对的首要问题的话，那么近十年来，在台湾经历的相当急剧的政治社会变迁中，"台湾本土认同"已经成为与"中国认同"抗衡或对立的一种政治、社会与文化势力。[1]

次国家民族认同的高涨在中国内部已经是一种普遍存在的事实了。中国自古就是一个统一的多民族国家，"多民族"是我国的基本国情之一。"多民族中国的统一"是在长期的历史进程中形成的、为中国各民族人民共同信奉的最高原则，甚至是"国本"。但是，当下，伴随着第三次民族主义浪潮的冲击，在多元文化主义的鼓吹中，国内各次级民族单元的民族认同意识迅速地高涨起来。当然，造成这种局面的还有一个重要因素，那就是我们现行民族政策的价值取向问题。如果说我国现行民族政策的民族主义而非国家主义的价值取向，[2] 没有直接导致国内各次级民族单元民族认同意识高涨的话，那么我们说它至少在为次民族认同的高涨提供一个有利的社会氛围和滋生温床。从各少数民族单元对自身民族利益的单边关注，到各少数民族的寻根热；从各少数民族群体对自我"少数民族"身份的炫耀，到中国民族人口逆向流动的不可遏止；中国内部各少数民族单元民族认同的高涨已是不争的事实。而若说次级民族单元的民族认同和国家认同可以并行不悖地存在，我们认为这在理论上可能是成立的，但是"在大多数新的国家里，从部落到种姓再到种族或语言集团等各种传统认同形式，都会与一种范围更大的民族国家认同的意识相冲突"[3] 也是一种不争的现实。

民族主义总是谋求国家的地位，地域主义总想取得民族的形式。民族分离主义无论如何高唱民族主义，其分离行径总要寻求现实地域的支撑，也就是说无论民族分离主义的活动范围或者是其建国梦想，都是与寻求一

---

[1] 王明珂：《台湾与中国的历史记忆与失忆》，《历史月刊》（台湾）总第105期，第34—40页，1996年。

[2] 参见周平《民族政策的价值取向及我国民族政策价值取向的调整》，载《学术探索》2002年第6期。

[3] Michael F. Glennon, "The New Interventionism", Foreign Affairs, Vol. 78, No. 3, 1999, pp. 2 – 7.

种地域认同相呼应的。地域分离主义无论如何鼓吹本地区独立，也总是希望在本地区人的身上发现某种"民族"色彩的原生因素。前者如藏独鼓吹"西藏是藏族的西藏"，疆独喧嚣"新疆是维族的新疆"；后者如台独势力对"台湾人"不遗余力的构建。更何况，由于历史原因，"台湾"地区长期孤悬祖国之外，"台湾人"与大陆人边界相对明显，这样台湾就在一定程度上出现了"地域认同"与"群体"认同的某种重合。在中国，除了中华民族具有中华大地这一共同地域以外，任何次级民族单元都是不存在民族共同地域的。现行的民族政策却在造就一种普遍的误解：我们喜欢在民族自治地方之前，加上一个民族的称号，例如：新疆维吾尔自治区，广西壮族自治区……这样，很容易让人误解为新疆是维吾尔族的，广西是壮族的……民族分离主义和地域主义就出现了一定程度的重合。民族主义有两种情形：一是让国家取得民族的形式；二是让民族取得国家的地位。"疆独"、"藏独"更多的属于后者，而一旦台湾人的"中国认同"危机愈演愈烈，则台湾问题或多或少的具有向前一种情况发展的危险。

而总的来讲，今天的"中国"不仅面临着传统的丧失，也面临着利益重组的冲击。今天的"中国人"对于"中国"的无知几乎达到了让人心痛的地步，并且一系列因素更在加剧着这种无知的进一步蔓延和恶化。儿童学前教育的主要内容不再是中国传统文化，而是各种各样的外语；中国历史在基础教育中的比例愈降愈低，内容越来越少，甚至在高考这样的中国第一考试中，中国古代历史也基本销声匿迹；在高校，除了极其少数的历史专业的学生，有谁还能接触到中国古代历史的学习？清代还有着《义学》、《圣谕广训》等一系列思想意识形态教育工程，而今天高校课程改革，哪一次不是向公共政治课挥下屠刀？

现阶段中国社会步入了一个利益矛盾的多发期。利益重组与整合中，问题处理得稍有不慎，都可能带来对"中国认同"的致命伤害。南斯拉夫解体的悲剧，值得我们警惕。二战结束时，南斯拉夫国内各地域间的经济差距并不十分明显。但是，到1990年南斯拉夫解体前夕，与奥地利、意大利接壤的斯洛文尼亚的人均收入是与阿尔巴尼亚接壤的科索沃地区的8倍。在科索沃地区的居民看来，该地区的落后是联邦政府的歧视政策造成的，地域间的不等价交换实际上是富裕地区对贫困地区变相的资源掠夺，这就造成了该地区对较富裕地区以及联邦政府的不满和敌意。而对斯洛文尼亚地区的居民来说，地区差距越大则意味着本地区要贡献更多的岁入援助落后地区，那将是更大的经济负担。这样，无论是最富的地区还是最穷的地区，都对共同体的维系失去兴趣和信心。①

总之，中国人的"中国认同"的危机是一种事实，中国人"中国认同"危机的严重令人惊愕。强化"中国认同"不仅具有必要性而且具有紧迫性。强化"中国认同"是时代赋予我们的责任。

二 关于强化"中国认同"路径选择的一种思考

社会历史发展进程中，人类的每一次获得都以某种失去为代价。人类在历史前进中的任务，就是不断地进行成本核算，以实现用最小的代价求得最大的进步。

在国家与内部民族单元关系问题的处理上，如果像西方自由主义那样，通过对个体民族身份的消除，而建立起"公民—国家"的国家结构模式，这既不符合我国"多民族"的基本传统和国情，也会伤害到各民族文化小传统对中国文化大传统的营养输送。如果像多元文化主义那样，通过对少数民族的格外尊重，以"特殊公民"为条件，求得他们对国家的妥协，这已被实践证明，不仅不利于解决现存的民族与国家的矛盾，还会让问题接踵而生。在强化"中国认同"路径探析的过程中，我们必须立足于中国的历史、传统和国情。

学习过程中我发现：人一生会天生的，或者被塑造出多种身份，但是无论哪种身份，个人都不是生而就知的，这需要通过后天的学习和生活而习得。社会学和政治学有一个流行的观点，认为不同于那些基于阶级或地位形成的社会群体，确实存在纯粹的"族群"群体。但无论这种族群身份是如何的"原生"，认同感却无论如何也是无法"原生"的，当然这种"原生"的因素会在人们对这种认同感的习得中发挥巨大的功能，不仅使其容易为人所接受，并且在传承中也容易让人对其的情感强烈而持久。西方人类学家格尔茨在他早期的著作中则认为，"族群"内包含两类社会关系：一类是从血族、共同语言、宗教信仰和习俗中产生的社会关系，另一类是基于"个人魅力、战术需要、共同利益、道德义务"而形成的社会关系。格尔茨将第一类社会关系描述为"被给予"的社会关系，即我们

---

① 王绍光：《分权的底线》，中国计划出版社1997年版，第74—75页。

一生下来就居于其中的那个群体。西方学者约翰·莱克斯在此基础上，通过对"人类在幼儿期都必须经历一种成为这类神圣群体的成员并获得满足感的体验"的"成长"过程的分析，提出了"族群和扩大的族群群体"理论假设。他的结论是，族群并不是简单的"被给予"而是或多或少思考下的制造，制造一个集体去追求一项神圣的事业。[①] 以上的观点虽是关于族群的理论，但是对于解释个体对群体、群体单元对更高层面共同体的认同的复杂性却也是非常有用的。

而现实生活中有一些事例也值得思考：

在广州，河南籍人员犯罪的情况发生较为频繁，于是社会舆论对河南人的压力较大，所以就出现了这样的情况，其他外省人和他人见面时最先表明的就是自己的籍贯，但是河南人却不，在籍贯问题上他们一般报以沉默或含糊其辞，但有一点需要注意，当被要求明确其籍贯时，他们又不会撒谎，会真实地告诉别人自己是河南人。

新中国成立初期，在民族识别工作中，关于广西乐尧山瑶族的确认很有意思，据《广西壮族社会历史调查》第七册记载，当地人是某种少数民族这是肯定的，但当时他们认为自己是瑶族的原因却是"承认是瑶族才能得到政府的政策照顾；承认是瑶族才能实行区域自治，自己当家做主"。

历史上，由于各种原因，许多华人移居他国，甚至为了这种移居付出极大的代价，但是当他们身在海外数世后却依旧是"洋装穿在身，依旧中国心"。西南边疆的跨境民族景颇族"文革"期间曾大量外流，而改革开放刚刚开始，他们又大量返回祖国。

在对摩梭妇女的访谈中我发现，我们让她们谈论走婚风俗的具体做法和内容时，她们都非常配合，但当你问她是否也走婚时，她们往往会表现得非常反感，甚至反问我们，"你们都不会我为什么会呢？"

以上的相关理论和事例给了我解决问题的启示，使我对开始时所提的问题有了一些粗浅的想法：除了完全基于生物性特征而形成的群体如种族群体（无选择性可言）和完全基于后天的利益一致而形成的群体如政党（无被给予性可言）之外，一般的个体对群体或次级群体单元对更高层面

[①] 参见何群《民族认同性与多民族国家民族政策的成功调整》，载《内蒙古大学学报》2001年第1期。

共同体的认同都要受到两个因素的制约，一是与生俱来的既定的"被给予"因素，二是个体后天基于对需求满足的追求所作的选择。认同过程中，主体的态度总是要在"被给予"和"选择"之间进行激荡，而激荡的结果是主体既不能无视后天对利益的追求而完全地听从于先天的安排和"被给予"，也不能彻底地摆脱先天的"被给予"的和安排的束缚而绝对自由的按照自己的需求进行理性的选择，最终的结果又只能是激荡在"被给予"和"选择"之间。

故而，就强化"中国认同"感而言，从"被给予"和"选择"入手是两条途径。就"被给予"而言，就是要强化产生这一认同的历史认同，驱除历史虚无主义的阴霾；就"选择"而言，就是要从利益的驱动作用入手，从法律和制度层面切实周到地真正做到为一定群体谋福谋利，切实满足其对合法合理需求的追逐。但这两个方面是一个整体，不可独好，不可偏废，要两手抓两手都要硬，忽视任何一面都将可能造成极其严重的后果。须知，孤独的宣传教育将变为苍白的说教而丧失说服力；一味地照顾满足又容易使受益者迷失方向而变得难以驾驭。

在"被给予"和"选择"之间对强化"中国认同"的权衡，就如在"民主"与"秩序"、"理性"与"情感"、"现代"与"传统"等对立孪生关系之间寻求平衡点一样，都是历史对我们智慧的考验。但是，我们必须注意，在强化"中国认同"问题上，"被给予"和"选择"的两手抓、两手都要硬只是一个基本原则，我们不是要在两者之间绝对地保持"中立"，而是要寻求两者的某种"平衡"。所以，这并不影响我们在一定的时期、一定的条件下在"被给予"因素和"选择"因素之间会有所侧重。

具体工作中，有两个原则可以决定我们工作的重点：其一是一定历史阶段的现实中哪种因素是稀缺或不足的，我们工作的重点就应该向其靠拢；其二是一定的历史场域下，哪种因素是"中国认同"的滋生和发展的观点最内在的根源，哪种因素就应该始终是我们工作的"中心"。

历史向我们昭示，中国独特的历史文化传统和悠久的历史过程本身，都在中国人的"中国认同"的塑造中发挥了并还在发挥着至关重要的作用，一定程度而言，其甚至是中国人"中国认同"发生的最内在根源。如果说"理性"是决定"对"与"错"，甚至是"好"与"坏"的基本标准的话，"情感"则让一切的"对错好坏"变得毫无意义，所谓"情无对错，爱有永远"讲得就是这个道理。如果说"利益"能够利用人们

"趋利避害"的天性而影响人们对一定行为的选择与否的话，那么"传统"就是那种决定"他们之所以是他们"、"我们之所以是我们"的内在根源之一。"利益"永远是相对的，"我是谁"在很大程度上能改变"利害"的性质，是利还是弊，在很大程度上与"是他"还是"是我"，"是他们的"还是"是我们的"密切联系在一起。传统不仅是决定"他们"还是"我们"的关键因素，而且还可以通过主体的身份定位而影响对"利弊"、"好坏"的判断。更重要的是，"中国认同"所面临的首要问题不是"利弊好坏"的问题，而是"是他们"还是"是我们"，"是他们的"还是"是我们的"的问题。

现实不断提醒我们，当下中国人的"中国认同"的一定程度的危机，不是由于我们缺乏理性，而是我们太过理性，以至于让理性原则占据了我们现实生活和意义世界的全部空间。理性原则的绝对优势让整个社会氛围充满了功利色彩：决定是否去做一件事情的前提，往往是要有利可图，哪怕是去维护"中国"的整体利益；只要有利可图，往往什么事情都敢去做，哪怕是去损害"中国"的整体利益。工具理性在整个社会体系中甚嚣尘上，而人们对一定价值的认同和追求却始终难以得到彰显。这甚至体现在我们对科学社会主义的追求上：社会主义制度在促进社会经济发展，尤其是中国特色社会主义在促进中国经济社会快速发展方面的成就，已经成为我们论证社会主义制度优越性的最主要依据；我们似乎忘记，科学社会主义还是我们的信仰，我们对中国特色社会主义的追求在很大程度上还有着价值认同的含义。今天，中国人"中国认同"的一定程度的危机，不是我们太过沉醉于我们的"文化大传统"而让自身陷于前进乏力的泥潭，而是我们缘于对"文化大传统"的丢失，而让自己在现代性的进程中自我迷失。即使是要在"传统"中寻求自我救赎的力量，各种亚中国的民族的、地域的"文化小传统"也往往会成为我们的首要选择，我们的"中国文化大传统"却始终无法真正发挥自身的价值和力量。

那么，我们究竟应该如何在重拾"中国文化大传统"中寻求"中国认同"的重新高涨呢？美国学者保罗·康纳顿的观点当值得我们借鉴："思想家一致认为，存在着这样一种东西，它叫作集体记忆或社会记忆。……我们会注意到，过去的形象一般会使现在的社会秩序合法化。这是一条暗示的规则：任何社会秩序下的参与者必须具有一个共同的记忆。对于过去社会的记忆在何种程度上有分歧，其成员就在何种程度上不能共享经验或者设想。"① 中国历史和文化研究的大师们在此问题上看法的惊人一致，更可以给我们以启迪。

"若一民族对其以往历史了无所知，此必为无文化之民族，此民族中之份子对其民族必无甚深之爱，必不能为其民族有奋斗而牺牲，此民族终将无争存于世之力量。""故欲知其国民对国家有深厚之爱情，必先使其国民对国家以往历史有深厚的认识。"② 这是钱穆先生对历史记忆巨大作用的强调。

要有历史认同，就必须先有共同的历史记忆。失去对共同历史的集体记忆，历史认同自然就会消失。没有了对"我们"历史的共同记忆和认同，我们又怎么分清"国为哪国"、"人为谁人"？爱国情操、民族精神等一个民族赖以生存的财富的消失也就是自然而然的事情了。这也就是龚自珍强调"灭人之国，必先去其史；隳人之枋，败人之纲纪，必先去其史；绝人之才，湮塞人之教，必先去其史"③ 的道理所在。

"民族的构成要素有物质的基础和精神的基础，前者如体质、经济生活，后者如语言、风俗和宗教信仰等皆是，像中华民族这样一个历史文化悠久的民族，其精神基础的深层结构，应是'历史的认同'……中国自古以来有敬天尊祖的文化传统，中国人的宗教意识较为淡薄，所以'历史认同'对于维系民族的凝聚力，其作用远大于以上所列的诸要素。"④ 这是台湾学者王仲孚先生在对中国历史文化的深邃洞悉中得出的结论。

"历史上都写着中国的灵魂，指示着将来的命运"⑤，这是有着"国魂"之称的鲁迅先生在面对人们忘却历史、迷失自我的现实后发出的令人振聋发聩的呐喊。

大师们不约而同地在强调共同历史记忆基础上的历史认同对于中国人"中国认同"的巨大功能和意义。当然，这种共同历史记忆基础上的历史认同包含着自我历史意识之下对我们的历史的认知和对历史认知中自我历

---

① [美] 保罗·康纳顿：《社会如何记忆》，纳日碧力戈译，上海人民出版社2000年版，第3页。
② 钱穆：《国史大纲·引论》，商务印书馆1996年版，第2—3页。
③ （清）龚自珍：《古史钩沉论二》（尊史二），《龚定盦全集类编·卷五·论辩类（中）》，世界书局1937年版，第101页。
④ 王仲孚：《历史认同与民族认同》，载《中国文化研究》1999年第3期。
⑤ 鲁迅：《华盖集·忽然想到（四）》，人民出版社1980年版，第8页。

史意识的塑造的并行不悖的、相辅相成的双向过程。这里的自我历史意识，是指"这是我们的历史"的心理感受。也就是说，当我们认识到这是"我们的历史"的时候，就会产生一种对这一历史深厚情感之上的学习、认知这一历史的需求和冲动；而在这一历史的学习和认知的过程中，通过对"我们"共同的历史记忆，也能唤起这是"我们的历史"的历史意识。也就是在这样一种"历史记忆"和"历史意识"的相互塑造中，才会形成我们的"历史认同"，而只有在历史认同的基础上，才会有我们的"中国认同"。"保留'历史记忆'必须通过一种历史意识，认为'这是我们的历史'或是'这是他们的历史'，才能产生'历史认同'；有了'历史认同'才能产生'民族认同'或'国家认同'。"[1] 王仲孚先生强调的就是这个道理。

在此尤其需要注意的是，历史记载本身既不等于集体的历史记忆，也不等于共同的历史认同，更不等于"这是我们的历史"的共同历史意识。钱穆先生指出："中国为世界上历史最完备之国家，举其特点有三。一曰悠久。从黄帝传说以来约得四千六百余年，从《古竹书纪年》载夏以来，约得三千七百余年。二者无间断。自周共和行政以下，明白有年可稽，自鲁隐公元年以下，明白有月可详。三者详密。此指史书体裁言。要别有三，一曰编年，二曰纪传，三曰纪事本末，其他不胜备举。"[2] 但是，从中国长期的封建社会中，历史知识被社会上层的垄断，到今天历史典籍和传统经卷的束之高阁，普通大众对于我们历史的认知和记忆本身就是一种极大的空白，"这是我们的历史"的历史意识极其淡薄，共同的历史对"我们"的塑造功能没有得到应有的发挥。这实为"中国历史"的一种不幸，"中国人"的一种悲哀！中国历史和现实中"数典忘祖"悲剧的不断上演便是这种不幸和悲哀的典型例证。

所以，在"这是我们的历史"的历史意识下，用"中国"的高度，而非狭隘的某个民族的眼光，或者充满极端的阶级斗争的仇恨来恢复我们的历史的原貌；在"我们的历史"的知识普及和对"我们的历史"的认知不断深化的过程中，强化我们共同的历史记忆；在共同的历史记忆基础上，不断升华"这是我们的历史"的自我历史意识和对自我历史的共同

---

[1] 王仲孚：《历史认同与民族认同》，载《中国文化研究》1999年第3期。
[2] 钱穆：《国史大纲·引论》，商务印书馆1996年版，第1页。

的"历史认同"意识；让自我历史意识和对我们历史的共同的"历史认同"意识进一步激发全体中国人的"中国认同"意识，这才是强化"中国认同"迫切而正确的路径选择。须知，一种自我的历史意识和共同的历史认同是需要长期的历史积累和世代的持续传承才能实现的，但是一种对共同的历史的忘却和对新的自我历史的意识构建往往只需要颠覆一代人就能完成。当然，强化"中国认同"的这一路径选择中，必然充满了一系列极具挑战的技术性细节难题。如如何用"中国"的高度让我们的历史充满"中国"的色彩；如何普及"中国历史"的知识；如何强化人们对中国历史的"这是我们的历史"的自我历史意识；如何在中国历史中寻找和塑造具有"中国"代表性的符号；如何探寻和赋予这些符号以"中国"含义……一系列的问题，需要全体国人充满时代责任感的持续不懈的深入探索。

我们应始终牢记，一切历史都曾经是现实，今天的现实正在造就明天的传统和历史。

三 强化"中国认同"，构建民族和谐，实现中华民族的伟大复兴

（一）"中国认同"与祖国统一

中国长期的历史发展进程中，统一始终是历史发展的主流，同时也是历史发展的趋势。但是这种历史的主流却遭受到两种情形的威胁：一种情形是，各少数民族政权与汉族政权、各地方区域性政权相互之间为争夺"中国代表权"而形成的相互对峙，这种政权林立、相互征伐的战乱局面是对中国政治文化的核心价值取向——"大一统"的一种破坏。例如，三国两晋南北朝时期的战火纷飞，五代十国辽宋夏金时期的纷乱割据。另一种情形是，某一区域性或者民族性的政权，在特定的历史背景和外来力量的怂恿、支持下，企图脱离"中国"体系而另行建国，用一种破坏"中国"本体结构和整体性的方式给祖国以致命伤害。例如，当初的外蒙古独立和今天的"台独"幽灵。

就第一种情形而言，各个地方性政权或者地域性民族政权的"独立"是极具特点的：它们的"独立"并不是针对"中国"而言的，因为这些政权也都把完成"中国的大一统"视作自己当仁不让的历史任务；它们

的"独立"是相对于中央政权、中原政权或者其他对峙政权而言的，因为它们要与这些政权争夺"中国代表权"。当然，我们这里所讲的"中国代表权"的含义指向是具有明显的历史阶段特征的：在漫长的中国古代历史过程中，"中国代表权"最主要的不是"中国"对外而言的代表权，而是中国历史自身发展进程中代表"中国正统"的资格和地位；近代以来，所谓"中国代表权"就指的是一定时期内的一定政府的"合法"地位和资格，当然，这种"合法性"不仅指对外而言的国际社会中"中国的合法代表权"，也指对内而言的自身统治的"合法性"。所以，一定意义而言，中国古代历史中各政权之间为了争夺"中国代表权"而形成的战乱纷争的局面，其并不是真正的"分裂"。某种程度来说，"中国"范围内各对峙政权之间为了争夺"中国代表权"而进行的相互间天翻地覆的搅动，也是促进中国历史不断前进的一种动力。中国古代历史中，每一次大范围的"中国代表权"激烈争斗，都会以一个新的"大一统"的鼎盛局面而结束。故而中国古代历史中，没有真正的"分裂"与"统一"的相互对立，只有"整合"时期和"统一"时期的相互更迭。另外，中国历史进程中，一个政权或者一种"革命"行为的"合法性"的取得往往需要根据以下情形进行具体判断：是否在"中国"范围内；是否在维护和发展"统一多民族中国"；是否为了推翻一个不利于"中国"发展的政权；是否营造了一个更加有利于"中国"发展的局面……

就第二种情形而言，它们的"独立"是针对"中国"而言的，它们用脱离"中国"母体的行为来肢解"中国"的肌体，破坏"中国"的完整性，对"中国"的"国本"以本质性伤害。这种"分裂"才是"中国统一"的真正对立面。纵观历史上和今天两个真正"分裂中国"的事实和阴谋，它们的某种共性可以为"祖国统一大业"的最终完成提供历史借鉴。

历史上，外蒙古的独立，是中国分裂的真正事件。虽然说外蒙的独立与沙俄的怂恿和暗中支持不无关系，但是其真正的内在推动力量，则与清政府这个曾经的"中国代表权"的拥有者崩塌之后，"中国"新的权威体系并未形成而造成的"中国"权威体系的真空密切相关。"中国"权威体系的真空，使得清朝灭亡以后，一些边疆少数民族失去了其"中国认同"的现实对象，并最终导致了外蒙古"中国认同"体系的倒塌。所以说，"中国认同"因素才是当初外蒙古独立的真正内因所在。

今天，分裂中国的又一个幽灵在台湾阴魂再现。虽然说美国对两岸关系的无理干涉是阻碍两岸一统的一个严重桎梏因素，但是两岸长期分裂给台湾人民国家认同带来的现实困惑，"台独"势力的"去中国化"和"本土主义"的历史教育给台湾人民造成的历史记忆的混乱等方面的原因可能才是台湾与祖国渐行渐远的真正根源所在。所以说，当前解决台湾问题的最为迫切的任务不是考虑何时统一、如何统一的问题，而是如何在两岸之间寻求一种真正共同性的基础，如何在两岸之间架起一座双方都认可和接受的沟通纽带的问题。我们说，"中国认同"才是两岸一统所最为需要强化的共同基础，"中国认同"才是让两岸持续有效沟通的真正纽带，"中国认同"才是扼杀"台独"势力的真正力量。

用理性主义的原则来考虑两岸关系可能会让我们误入歧途。用经济发展的办法解决两岸关系是行不通的，否则的话，难道说大陆经济在无法满足台湾地区经济期望的较长时间里，祖国一统就是一种奢望？用民主政治作为要挟，更会使两岸关系进入一种两相矛盾的困境：大政府是目前确保中国大陆快速持续发展的关键，"民主牌"又是台湾博取国际社会同情和阻延两岸谈判的最有效借口，这样的悖论下祖国如何统一？①

用理性和利益解释民族的历史和文化从来都没有获得过真正的成功。中国方面在台湾问题上感情因素极强，虽然还不及美国对民主的感情投入，但却是实实在在的。② 邓小平曾经就台湾为什么要同祖国大陆统一的问题回答说："这首先是个民族问题，民族的感情问题。凡是中华民族子孙，都希望中国能统一，分裂状况是违背民族意志的。"③

所以，强化"中国认同"才能夯实两岸一统的真实基础，强化"中国认同"才能加强两岸沟通的真正纽带，强化"中国认同"才是遏止"台独"，使台湾回归祖国的真正力量。

（二）"中国认同"与民族和谐

"和谐"不仅是中国历史文化传统的社会哲学，也是当代中国社会发展的现实目标，还是今天中国共产党的施政纲领。那么，"和谐"究竟包

---

① ［美］王飞凌：《海峡两岸的民族主义及其前景》，载《战略与管理》2000年第4期。

② ［美］弗兰茨·舒尔曼：《中美关系：在价值和利益之间的抉择》，钱俊译，载《战略与管理》1997年第3期。

③ 《邓小平文选》第3卷，人民出版社1993年版，第170页。

括哪些维度呢？从人类社会的结构来看，在纵向维度上，缘于物质和社会地位的差距，人类社会被划分为若干个社会阶级和阶层；在横向维度上，缘于历史文化和社会传统的差异，人类社会又被划分为诸多的族别和族类。所以，简单地讲，所谓的"和谐"不仅应该包括纵向维度的阶层间的和谐，还应该包括横向维度的族际间的和谐，当然族际和谐又可以划分为国内族际和谐和国际两者不同"国家民族"层面的族际和谐。总之，对统一多民族中国而言，构建国内"民族和谐"是构建"社会和谐"的当然内容和必然任务。

构建"民族和谐"必然要面对合适的路径选择问题。纵观历史和现实，世界各国构建各自国内"民族和谐"之路的具体探索，大概可以分为以下几种进路：

第一种进路是，用解决社会纵向维度不同阶级阶层矛盾的社会整合的办法来实现社会横向维度不同族类的和谐。我们耳熟能详的"阶级斗争为纲"和"经济建设为中心"都属于这一进路。无论是阶级斗争还是发展经济，从本质上来看，都以完成社会纵向的不同阶级阶层间的矛盾整合为直接目标，都应隶属于社会纵向矛盾的整合方法。阶级斗争是用一个阶级推翻另一个阶级的办法，实现社会秩序的重构；发展经济是用拉近社会纵向维度不同阶层经济差距的办法，实现社会矛盾的调和。但是这两种解决社会纵向分层矛盾问题的方法却又在一定程度上对解决社会横向分类差异冲突具有客观实效。就阶级斗争而言，中国共产党领导全国各族人民进行的长期的革命斗争中，甚至是新中国成立以后很长一段时期内，这一方法就对国内的民族整合起到了相当大的客观作用。阶级斗争在对极少数剥削者进行革命的同时，把绝大多数被剥削者纳入了一个共同的"革命者"的同盟中，这种共同的"革命者"的身份明显地淡化了个体的族类差异。这种阶级斗争的方法甚至还被应用到了国际关系领域。在与国际范围的剥削阶级和剥削民族进行革命斗争的过程中，几乎整个"中国人"都被纳入了"革命者"的战线之中，同样，"革命民族"的身份把个体的族类差异意识消弭得所剩无几。看来，阶级斗争方式无疑是充分利用了放大或者彰显纵向阶层不平等的方法，达到了消弭或者淡化横向的族类差异的效果，从而在一定程度上实现了国内的"民族和谐"。就发展经济而言，欧美各国构建民族国家的历程与它们追求现代化的过程相辅相成，便是这种方法对于国内"民族和谐"巨大功能的生动例证。一方面，经济发展的确在一定程度上拉近了这些国家不同族类在经济方面的差异，用经济发展的某种平衡来掩盖或者淡化不同族类间文化和传统的差异。另一方面，国际范围内，本国不同族类在经济方面的共同发展，会使它们在经济领域取得一定程度的对他国而言的某种相对优势，这种优势对于提升本国各族类共同的自豪感和优越感具有巨大功能，不同族类的人们会因为自己是某国人而共同自豪的同时，会认为自己这种现实利益的获得是自己的国家身份而非族类身份带来的，族类身份的观念淡化了，国家身份的观念高涨了，民族国家的构建便是自然而然的事情了。同时，欧美各国极力发展本国资本主义经济的时候，因为利益争夺，与其他各国矛盾的激化在所难免，这些国家把对本国利益维护的国家功能发挥到了极致，这些国家的所有族类的经济边疆与国家的政治边界高度地重合了，利益共同体的身份无疑也在加剧各国的文化差异，国内族类差异整合的历史任务在追求现代化的每一次前进中一步步地得到实现。可见，发展经济的方法充分利用了经济驱动的功能，用利益共同体的身份淡化了文化差异的族类身份，用经济发展的边界和国家的边界的二位重合所发生的共振，实现了民族国家的构建。

第二种进路是，根据横向维度的不同类型群体的边界的间隔，利用其他类型的横向群体的共同性去覆盖族类差异边界的办法，实现国内的"民族和谐"。譬如说，横向维度而言，根据不同的标准，可以划分出不同的群体类型。例如根据地域共同性而划分的不同的地域群体，根据文化差异而划分的不同的族群群体，等等。需要特别注意的是，虽然有着横向维度的不同类型的群体间的边界重合的现象存在，但是就一国国内的大多数情况而言，横向维度的不同类型的群体的边界往往是相互间隔的（国家也必须让它们相互间隔）。也就是说，就大多数情况而言，不同地域共同体间的边界往往恰恰就在某一文化共同体内部，或者不同文化共同体的边界又恰恰就在某一地域共同体内部。在统一多民族中国内部，在长期的历史进程中，我们的祖先给当代中国人留下了一笔非常宝贵的财富：中国内部行政区划的犬牙交错，中国内部各民族分布格局的大杂居、交错杂居……这样一来，今天我们就完全有可能通过强调和彰显某一地域共同体的办法，达到在一定程度上消弭和淡化这一地域范围内不同族类差异的效果。周平老师在其近几年来的系列大作中，也隐约地表达了这样的观点。例如在《中国的边疆治理：族际主义还是区域主义？》一文中老师就认为："今天，随着边疆形式的变化和边疆问题的转型，边疆治理应该构建一种区域主义的治理模式,增强自身的效能。"① 虽然作者谈论的视角是边疆治理,本章谈论的是民族和谐的话题,但就内在逻辑而言,还是具有一定程度上的一致性的。

但是,在看到这两种进路取得一定积极效果的同时,它们各自所存在的巨大隐患更值得我们警惕。

就第一种进路而言,无论是阶级斗争还是发展经济,其本质属于社会纵向维度的阶层矛盾的整合方法。用隶属社会纵向矛盾整合的方法可能会在客观上取得一定程度的社会横向维度的差异整合的效果,但这种效果必然会受到缘于本质差异而带来的局限。具体来说,阶级斗争这种属于革命时代的社会整合方式,在和平时期是否适用,其对于社会发展所带来的致命影响,可能会让我们陷入一种用牺牲发展而换取稳定的病态逻辑之中。更可怕的是,革命者的共同性虽可能会在一定程度上淡化革命者内部的族类差异意识,但是在实践中,阶级斗争的方式同样也可能让一定的民族单元同时成为一个革命者的同盟。一国内部,当民族的边界与阶级的边界二位重合的时候,民族分裂主义的激情必然不可遏制。再就发展经济的方法而言,这明显的是拉近社会纵向分层的典型方法,消除分层差距的方法是否真正具有弥合分类差异的功能,本身就很是值得怀疑。特别是当发展经济的进程中民族单元间经济发展的不平衡性越来越突出的时候,一旦出现一定民族单元的边界与经济发展的先进与落后的边界重合的时候,无论是经济发达的民族还是经济滞后的民族,都会产生一种被剥夺感。经济先进者由于过多义务的承担而备感不公,经济滞后会将自己的遭遇和国家政策进行各种想象和联系。这样,无论是最富的地区还是最穷的地区,都对共同体的维系失去兴趣和信心。②

第二种进路而言,用属于社会横向差异整合的办法实现民族和谐的构建,是符合逻辑的,在理论上也是讲得通的,但在实践层面必将遭遇极大的技术性难题。例如,用区域的边界和民族的边界相间隔的特点,用一定区域的共同性来达到对区域内不同民族边界的弥合的理论如果要付诸实践,那么,我们应采取哪一层面的区域?是省级的行政区划,还是州一级的民族地方,或者是县、乡?我们何以保证这个区域内民族单元的规模与

---

① 周平:《中国的边疆治理:族际主义还是区域主义?》,载《思想战线》2008年第3期。
② 王绍光:《分权的底线》,中国计划出版社1997年版,第75页。

数量？我们何以保证强调区域共同性的办法带来的一定是民族差异的淡化而不是地方主义的高涨？我们何以保证区域的边界不会与一定民族的边界相重合？历史和现实对告诉我们，任何民族的分裂行径最终都是要寻求一定地域支持和依托的。我们何以保证这种方法是在剥离这种地域依托而不是为民族分裂主义制造地域依托？

其实，我们不难发现，阶级斗争之所以能够在一定程度带来国内各民族联合的效果，相当程度上是因为具有国外更大的压迫民族的参照存在；经济发展之所以一定程度上能够淡化国内的族别意识，也总是和一个国家内各民族单元利益的相互关联密切相关。一定区域内各民族单元的相互和谐，不是由于地域的共同性掩盖的民族的差异性，而是由于地域共同性本身。中华大地上不同族类之间为什么总是比较容易产生一种相互的亲近感，哪怕他们分别处于相隔甚远的中华大地不同方向的边缘；不同国家同一跨境民族也往往会有一种陌生感，哪怕他们的居住地在空间距离上近在咫尺。因为中华大地上的不同族类本身也同属于基于中华大地而形成的地域共同体；同一跨境民族的不同部分又分别属于不同的地域共同体。看来，这两种进路之所以能够在一定程度上发挥民族整合的功能，完全是利用了更高层面的共同体的凝聚作用。

我们所要构建的民族和谐，是一种差异基础上的"多元并存"、"和而不同"，而不是消除差异本身所建立的"同质稳定"。一种能够真正实现"多元"与"一体"辩证平衡的格局，必然要在对超越各民族单元本身的更高层次的共同体的构建中才能实现。对我们而言，这个更高层面的共同体无疑就是各民族人民共同创造、共同拥有的"中国"。而实现这个更高层面共同体凝聚和发展的最直接的精神力量无疑就是"中国认同"。

所以，只有"中国"这个更高层面的共同体，才能在保证各民族及其文化传统多元存在的同时，用相互间的"一体"去构建彼此间的"和谐"。只有"中国认同"这种各民族共同皈依的精神力量，才能把相互和谐共存的中国各民族凝聚为坚如磐石的一体。

总之，"中国认同"才是构建国内民族和谐的真正桥梁和力量。

（三）"中国认同"与中华民族21世纪的繁荣昌盛

当今时代是一个以"和平与发展"作为主题的时代，但这个时代既不太平也亟待发展；当今世界是一个经济一体化的世界，但经济一体不仅没有让各族类间的差异淡化,对自身经济利益的追求反而让不同族类间的边界更加不可逾越;追求"世界和谐"理应成为我们的目标,但对未来的憧憬却无法否定国家间竞争愈演愈烈的现实……

从20世纪末到21世纪初,有一位社会学家用自己的著作不停地震撼这个世界并拷问人们的心灵。他用自己的理论解释着这个世界,也让这个世界深深地拓上了自己理论的烙印。他就是美国当代著名学者塞缪尔·亨廷顿。在《文明的冲突与世界秩序的重建》①中,他极力地论证"文明的差异"才是当今世界冲突的内在根源和本质。在《我们是谁?——美国国家特性的挑战》②中,他又极力鼓吹"美国特性"对于美国国家的意义和功能。斯人已逝,但其理论对世人思想带来的巨大冲击却久久难以平息。在顶礼膜拜和嗤之以鼻的激烈交锋中,无论是赞叹者还是反对者都无法否认这样一个事实:在当今世界激烈争锋的国际格局当中,国家精神和国家认同在一个民族跻身并屹立于世界民族之林的征程中越来越发挥着难以估量的作用。

近代以来,时代赋予了中华民族和中国人民两大相互区别却又密切联系的历史任务:求得民族独立和人民解放,实现国家繁荣富强与人民共同富裕。就前者而言,它具有明显的民族主义运动的性质,要用中华民族的民族主义运动,摆脱"中国"受剥削、受压迫、受凌辱的历史和地位,使中华民族和中国人民以平等的地位跻身于世界民族之林。就后者而言,它具有明显的追求现代化的性质,要用中华民族和中国人民追求现代化的路径,实现中华民族"国强民富"的世代梦想。然而,这两大历史任务的实现,均以全体中华民族成员对伟大"中国"祖国的认同归属和情感升华为基础和前提条件。没有对"中国"的归属意识和深厚感情,民族危难中我们何以同仇敌忾、前赴后继?没有对"中国"的归属意识和深厚情感,民族振兴中我们又何以为其未来的前途和命运殚精竭虑,自觉地投入中华民族腾飞大业的征程之中。

强化"中国认同",才真正地激发了整个中华民族在实现民族独立和人民解放事业中的深切责任和历史使命;强化"中国认同",才能真正实

---

① [美]塞缪尔·亨廷顿:《文明的冲突与世界秩序的重建》,周琪等译,新华出版社1998年版。

② [美]塞缪尔·亨廷顿:《我们是谁?美国国家特性面临的挑战》,程克雄译,新华出版社2005年版。

现全体中国人在追求现代化进程中的自觉投入和万丈豪情。只有强化"中国认同",才能让民族主义和现代化这当代中国的两大政治运动完美统一。"中国认同"是中华民族伟大复兴的重要力量保证。

总之,让"中国认同"成为一条纽带,维系起中国各民族的患难与共、血脉相融;让"中国认同"成为一座桥梁,通向中国各民族的和谐共处和祖国统一大业的最终完成;让"中国认同"成为一种力量,振奋着我们实现中华民族的伟大复兴!

参考文献

（一）历史文献

1. 陈戌国校注：《诗经校注》，岳麓书社 2004 年版。
2. 陈戌国校注：《尚书校注》，岳麓书社 2004 年版。
3. 陈戌国校注：《周礼·仪礼·礼记》，岳麓书社 2006 年版。
4. 郭璞注：《尔雅》，中华书局 1985 年版。
5. （春秋）左丘明：《左传》，陕西旅游出版社 2003 年版。
6. （春秋）左丘明撰，焦杰校点：《国语》，辽宁教育出版社 1997 年版。
7. （战国）庄周撰，王岩峻、吉云译注：《庄子》，山西古籍出版社 2003 年版。
8. （宋）朱熹集注：《孟子》，首都经济贸易大学出版社 2007 年版。
9. （战国）吕不韦：《吕氏春秋》，陕西旅游出版社 2002 年版。
10. （西汉）刘向撰，宋韬译注：《战国策》，山西古籍出版社 2003 年版。
11. （西汉）司马迁撰，（南朝·宋）裴骃集解，（唐朝）司马贞索隐，（唐朝）张守节正义：《史记》，中州古籍出版社 1991 年版。
12. （西汉）孔安国撰，（唐）孔颖达等正义：《尚书正义》，上海古籍出版社 1990 年版。
13. （东汉）许慎：《说文解字》，中华书局 1963 年版。
14. （东汉）班固撰，（唐）颜师古注：《汉书》，中州古籍出版社 1991 年版。
15. （南朝·宋）范晔、（西晋）司马彪撰：《后汉书》，岳麓书社 1994 年版。
16. （西晋）陈寿撰：《三国志》，中州古籍出版社 1996 年版。
17. （唐）房玄龄等撰：《晋书》，吉林人民出版社 1995 年版。
18. （南朝·梁）沈约撰：《宋书》，中华书局 2000 年版。

19. （南朝·梁）萧子显撰，陈苏镇等标点：《南齐书》，吉林人民出版社1995年版。
20. （南朝·梁）释慧皎撰，汤用彤校注，汤一玄整理：《高僧传》，中华书局1992年版。
21. （唐）姚思廉：《梁书》，中华书局2000年版。
22. （唐）姚思廉：《陈书》，中华书局2000年版。
23. （北齐）魏收：《魏书》，吉林人民出版社1995年版。
24. （唐）李百药：《北齐书》，中华书局2000年版。
25. （唐）令狐德棻等：《周书》，中华书局2000年版。
26. （唐）魏征等：《隋书》，中华书店1973年版。
27. （唐）李延寿：《南史》，吉林人民出版社1995年版。
28. （唐）李延寿：《北史》，吉林人民出版社1995年版。
29. （唐）韩愈撰，马其昶校注：《韩昌黎文集校注》，上海古籍出版社1987年版。
30. （后晋）刘昫等：《旧唐书》，吉林人民出版社1995年版。
31. （宋）司马光等：《资治通鉴》，远方出版社2001年版。
32. （宋）欧阳修、宋祁：《新唐书》，中华书局1975年版。
33. （宋）薛居正等：《旧五代史》，中华书局1976年版。
34. （宋）欧阳、（宋）徐无党注：《新五代史》，中华书局2000年版。
35. （宋）欧阳修：《欧阳永叔集1 欧阳文忠公集 居士集 卷15》，商务印书馆，影印本。
36. （宋）李昉等：《太平御览》，中华书局1960年版。
37. （南宋）罗泌：《路史》，北京图书出版社2003年版。
38. （元）脱脱等：《宋史》，中华书局1977年版。
39. （元）脱脱等：《辽史》，中华书局2000年版。
40. （元）脱脱等：《金史》，吉林人民出版社1995年版。
41. （元）郝经：《陵川集》，山西古籍出版社2006年版。
42. （元）郭松年撰，王叔武校注：《大理行记校注》，云南民族出版社1986年版。
43. （明）宋濂等：《元史》，吉林人民出版社1995年版。
44. （台北）"中央研究院"历史语言研究所编：《明实录1 明太祖实录 卷一至二十五》，影印本。

45. （清）张廷玉等：《明史》，中华书局2000年版。
46. （清）雍正皇帝：《大义觉迷录》，北方妇女儿童出版社2001年版。
47. 孔昭明编：《台湾文献史料丛刊（第4辑）·62清世宗实录选辑》，台湾大通书局1984年版。
48. （清）龚自珍：《龚定盦全集类编》，世界书局1937年版。
49. （清）毕沅：《继资治通鉴》，团结出版社1996年版。
50. （清）梁启超撰，吴松、卢云昆、王文光、段炳昌点校：《饮冰室文集点校》，云南教育出版社2001年版。
51. （晚清、民国）赵尔巽等撰，许凯等标点：《清史稿》，吉林人民出版社1995年版。
52. （民国）柯劭忞：《新元史》，中国书店1998年版。

（二）中文著作

1. 宁骚：《民族与国家——民族关系与民族政策的国际比较》，北京大学出版社1995年版。
2. 张植荣：《中国边疆与民族问题——当代中国的挑战及其历史由来》，北京大学出版社2005年版。
3. 中共中央统战部编：《民族问题汇编》，中共中央党校出版社1991年版。
4. 《毛泽东选集》第五卷，人民出版社1977年版。
5. 《邓小平文选》第一卷，人民出版社1989年版。
6. 《江泽民文选》第一卷，人民出版社2006年版。
7. 《江泽民文选》第二卷，人民出版社2006年版。
8. 陈连开：《求同初阶》，中央民族大学出版社2008年版。
9. 费孝通主编：《中华民族多元一体格局》，中央民族大学出版社1999年版。
10. 萧君和主编：《中华民族族体论》，民族出版社1999年版。
11. 卢勋：《中华民族凝聚力的形成与发展》，社会科学文献出版社2007年版。
12. 徐杰舜：《汉民族发展史》，四川民族出版社1992年版。
13. 《列宁全集》第19卷，人民出版社1958年版。
14. 《列宁全集》第20卷，人民出版社1958年版。

15. 梁漱溟：《中国文化要义》，上海人民出版社 2005 年版。
16. 中华书局编辑部：《中华学术论集》，中华书局 1981 年版。
17. 费孝通：《费孝通民族研究文集》，民族出版社 1988 年版。
18. 何志虎：《中国得名与中国观的历史嬗变》，三秦出版社 2002 年版。
19. 任新民：《云南少数民族地区梯度结构与人力资源梯次开发》，云南大学出版社 2001 年版。
20. 王彦斌：《管理中的组织认同》，人民出版社 2004 年版。
21. 廖德广：《南诏德化碑探究》，云南民族出版社 2006 年版。
22. 汪晖、陈燕谷主编：《文化与公共性》，生活·读书·新知三联书店 2005 年第 2 版。
23. 顾肃：《自由主义的基本理念》，中央编译出版社 2003 年版。
24. 刘军宁：《共和·民主·宪政》，上海三联书店 1998 年版。
25. 中国社科院苏联东欧研究所、国家民委政策研究室编译：《苏联民族问题文献选编》，社会科学文献出版社 1987 年版。
26. 高放：《科学社会主义理论与实践》，中国人民大学出版社 1990 年版。
27. 张枬、王忍之：《辛亥革命前十年间时论选集》，生活·读书·新知三联书店 1963 年版。
28. 汤志钧编：《康有为政论集》，中华书局 1981 年版。
29. 张海洋：《中国的多元文化与中国人的认同》，民族出版社 2006 年版。
30. 梁启超：《中国历史研究法》，华东师范大学出版社 1995 年版。
31. 宋蜀华、白振生：《民族学理论与方法》，中央民族大学出版社 1998 年版。
32. 北京大学社会学人类学研究所编：《社区与功能——派克、布朗社会学文集及学记》，北京大学出版社 2002 年版。
33. 林卓才、林佐良等主编：《增强中华民族凝聚力第二次学术研讨会论文集》，香港汉荣书局 1992 年版。
34. 刘鸿武：《人文科学引论》，中国社会科学出版社 2002 年版。
35. 陈连开：《中华民族研究初探》，知识出版社 1994 年版。
36. 王震中：《中国文明起源的比较研究》，陕西人民出版社 1994 年版。
37. 苏秉琦：《中国文明起源新探》，商务印书馆 1997 年版。
38. 胡兴东：《生存范式：理性与传统——元明清时期南方民族法律变迁研究》，中国社会科学出版社 2005 年版。

参考文献　245

39. 马戎：《民族与社会发展》，民族出版社 2001 年版。
40. 《毛泽东选集》第一卷，人民出版社 1964 年版。
41. 钱玄、钱兴奇：《礼记译著》，岳麓书社 2000 年版。
42. 《中国大百科全书·民族卷》，中国大百科全书出版社 1986 年版。
43. 韩锦春、李毅夫：《汉文"民族"一词考源资料》，中国社会科学院民族研究所民族理论研究室印，1985 年。
44. 《孙中山选集》，人民出版社 1981 年版。
45. 《斯大林全集》第 2 卷，人民出版社 1962 年版。
46. 胡焕庸：《胡焕庸人口地理选集》，中国财政经济出版社 1990 年版。
47. 方北辰：《〈三国志〉注译》，陕西人民出版社 1995 年版。
48. 王铁崖：《中外旧约章汇编》（第一册），生活·读书·新知三联书店 1982 年版。
49. 《孙中山全集》，中华书局 1984 年版。
50. 车文博：《弗洛伊德主义原理选辑》，辽宁人民出版社 1988 年版。
51. 梁丽萍：《中国人的宗教心理》，社会科学文献出版社 2004 年版。
52. 张春兴：《张氏心理学词典》，上海辞书出版社 1992 版。
53. 周晓虹：《中国中产阶层调查》，社会科学文献出版社 2004 年版。
54. 费穗宇、张潘仕主编：《社会心理学辞典》，河北人民出版社 1988 版。
55. 沙莲香主编：《社会心理学》，中国人民大学出版社 2002 年版。
56. 王恩涌：《政治地理学》，高等教育出版社 1998 年版。
57. 杨圣敏主编：《中国民族志》，中央民族大学出版社 2003 年版。
58. 傅筑夫：《中国古代经济史概论》，中国社会科学出版社 1981 年版。
59. 《毛泽东文选》第七卷，人民出版社 1999 年版。
60. 编写组：《云南各族古代史略》，云南人民出版社 1977 年版。
61. 白翠琴：《魏晋南北朝民族史》，四川民族出版社 1996 年版。
62. 伍雄武：《中华民族的形成与凝聚新论》，云南人民出版社 2000 年版。
63. 王辅仁、索文清：《藏族史要》，四川人民出版社 1980 年版。
64. 《毛泽东选集》第二卷，人民出版社 1964 年版。
65. 罗开云：《中国少数民族革命史》，中国社会科学出版社 2003 年版。
66. 《苗族简史》编写组：《苗族简史》，贵州人民出版社 1985 年版。
67. 德宏傣族景颇族自治州州志编纂委员会编：《德宏州志》，德宏民族出版社 1994 年版。

68. 陈理、彭武麟:《中国近代边疆民族问题研究》,中央民族大学出版社 2008 年版。
69. 中国第二历史档案馆编:《中华民国史档案资料汇编》第 2 辑,江苏古籍出版社 1991 年版。
70. 王春霞:《"排满"与民族主义》,社会科学文献出版社 2005 年。
71. 内蒙古图书馆编:《内蒙古历史文献丛书》,远方出版社 2007 年版。
72. 刘思慕:《中国边疆问题讲话》,生活书店 1937 年版。
73. 张大东:《中华民族释义》,军训部西南济南干训班印,1941 年。
74. 梁启超:《饮冰室合集:专集之四十一》,中华书局 1989 年版。
75. 林语堂:《中国人》,学林出版社 1994 年版。
76. 中国社会科学院人口研究中心:《中国人口年鉴》(1985),中国社会科学出版社 1986 年版。
77. 《邓小平文选》第三卷,人民出版社 1993 年版。
78. 徐杰舜主编:《中国民族团结考察报告》,民族出版社 2004 年版。
79. 徐志宏、秦宣主编:《邓小平理论与"三个代表"重要思想概论》,中国人民大学出版社 2003 年版。
80. 周恩来:《关于西北地区的民族工作》,载《中国共产党主要领导人论民族问题》,民族出版社 1994 年版。
81. 张玉堂:《利益论:关于利益冲突与协调问题的研究》,武汉大学出版社 2001 年版。
82. 编写组:《"三个代表"重要思想关于民族问题的理论学习纲要》,学习出版社 2004 年版。
83. 王绍光:《分权的底线》,中国计划出版社 1997 年版。
84. 钱穆:《国史大纲·引论》,商务印书馆 1996 年版。
85. 台湾历史学会编:《国家认同论文集》,稻乡出版社 2001 年版。
86. 石之瑜:《后现代的国家认同》,世界书局 1995 年版。
87. "中央研究院"近代历史研究所编:《认同与国家:近代中西历史的比较》,台北中央研究院出版社 1994 年版。
88. 任军锋:《地域本位与国族认同:美国政治发展中的区域结构分析》,天津人民出版社 2004 年版。
89. 江宜桦:《自由主义、民族主义与国家认同》,扬智文化事业股份有限公司 1998 年版。

90. 张茂桂:《族群关系与国家认同》,叶强出版社1993年版。
91. 施正锋编:《民族认同与台湾独立》,前卫出版社1995年版。
92. 葛永光:《文化多元主义与国家整合:兼论中国认同的形成与挑战》,正中书局1991年版。
93. 郑晓云:《文化认同与文化变迁》,中国社会科学出版社1992年版。
94. 陆忠伟主编:《非传统安全论》,时事出版社2003年版。
95. 钱乘旦、陈意新:《走向现代国家之路》,四川人民出版社1987年版。
96. 复旦大学历史学系、复旦大学中外现代化进程研究中心编:《近代中国的国家形象与国家认同》,上海古籍出版社2003年版。
97. 胡传胜:《观念的力量:与柏林对话》,四川人民出版社2002年版。
98. 王建娥、陈建樾等:《族际政治与现代民族国家》,社会科学文献出版社2004年版。
99. 王勤:《非理性的价值及其引导——社会发展视野里的非理性问题研究》,中共中央党校出版社2001年版。
100. 李惠斌主编:《全球化:中国道路》,社会科学文献出版社2003年版。
101. 尹保云:《现代化通病》,天津人民出版社1999年版。
102. 马戎著:《民族与社会发展》,民族出版社2001年版。
103. 《马克思恩格斯选集》第一卷,人民出版社1995年版。
104. 燕京学社主编:《全球化与文明对话》,江苏教育出版社2004年版。
105. 李宏图:《西欧近代民族主义思潮研究》,上海社会科学院出版社1997年版。
106. 徐迅:《民族主义》,中国社会科学出版社1998年版。
107. 王成兵:《当代认同危机的人学解读》,中国社会科学出版社2004年版。
108. 彭怀恩:《中国政治文化的转型——台湾政治心理倾向》,风云论坛出版社1992年版。
109. 《马克思恩格斯论民族问题》上下册,民族出版社1987年版。
110. 《列宁论民族问题》上下册,民族出版社1987年版。
111. 《斯大林论民族问题》,民族出版社1990年版。
112. 刘先照主编:《中国共产党主要领导人论民族问题》,民族出版社1994年版。

113. 国家民委编写组:《中国共产党第三代领导集体民族理论学习纲要》,民族出版社 2002 年版。

(三) 中文论文

1. 朱伦:《论"民族国家"与"多民族国家"》,载《世界民族》1997 年第 3 期。
2. 周平:《论中国民族国家的构建》,载《当代中国政治研究报告 VI》。
3. 朱伦:《西方的"族体"概念系统——从"族群"概念在中国的应用错位说起》,载《中国社会科学》2005 年第 4 期。
4. 许纪霖:《共和爱国主义与文化民族主义:现代中国两种民族国家认同观》,《华东师范大学学报》(哲学社会科学版) 2006 年第 4 期。
5. 常士闇:《民族政治与多民族国家的政治整合——当代西方族群政治论局限与中国和谐民族观的意义》,载《中共福建省委党校学报》2006 年第 3 期。
6. 郭永学:《原苏联与前南斯拉夫民族政策的比较》,载《东欧中亚研究》2000 年第 4 期。
7. 陈连开:《中华民族研究的理论与方法》,载《西北民族研究》1990 年第 2 期。
8. 徐杰舜:《论中华民族从多元走向一体》,载《西北民族大学学报》2007 年第 6 期。
9. 徐杰舜:《结构与过程:再论论中华民族从多元走向一体》,载《西北民族大学学报》2008 年第 1 期。
10. 徐杰舜:《"中华民族多元一体格局"理论研究述评》,载《民族研究》2008 年第 2 期。
11. 白寿彝:《关于"多民族统一国家"的几点体会》,载《史学史研究》1991 年第 2 期。
12. 纳麒:《关于中国民族及其文化的几个观点——在 2003 年昆明汉民族研究学术讨论会上的发言》,载《云南社会科学》2003 年第 6 期。
13. 2004 年 3 月 14 日第十届全国人民代表大会第二次会议通过的中华人民共和国宪法修正案全文,参见新华网:http://news.xinhuanet.com/newscenter/2004-03/15/content_1367387.htm。
14. 何博:《边疆少数民族"中国认同"缘起初探》,载《云南社会科学》

2008 年第 3 期。

15. 胡锦涛:《在中央民族工作会议暨国务院第四次全国民族团结进步表彰大会上的讲话》,参见 http：//www. gov. cn/ldhd/2005 - 05/28/content_ 9533. htm。

16. 徐新建:《从边疆到腹地：中国多元民族的不同类型》,载《广西民族学院学报》(哲学社会科学版) 2001 年第 6 期。

17. 林超民:《汉族移民与云南统一》,载《云南民族学院学报》(哲学社会科学版) 2005 年第 3 期。

18. 金天明、王庆仁:《"民族"一词在我国的出现及使用问题》,载《社会科学辑刊》1981 年第 4 期。

19. 何博:《从周代殷商看"征服产生封建主义"》,载《新疆石油教育学院学报》2003 年第 3 期。

20. 周丽英:《浅析语境与翻译》,载《中国青年政治学院学报》1998 年第 2 期。

21. 牙含章、孙青:《建国以来民族理论战线的一场论战》,载《民族研究》1979 年第 2 期。

22. 翟胜德:《民族译谈》,载《世界民族》1999 年第 2 期。

23. 阮西湖:《民族一词在英文中如何表述》,载《世界民族》2001 年第 6 期。

24. 纳麒:《关于中国民族及其文化的几个观点》,载《云南社会科学》2003 年第 6 期。

25. 勿日汗:《蒙古族母亲和她们的上海孤儿们》,新华网内蒙古频道,http：//www. nmg. xinhuanet. com。

26. 王亚鹏:《少数民族认同研究的现状》,载《心理科学进展》2002 年第 1 期。

27. 李继利:《汉族、藏族和回族大学生族群认同与群际归因的跨文化研究》,硕士学位论文,西北师范大学,2002 年。

28. 何博:《中华民族的"中国认同"意识及其影响因素》,载《云南社会科学》2006 年第 4 期。

29. 胡小安:《西南少数民族同根意识刍议》,载《广西民族学院学报》2001 年 12 月社会科学专辑。

30. 常金仓:《中国神话学的基本问题：神话的历史化还是历史的神话

化》,载《陕西师范大学学报》2003年第3期。
31. 李资源:《论抗战时期我国少数民族的抗日斗争》,载《中南民族学院学报》1985年第4期。
32. 熊坤新:《中国少数民族的抗日斗争》,载《炎黄春秋》2006年第6期。
33. 谢本书:《云南各族人民对抗日战争的重大贡献》,载《云南民族学院学报》1985年第3期。
34. 李全中:《四川少数民族对抗日战争的贡献》,载《西南民族学院学报》1987年第4期。
35. 江应樑:《广东瑶人之今昔观》,载《民俗》,1937年第1期。
36. 芮逸夫:《中华民族解》,载《人文科学学报》,1942年第12期。
37. 刘新华:《论抗日战争时期民族意识的空前觉醒》,载《湖北社会科学》2006年第4期。
38. 齐思和:《民族与种族》,载《禹贡》,1937年第7期。
39. 顾颉刚:《中华民族是一个》,载《益世报·边疆周刊》(昆明),1939年第9期。
40. 黄举安:《中华民族是整个的》,载《蒙藏月报》1941年第6期。
41. 费孝通:《关于民族问题讨论》,载《益世报·边疆周刊》(昆明),1939年第19期。
42. 翦伯赞:《论中华民族与民族主义》,载《中苏文化》,1940年第6期。
43. 纳麒:《略论中国社会主义建设的三种"社会发展模式"》,载《云南社会科学》2003年理论专辑。
44. 纳麒:《西部民族地区社会发展优先战略的选择》,在2006年"云南论坛"上的演讲。(录音)
45. 李德洙:《关于新时期我国的民族问题》,《中央党校报告选》2000年第3期。
46. 鲁刚:《现阶段我国少数民族人口发展的回顾与展望》,载《云南社会科学》2005年第4期。
47. 谷禾、谭庆莉:《学校教育与云南跨境民族身份认同的塑造》,载《云南社会科学》2008年第1期。
48. 周平:《论中国的国家认同建设》,载《学术探索》2009年第6期。

49. 周平：《民族政策的价值取向及我国民族政策价值取向的调整》，载《学术探索》2002 年第 6 期。
50. 李达梁：《符号、历史记忆与民族认同》，载《读书》2001 年第 5 期。
51. 《人民日报》（海外版），《和谐云南》，摘自 http://news.sohu.com/20080316/n255730322.shtml。
52. 陈晓靖：《从需求角度看我国的民族认同》，载《新疆大学学报》（哲学社会科学版）2006 年第 1 期。
53. 岳龙：《现代性语境中的传统》，博士学位论文，华东师范大学，2001 年。
54. 朱维铮：《传统文化与文化传统》，载《复旦大学学报》（社会科学版）1987 年第 1 期。
55. 王立新：《美国国家认同的形成及其对美国外交的影响》，载《历史研究》2003 年第 4 期。
56. 郭艳：《全球化语境下的国家认同》，博士学位论文，中共中央党校，2005 年。
57. 王仲孚：《历史认同与民族认同》，载《中国文化研究》1999 年第 3 期。
58. 王明珂：《台湾与中国的历史记忆与失忆》，《历史月刊》（台湾）总第 105 期，1996 年。
59. 何群：《民族认同性与多民族国家民族政策的成功调整》，载《内蒙古大学学报》2001 年第 1 期。
60. 周平：《中国的边疆治理：族际主义还是区域主义?》，载《思想战线》2008 年第 3 期。

（四）外文译著

1. ［英］厄内斯特·盖尔纳：《民族与民族主义》，韩红译，中央编译出版社 2002 年版。
2. ［美］阿·托夫勒：《第三次浪潮》，朱志焱等译，生活·读书·新知三联书店 1984 年版。
3. ［法］邦雅曼·贡斯当：《古代人的自由与现代人的自由》，阎克文、刘满贵译，上海人民出版社 1999 年版。
4. ［加］威尔·金里卡：《少数的权利：民族主义、多元文化主义和公民》，邓红风译，上海世纪出版社2005年版。

5. ［美］菲利克斯·格罗斯：《公民与国家》，王建娥等译，新华出版社2003年版。

6. ［英］约翰·S. 密尔：《代议制政府》，汪瑄译，商务印书馆1997年版。

7. ［加］威尔·金里卡：《当代政治哲学》，刘莘译，上海三联书店2004年版。

8. ［加］威尔·金里卡：《自由主义、社群与文化》，应奇、葛水林译，上海译文出版社2005年版。

9. ［英］齐格蒙特·鲍曼：《共同体》，欧阳景根译，江苏人民出版社2003年版。

10. ［美］塞缪尔·亨廷顿：《我们是谁？美国国家特性面临挑战》，程克雄译，新华出版社2005年版。

11. ［美］塞缪尔·亨廷顿：《文明的冲突与世界秩序的重建》，周琪等译，新华出版社1998年版。

12. ［美］兹比格涅夫·布热津斯基：《大失控与大混乱》，潘嘉玢、刘瑞祥译，朱树飏校，中国社会科学出版社1994年版。

13. ［美］塞维林·比亚勒：《苏联的稳定和变迁》，普尔译，新华出版社1984年版。

14. ［荷兰］尼克·基尔斯特拉：《关于族群性的三种概念》，高原译，载《世界民族》1996年第4期。

15. ［日］毛利和子：《中国的周边——民族问题与国家》，日本东京大学出版会1998年版。

16. ［日］松本真澄：《中各民族政策之研究——以清末至1945年的"民族论"为中心》，鲁忠慧译，民族出版社2003年版。

17. ［德］古斯塔夫·拉德布鲁赫：《法学导论》，米健、朱林译，中国大百科全书出版社1997年版。

18. ［加］查尔斯·泰勒：《自我的根源：许多认同的形成》，韩震译，译林出版社2001年版。

19. ［美］费正清主编：《剑桥中国晚清史》（下），中国社科院历史研究所编译室译，中国社会科学出版社1993年版。

20. ［英］埃里克·霍布斯鲍姆：《民族与民族主义》，上海人民出版社

2000 年版。

21. ［日］丸山真男：《日本政治思想史研究》，王中江译，生活·读书·新知三联书店 2000 年版。

22. ［英］艾瑞克·霍布斯鲍姆：《认同政治与左翼》，周红云译，载《马克思主义与现实》1999 年第 2 期。

23. ［荷兰］尼克·基尔斯特拉：《关于族群性的三种概念》，高原译，载《世界民族》1996 年第 4 期。

25. ［美］马斯洛：《动机与人格》，许金声、程朝翔译，华夏出版社 1987 年版。

26. ［美］希尔斯：《论传统》（译序），傅铿、吕乐译，上海人民出版社 1991 年版。

27. ［美］约瑟夫·拉彼德、［德］弗里德里希·克拉托克维尔主编：《文化和认同：国际关系回归理论》，金烨译，浙江人民出版社 2003 年版。

28. ［英］安东尼·吉登斯：《现代性与自我认同》，赵旭东、方文译，生活·读书·新知三联书店 1998 年版。

29. ［英］汤林森：《文化帝国主义》，冯建三译，上海人民出版社 1999 年版。

30. ［英］安东尼·D. 史密斯：《全球化时代的民族与民族主义》，龚维斌、良警宇译，中央编译出版社 2002 年版。

31. ［英］戴维·莫利、凯文·罗宾斯：《认同的空间》，司艳译，南京大学出版社 2001 年版。

32. ［美］保罗·康纳顿：《社会如何记忆》，纳日碧力戈译，上海人民出版社 2000 年版。

33. ［美］王飞凌：《海峡两岸的民族主义及其前景》，载《战略与管理》2000 年第 4 期。

34. ［美］弗兰茨·舒尔曼：《中美关系：在价值和利益之间的抉择》，钱俊译，载《战略与管理》1997 年第 3 期。

35. ［美］杜赞奇：《从民族国家拯救历史：民族主义话语与中国现代史研究》，王宪明译，社会科学文献出版社 2003 年版。

36. ［英］安东尼·吉登斯：《现代性与自我认同》，赵旭东、方文译，生活·读书·新知三联书店 1998 年版。

37. ［俄］谢·卡拉—穆尔扎:《论意识操纵》,徐昌翰、宋嗣喜、王晶、李蓉、林柏春、王秋云、陈本栽译,社会科学文献出版社2004年版。

38. ［英］汤林森:《文化帝国主义》,冯建三译,上海人民出版社1999年版。

39. ［德］恩斯特·卡西尔:《国家的神话》,范进、杨君游、柯锦华译,华夏出版社1999年版。

40. ［美］克利福德·格尔茨:《文化的解释》,韩莉译,译林出版社1999年版。

41. ［西］曼纽尔·卡斯特:《认同的力量》,夏铸九、黄丽玲等译,社会科学文献出版社2003年版。

42. ［英］丹尼斯·史密斯:《历史社会学的兴起》,周辉荣、井建斌等译,上海人民出版社2000年版。

43. ［英］安东尼·D. 史密斯:《全球化时代的民族与民族主义》,龚维斌、良警宇译,中央编译出版社2002年版。

44. ［美］塞缪尔·亨廷顿:《变化社会中的政治秩序》,王冠华等译,生活·读书·新知三联书店1989年版。

45. ［美］塞缪尔·亨廷顿:《第三波——20世纪后期民主化浪潮》,刘军宁译,上海三联书店1998年版。

46. ［美］约瑟夫·拉彼德、［德］弗里德里希·克拉托克维尔主编:《文化和认同:国际关系回归理论》,金烨译,浙江人民出版社2003年版。

47. ［澳］约瑟夫·A. 凯米莱里、吉米·福尔克:《主权的终结?——日趋"缩小"和"碎片化"的世界政治》,李东燕译,浙江人民出版社2001年版。

48. ［美］斯蒂芬·D. 克莱斯勒:《结构冲突:第三世界对抗全球自由主义》,李小华译,浙江人民出版社2001年版。

49. ［以］S. N. 艾森斯塔德:《现代化:抗拒与变迁》,张旅平、沈原、陈育国、迟刚毅译,中国人民大学出版社1988年版。

50. ［英］齐格蒙特·鲍曼:《共同体:在一个不确定的世界中寻找安全》,欧阳景根译,江苏人民出版社2003年版。

51. ［美］本尼迪克特·安德森:《想象的共同体:民族主义的起源与散布》,吴叡人译,上海人民出版社2003年版。

参考文献

52. [美]保罗·康纳顿:《社会如何记忆》,纳日碧力戈译,上海人民出版社2000年版。
53. [德]哈拉尔德·米勒:《文明的共存——对塞缪尔·亨廷顿"文明冲突论"的批判》,郦红、那滨译,新华出版社2002年版。
54. [英]安东尼·吉登斯:《民族—国家与暴力》,胡宗泽、赵力涛译,生活·读书·新知三联书店1998年版。
55. [美]安吉洛·M.科迪维拉:《国家的性格——政治怎样制造和破坏繁荣、家庭和文明礼貌》,张智仁译,上海人民出版社2001年版。
56. [美]菲利克斯·格罗斯:《公民与国家——民族、部族和族属身份》,王建娥、魏强译,新华出版社2003年版。
57. [加拿大]查尔斯·泰勒:《自我的根源:现代认同的形成》,韩震译,译林出版社2001年版。
58. [美]福朗西斯·福山:《历史的终结及最后之人》,黄胜强、许铭原译,中国社会科学出版社2003年版。
59. [德]马克斯·韦伯:《经济与社会》(上卷),林荣远译,商务印书馆1998年版。
60. [英]D.赫尔德、J.罗西瑙等:《国将不国:西方著名学者论全球化与国家主权》,俞可平等译,江西人民出版社2004年版。
61. [英]戴维·莫利、凯文·罗宾斯:《认同的空间》,司艳译,南京大学出版社2001年版。
62. [美]保罗·肯尼迪:《大国的兴衰》,王保存、陈景彪、王章辉、马殿君译,求实出版社1988年版。
63. [日]丸山真男:《日本政治思想史研究》,王中江译,三联书店2000年版。
64. [美]列文森:《儒教中国及其现代命运》,郑大华、任菁译,中国社会科学出版社2000年版。
65. 《南斯拉夫人民联邦共和国宪法》(1946年),斯科普里,1946年版。

(五)外文著作

1. Ernest Gellner, Nations and Nationalism, Ithaca: Cornell University Press, 1983.
2. Guito Bolaffi Raffaele Bracalenti (eds), Dictionary of Race, Ethnicity and

Culture, SAGE Publications, London, 2003.

3. Will Kymlicka, Multicultural Citizenship: A Liberal Theory of Minority Rights, Clarendon Press, 1995.

4. Will Kymlicka, Liberal, Community and Culture, Oxford University Press, 1980.

5. Horowitz D. L.: A Democratic south Africa: Constitutional Engineering in a Divided Society, University of California Press, Berkeley.

6. Will Kymlicka, Wayne Norman. Citizenship in Diverse Societies. Oxford: Oxford University, 2000.

7. Will Kymlicka &Wayne Norman (eds.), Citizenship in Diverse Societies, Oxford University Press, 2000.

8. Madison Grant, The Pashing of the Great Race: The Racial Basis of European History, New York: C. Scribner's Sons, 1921.

9. Horace M. Kallen, Culture and Democracy in the United States, New Brunswick, N. J: Transaction Publishers, 1998.

10. Dreyer June, China's Forty Million—Minority Nationalities and national Integration in the People; s Republic of China. Cambridge: Harvard University Press, 1976.

11. Dreyer June, China's Political Systems, Houndmiles: Macmillan, 1993, national minorities hanged to ethnic minorities.

12. Heberer Thomas, China and It's National Minoritie-Autonomy or Assimilation? Armonk: M. E. Sharp, 1989.

13. Dikotter Frank, The Discourse of Race in Modern China, London: Hurst Company, 1992.

14. Ernest Gellner, Nations and Nationalism, Basil Blackwell, Oxford, 1983.

15. Jocob Torfing, New Theories of Discourse, Oxford: Blackwell publishers, 1999.

16. Charles Krauthammer, "Beyond the Cold War," New Republic, December 19, 1988.

17. William Bloom, Personal, Identity, National Identity and International Relations, Cambridge: Cambridge University Press, 1990.

18. John Breuilly, Nationalism and the State, Chicago: The University of Chi-

cago Press, 1985.
19. Lowell Dittmer and Samuel S. Kim, China's Quest For National Identity, Ithaca and London: Cornell University Press, 1993.
20. Colin Macl eras, Western Images of China, revised edition, Oxford: Oxford University Press, 1999.
21. Joseph Levenson, Confucian China and Its Modern Fate: A Trilogy, Berkeley: University of California, 1968.
22. P. W. Preston, Political/Cultural Identity: Citizens and Nations in a Global Era, London: Sage Publications, 1997.
23. Charles Tilly, The Formation of Nation-states in Western Europe, Princeton: Princeton University Press, 1975.
24. Joseph E. Davis edited, Identity and Social Change, New Jersey: Transactions Publishers, 2000.
25. B. Rosamond, Theories of European Integration, New York: St. Martin's Press, 2000.
26. Anthony Smith, National Identity, London: University of Nevada Press, 1991.
27. Antony Giddens, The Third Way and Its Crisis, London: Polity Press, 2000.
28. Michael Wintle, "Cultural Identity in Europe: Shared Experience", in Michael Wintle ed. Culture and Identity in Europe, Aldershot: Avebury, 1996.

(六) 外文论文

1. Robert W. Hodge and Patricia Hdge, Occupational Assimilation as a Competitive Process, in American Journal of Sociology, No.71, 1965.
2. Augusto Blasi, Kiberly glodis, The Development of Identity. A Critical Analysis from the Persoective of the Self as Subject, Development. Review, 1995 (15).
3. "Ethnic Adaptation and Identity" A Publication of the Institute for the study of Issues, Phalidelphia.
4. Denis-Constant Martin, The Choice of Identity, Social Identity, Vol. 1,

No. 1, 1995.

5. Robert Jervis, "Complexity and the Analysis of Political and Social Life", Political Science Quarterly, Vol. 112, No. 4, Winter 1997/98.

6. Michael F. Glennon, "The New Interventionism", Foreign Affairs, Vol. 78, No. 3, 1999.

7. Leslie H. Gelb and Justine A. Rosenthal, "The Rise of Ethics in Foreign Policy," Foreign Affairs, Vol. 82, No. 3, 2003.

8. Michael Green, "National Identity and Liberal Political Philosophy", Ethnic and International Affairs, Vol. 10, 1996.

9. Helena K. Finn, "The Case for Cultural Diplomacy," Foreign Affairs, Vol. 82, No. 6, 2003.

10. Chester A. Crocker, "Engaging Failing States," Foreign Affairs, Vol. 82, No. 5, 2003.

11. Sumit Guha, "The Politics of Identity and Enumeration in India. C. 1600—1990," Comparative Studies in Society and History, Vol. 45, No. 1, 2003.

12. Simon Harrision, "Cultural Difference as Denied Resemblance: Reconsidering Nationalism and Ethnicity", Comparative Studies in Society and History, Vol. 45, No. 2, 2003.

13. Robert Cribb, "Orphans of Empire: Divided Peoples, Dilemmas of Identity, and Old Imperial Borders in East and Southeast Asia", Comparative Studies in Society and History, Vol. 46, No. 1, 2004.

14. Milton J. Esman, "Two Dimensions of Ethnic Politics", Ethnic and Racial Studies, Vol. 8, No. 3, July 1985.

15. Mark Juergensmeyer, "Religious Nationalism: A Global Threat?", Current History, Nov. 1996.

16. David Miller, "The Ethical Significance of Nationality", Ethics, Vol. 98, 1988.

17. Alexander Motyl, "The Modernity of Nationalism", Journal of Internatio Affairs, Winter. 1992.

18. Bhikhu Parekh, "Discourses on National Identity", Political Studies, Vol 1994.

19. Ross Poole, "On National Identity: A Response to Jonathan Ree", Rad Philosophy, Vol. 62, 1992.
20. Edward Friedman, "Reconstructing China's National Identity: A South Alternative to Mao Era Anti-Imperialist Nationalism", Journal of Asia Stud Vol. 53, No. 1, 1994.
21. Zhao Suisheng, "Chinese Nationalism and Its International Orientation" Political Science Quarterly, Vol. 115, No. 1, 2000.
22. Andrew Vincent, "Liberal Nationalism: an Irresponsible Compound?", PolitStudies, Vol. 45, 1997.
23. Germie Barme, "Soft porn, Packaged Dissent, and Nationalism: Notes Chinese Culture in the 1990s", Current History, September. 1994.
24. Chen Allen, "Fuck Chineseness: on the Ambiguities of Ethnicity as Culture Identity", Boundary, Vol. 2, 23, 1996.
25. Michael Dutton, "An All-Consuming Nationalism", Current History, Septem 1999.
26. Jonath Mercer, Anarchy and Identity, International Organization, Vol. 49, NSpring1995.
27. David Y. H, "The Construction of Chinese and Non-Chinese Identities", Daedalus, Vol. 120, No. 2, 1991.
28. Alexander Wendt, "Collective Identity Formation and the International Sta- American Political Science Review, Vol. 88, No. 2, 1994.